新型农村科技创业与服务体系建设研究

Study on the Construction of Rural Science and Technology Entrepreneurship and Service System

刘冬梅　王书华　许竹青　著

科学技术文献出版社

SCIENTIFIC AND TECHNICAL DOCUMENTATION PRESS

· 北 京 ·

图书在版编目（CIP）数据

新型农村科技创业与服务体系建设研究/刘冬梅，王书华，许竹青著 . —北京:科学技术文献出版社，2014.5

ISBN 978 - 7 - 5023 - 8943 - 7

Ⅰ.①新…　Ⅱ.①刘…　②王…　③许…　Ⅲ.①农业科技推广—研究—中国　Ⅳ.①F324.3

中国版本图书馆 CIP 数据核字（2014）第 091772 号

新型农村科技创业与服务体系建设研究

策划编辑：丁坤善　责任编辑：赖绳忠　责任校对：赵　瑗　责任出版：张志平

出　版　者	科学技术文献出版社	
地　　　址	北京市复兴路 15 号　邮编　100038	
编　务　部	（010）58882938，58882087（传真）	
发　行　部	（010）58882868，58882874（传真）	
邮　购　部	（010）58882873	
官 方 网 址	www.stdp.com.cn	
发　行　者	科学技术文献出版社发行　全国各地新华书店经销	
印　刷　者	大恒数码印刷（北京）有限公司	
版　　　次	2014 年 5 月第 1 版　2014 年 5 月第 1 次印刷	
开　　　本	710×1000　1/16	
字　　　数	210 千	
印　　　张	16	
书　　　号	ISBN 978 - 7 - 5023 - 8943 - 7	
定　　　价	58.00 元	

本书是国家软科学项目：农村科技创业与服务体系研究（课题编号：2011GXS3K053）的研究成果

课题组成员名单

课题负责人：

刘冬梅　中国科学技术发展战略研究院农村与区域科技发展研究所
　　　　所长　研究员

许竹青　中国科学技术发展战略研究院农村与区域科技发展研究所
　　　　助理研究员

主要成员：

王书华　中国科学技术发展战略研究院农村与区域科技发展研究所
　　　　副所长　研究员

巨文忠　中国科学技术发展战略研究院农村与区域科技发展研究所
　　　　研究员

龙开元　中国科学技术发展战略研究院农村与区域科技发展研究所
　　　　研究员

傅晋华　中国科学技术发展战略研究院农村与区域科技发展研究所
　　　　副研究员

陈诗波　中国科学技术发展战略研究院农村与区域科技发展研究所
　　　　副研究员

毕亮亮　中国科学技术发展战略研究院农村与区域科技发展研究所
　　　　副研究员

潘锡辉　浙江省嘉兴市委政策研究室　副研究员

苗冠军　宁夏科技战略与信息研究所　研究员

郭　强　中国农业大学经济管理学院　博士生

李俊杰　中国农业科学研究院学生　硕士生

丁　冬　中国人民大学农业与农村发展学院　博士生

前　言

　　党的十八大报告提出到 2020 年我国实现全面建成小康社会的宏伟目标，而建成农村的小康社会，实现农业现代化，则是全面建成小康社会的重中之重。当前我国城乡发展不平衡，如何破除城乡二元结构、促进城乡一体化发展，则成为我国全面建成小康社会的重要议题。农村科技创业与服务体系建设正是从科技角度加速现代农业发展、促进城乡要素逆向流动、破解城乡二元结构的有效途径。在此背景下，对我国农村科技创业与服务体系建设进行深入研究则具有重要意义。

　　近年来，为深入探讨我国农村科技创业与服务体系在建设发展过程中的相关问题，课题组开展了一系列的调查研究工作。在此过程中，我们发现，当前我国农村科技创业与服务体系逐步呈现出主体多元化、服务专业化、运行市场化的特点——以科技特派员农村创业服务和大学农技服务体系为代表，在各地的建设实践中又涌现出诸如农村科技服务超市、院县共建服务模式、农业科技 110 服务体系等一系列对农村科技创业与服务体系发展起到重要作用的新型模式。与此同时，在新型农村科技创业与服务体系发展过程中，呈现出两个新的发展趋势：一是职业农民成为农村科技创业与服务体系发展的重要培养对象，并已经在部分地区呈现蓬勃发展态势；二是信息化成为我国农村科技创业与服务体系建设发展的重要手段，部分地区利用信息化在农村科技创业与服务体系建设中并充分受益。

　　本书在写作过程中，将课题组近年来对我国农村科技创业与服务体系建设的理论分析与典型案例研究分成上下两篇进行编写。上篇的写作思路如下：第一章对我国农村科技政策进行了回顾与展望，通过分析历年来我国农村科技政策关注的重点，研究我国农村科技政策的总体特点和发展趋势，并对未来我国农村科技政策的关键着力点进行探讨；第二章重点从农村科技服务供给的角度为对我国农村科技服务的现状进行研究，分别对政府主导、高校主导、科研院所主导以及企业主导的农村科技服务的现状、方式及未来发展趋势进行研究，分析当前我国农村科技服务供给方面所存在的问题并给出相关政策建议；第三章结合十八大以来我国农业农村相关政策、农村科技政策的新要求，对当前我国农村科技服务工作所面临的新形势进行了深入分析，并对未来我国农村科技服务的前景进行了展望和判断；第四章研究了农村科技创业与服务体系中的职业农民培育相关问题，重点对我国职业农民的内涵与特点进行分析，对在农村科技创业与服务体系建设中培育职业农民的意义进行探讨，同时对国外职业农民培育的主要做法和相关政策措施进行对比分析，在此基础上对我国职业农民培育现状及所存在的问题进行研究，提出在农村科技创业与服务体系中培育职业农民的相关政策建议。第五章通过对当前我国农村信息化发展现状的分析，探讨信息技术在农村科技创业与服务体系中所发挥的作用，总结了信息技术支持农村科技创业与服务体系建设的四种典型模式，并结合典型案例具体分析了各种模式的特点与运作机制，通过研究分析，发现促进农村信息化建设与农村科技创业及服务体系建设有效融合的关键要素有四个方面，一是完善的信息化基础设施，二是政府全方位的政策支持，三是企业的重点介入，四是人才的有效利用及培养；第六章总结了当前我国新型农村科技创业与服务体系构建的基础和环境，探讨了新型农村科技创业与服务体系的基本架构，并从六个方面提出了未来我国新型农村科技创业与服务体系构建的政策建议。

下篇主要展现了近年来我国多元化农村科技服务体系建设的实践与探索。为此，课题组选取极具代表性的案例，分别前往江苏、宁夏、湖北、四川、福建、广西、海南等地开展了一系列的实地调研，形成了多篇研究报告，充分展示了近年来我国农村科技创业与服务体系建设过程中各地多元化的探索实践，深入分析了这些地区根据区域资源特点与科技资源现状所创新发展的农村科技创业与服务体系的基本现状、主要特色、运作模式、存在问题及启示建议。

通过对我国农村科技创业与服务体系的理论研究和全国不同区域的典型案例深入地分析，本书展示了在国家农村科技政策的引导下，近年来逐渐呈现多元化蓬勃发展的农村科技工作的一个缩影。然而，农村科技创新研究仍有很多课题值得继续深入探讨，例如 2014 年中央一号文件提出"科技特派员制度"这一概念，科技特派员制度化的实施方案和体制机制研究成为农村科技创业与服务体系研究的一个重点。再如，当前已有 21 所大学入选高等学校新农村发展研究院建设计划，如何充分发挥高等学校在农村科技创新与服务体系中的重要作用，深入研究大学农业技术服务的有效模式和体制创新也成为下一阶段重点的研究方向。在完成一项颇具挑战性的农村科技创新研究之后，随着政策形势和各地实践的变化，又发现了更有趣的研究课题，给予我们进一步研究探索的动力。这不间断的跟踪式的课题研究，使我们积累了农村科技创新研究的丰富经验，也越来越期待能够在农村科技创新研究和农村科技政策制定等方面有所贡献。

在本书付梓出版之际，我们对在课题研究过程中给予我们调研支持的相关省、市、县的科技工作者表示深深的感谢，也对在书稿编写过程中给予我们指导和建议的各位领导、专家表示诚挚的敬意！尽管在编写过程中我们力争逻辑严谨、内容充实，但由于时间仓促，疏漏之处在所难免，恳请各位专家、学者和同仁批评指正！

作 者

2014 年 4 月于北京

目　录

下篇 多元化农村技术服务体系建设的实践与探索

上　篇

新型农村科技创业与
服务体系建设的发展
现状与未来趋势

第一章
我国农村科技政策的回顾与展望

农村科学技术的每一次突破都带动了农业生产乃至整个国民经济发展的新飞跃。改革开放以来，农村科技的发展极大地推动了中国农村的飞速发展，而中国农村科技的发展在很大程度上又来自于农村科技政策的推动与促进。

一、改革开放以来我国农村科技政策回顾

我国农村科技政策的发展，是与整个农村政策的不断调整和农业产业的进步相生相伴的。改革开放以来，整体上看，我国农村各项科技政策不断恢复和完善，逐步建立起了适应农村经济社会发展需要的政策服务体系。根据不同时期农村科技政策呈现出的不同特点，可以将改革开放以来的我国农村科技政策大致分为五个阶段。

1. 恢复与起步时期（1978—1984 年）

20 世纪 70 年代末期开始的家庭联产承包经营制，通过制度层面的巨大变革极大地释放了潜在的农村生产力。随着中央工作重心重新转入到经济发展中，农村科技政策也以服务农村经济发展为己任，重新调整和布局，试图建立起满足新时代需求的政策体系。在此期间，我国农业科技政策的核心目标就是依靠科技发展农业生产，提高粮食产量，保障国家的粮食安全。

1978 年 3 月召开的全国科技大会强调"科学技术是生产力"，同年召开的十一届三中全会通过的《中共中央关于加快农业发展若干问题

决定》指出"要集中力量抓好农业技术改造，发展农业生产力。把积极选育、引进和推广良种，因地制宜地发展农、林、牧、副、渔业的机械化，提高牧业机械的比重等作为农村科技工作的重点任务"。1979年十一届四中全会通过的《中共中央关于加强农业发展若干问题的决定（草案）》中提出"要组织技术力量研究解决农业现代化中的科学技术问题，逐步形成门类齐全、布局合理的农业科学技术研究体系"。与此同时，从1979年开始，十一届四中全会通过《关于加快农业发展若干问题的决定》，到1983年颁发《农业技术推广条例（试行）》，农业技术推广机构逐步恢复，体制和机制逐步完善，到1983年年底，国家、省（自治区、直辖市）、市、县四级农村科技体系逐步建立。随着商品经济的发展，1984年3月，《农业技术承包责任制试行条例》颁布，改变了过去单纯依靠行政手段推广技术的办法，试图克服推广技术吃"大锅饭"的弊端。

1982—1984年，中央连续出台了三个以农业为主题的一号文件，其最重大的意义在于将"家庭联产承包责任制"上升到制度层面，在宏观层面为农村生产力的释放提供了广阔空间。这一时期实施的最有影响的科技计划就是开始于1982年的国家科技攻关计划。以攻关计划的实施为载体，新品种培育、区域农业等为重点的科研工作全面展开，推动了农业科技的快速发展和创新能力的不断提升。

2. 深入调整时期（1985—1990年）

从1985年开始，随着城市改革及经济运行体制改革的逐步开展，农村经济由超常规的发展变为了常规性增长，出现增速放缓的势头。而前一时期农业的高速发展使得农业生产技术落后、政策支持不足、农村科技不能满足由农村改革带动农业大发展的需要等问题凸显。农村科技政策的核心任务仍然是稳定和保障国家粮食安全，创新发展环境，为农民增收创造有利的条件。

　　1985年3月《中共中央关于科技体制改革的决定》提出"从我国的实际出发，对科学技术体制进行坚决的有步骤的改革"，"使之有利于农村经济结构的调整，推动农村经济向专业化、商品化、现代化转变"。这标志着我国农业科技体制改革进入了全面启动的阶段。1988年5月发布的《国务院关于深化科技体制改革若干问题的决定》明确指出"鼓励和支持科研机构以多种形式进入经济，发展成新型的科研生产经营实体"，"鼓励科研机构和科技人员通过为社会创造财富和对科技进步做出贡献，来改善自身的工作条件和物质待遇"，"基层技术推广服务机构，应根据当地产前、产中、产后生产的需要，发展成独立的技术经济实体，通过有偿技术服务、技术经济承包和经营与技术服务有关的农用生产资料等业务，改变单纯依赖政府拨款的状况"。1989年提出的《国务院关于依靠科技进步振兴农业，加强农业科技成果推广工作的决定》指出"要大力加强农业科技成果的推广应用"。农村科技领域从研发到推广环节的全面改革由此全面展开，为日后科技体制机制的创新奠定了坚实基础。

　　1985年和1986年，中央出台了题为"关于进一步活跃农村经济的十项政策"和"关于一九八六年农村工作的部署"的两个中央一号文件，"有计划发展商品经济"成为农村科技改革的基本背景。在政策实践层面，以"发展高技术、实现产业化"为目标的高技术发展计划（即863计划）于1986年开始启动实施，其中现代农业技术是重要内容，这也标志着农业高技术研究已经开始受到国家的重视。同年，以"动员一批科技骨干到农村去推广科学技术，促进农村科技、特别是乡镇企业发展"为目的的"星火计划"启动实施。此外，"丰收计划"（1987年起实施）等与农业技术推广应用相关的措施以及关注改善农村民生的"科技扶贫"（1986年实行）等也开始实施。1988年启动的"燎原计划"旨在推进农村教育改革发展，为"星火计划"、"丰收计划"的推行培养农技人才。计划的完备性和多样性与前一阶段相比有了实质性的进步。

3. 改革创新时期（1991—1997 年）

十四大的召开，标志着建立社会主义市场经济体制成为国家经济发展的重要任务。农业生产由以往的追求数量转向了数量、质量并举，农村发展也开始由解决温饱问题变为了向小康目标迈进。农村科技政策以改革创新为主基调，将"科技兴农"作为这一时期农村科技发展的基本战略，试图通过建立现代化的农业生产技术体系，把传统农业转变到现代持续农业、高产优质高效农业，来适应农业农村发展的新需要。这一阶段开始的新一轮农业科技政策改革旨在提高农民收入，促进整体经济协调发展，并且由过去单一追求粮食安全的政策目标，转变为促进多元化生产、缓解贫困和保护环境等内容并重。

1992 年颁布的《国家中长期科学技术发展纲领》明确提出我国科技体制改革的总目标，强调农业科技的根本任务是提供可行的先进科技成果和适用技术，为农业科学技术发展不断开拓新的领域，增强新的科学和技术装备，为农业生产的不断发展开辟新的途径；深化农村科技体制改革，形成大科技支持大农业的格局。同年颁布的《国务院关于发展高产优质高效农业的决定》提出"要依靠科技进步发展高产优质高效农业"，并确立了"一靠政策，二靠科技，三靠投入"的指导方针，为这一时期农村科技政策的发展确定了方向。1996 年 1 月中央召开农村工作会议提出实施科教兴农战略。农业和农村科技进入了体制深化调整和改革创新阶段。

1992 年 8 月，原国家科委和国家体改委联合发布了《关于分流人才，调整结构，进一步深化科技体制改革的若干意见》，明确提出，今后深化科技体制改革的重点是调整科技系统结构，进一步转变运行机制，要真正从体制上解决科研机构重复设置、力量分散、科技与经济脱节的状况。1991年10月28日，国务院发布的《关于加强农业社会化服务体系建设的通知》指出，农业社会化服务是包括农业经济技术部门、乡村合作经济组织和社会其他方面为农林牧副渔各业发展所提供的服务。1993年7月，我国正式颁布实施《中华人民共和国农业技术推广法》，该法对我国农业技术推广工作的原则、推广体系的职责、推广工作的规范和国家对推广的保障机制等做了原则规定，是我国农业推广事业的一个重要的里程碑。1995年，农业部将全国农技总站、植保总站、土肥总站、种子总站四站合一，组建了全国农业技术服务中心，使其成为全国种植业技术推广的龙头，至此，我国从中央到乡镇的五级政府农技推广机构基本建成。

这一时期，为了加强基础性研究而制订的国家基础性研究重大项目计划"攀登计划"（1991年起实施）以及1997年开始实施的国家重点基础研究发展计划（973计划），都将农业作为其中重要的领域之一。我国唯一以引进国际先进农业科学技术为内容的专项计划948计划于1996年正式实施。同期，《专利法》、《农业技术推广法》、《促进成果转化法》、《科技奖励条例》等旨在规范和促进农业科技创新和推广的一系列制度和政策相继出台，1994年开始的绿色证书工程，都直接推动了农业科技政策改革的进行。

4. 全面推进阶段（1998—2002年）

农业的跨世纪发展面临着人口、食物、资源环境问题的多重制约。在这一背景下，农村科技政策主要是在科技兴农战略的指引下稳步推进新的农业科技革命，在原有的农村科技政策基础上进一步完善中国农村科技政策体系，农业科技政策的内涵与外延得以不断丰富——由以往主要支持农业生产为主转向了支持农业生产和农村发展并举，由以往的追求农业生产数量转向要依托科技加速农业向注重质量效益转变。这一阶段的中国农业科技政策体系已基本形成，运行保障机制亦相对完备。

1998 年《中共中央关于农业和农村工作若干重大问题的决定》出台，提出要依靠科技进步优化农业和农村经济结构，同时，修订后的《中国农业科学技术政策》确立了我国农业科技发展的主要目标，指出了农业科技工作的基本任务，强调了农业科技发展的主要方向和优先发展领域，成了这一时期我国农业科技政策制定的指南。1999 年实行的《关于稳定基层农业技术推广体系的意见》强调了基层农业技术推广体系的重要性，提出要通过改革推进农业技术推广事业的发展。同年，科技特派员制度在福建省南平市诞生，农业科技专家大院在陕西省宝鸡市出现，多元化农业技术服务体系初露端倪。2000 年国务院《关于深化科研机构管理体制改革的实施意见的通知》出台，标志着农业科研机构分类改革正式启动。2001 年颁布的《农业科技发展纲要 2001—2010》对农业科技发展进行了宏观部署，也对农业科技体制改革进行了全面的安排。

在政策实践层面，分别开始于 1999 年和 2001 年的"农业科技跨越计划"和"农业科技成果转化资金"，加强了对农业科技成果的转化和应用力度，农业科技成果的中试和熟化阶段得到特别的重视。同时，跨世纪青年农民科技培训工程（1999 年启动）等重视农村科技受体——劳动力的行动也开始实施。

5. 成熟完善阶段（2003 年至今）

随着市场经济要素在农业领域影响的日益加大，增加农民收入、加大农业比较效益、提高农产品国际竞争力成为新时期农业和农村发展的重要任务。农村科技在农业中的作用比以往任何时候都显得更为重要。从中央的一号文件到各部委、各级政府的专门政策，大量与农业农村发展相关的政策、文件与法规陆续出台；从国家宏观规划到具体的专项方案，从国家层面上的计划项目到各部门的项目与措施，都可以找到农村科技工作的具体内容。农村科技政策的体系化建设已具雏形。各级部门参与农村科技工作的积极性大大提高，上下联动、多方参与的良好格局基本形成。

《农业科技发展规划2006—2010》、《"十二五"农业与农村科技发展规划》、《全国农业农村信息化发展"十二五"规划》等一系列农村科技规划纲要密集出台，对于新时期农村科技的发展思路给出了明确的指导。2006年《关于推进县（市）科技进步意见》、《国务院关于深化改革加强基层农业技术推广体系建设的意见》和《新农村建设科技促进行动》出台，2007年《关于加强农村实用科技人才培养的若干意见》和《国家农业科技创新体系建设方案》实行，2008年《关于加强农村实用科技人才培养的若干意见》通过，2009年《关于深入开展科技特派员农村科技创业行动的意见》等颁布。2008年召开的十七届三中全会上通过了《中共中央关于推进农村改革发展若干重大问题的决定》，明确提出农业发展的根本出路在科技进步；要顺应世界科技发展潮流，着眼于建设现代农业，大力推进农业科技自主创新，加强原始创新、集成创新和引进消化吸收再创新，不断促进农业技术集成化、劳动过程机械化、生产经营信息化。

2004—2012年，中央连续发布了9个以农业为主题的一号文件（见表1-1）。这一方面体现了中央对"三农"工作的高度重视，并一直把科技作为推进农业农村发展的重要推动力。通过密集出台专门针对或涉及农村科技工作的政策文件，形成了完备的新时期农村科技工作的基本思路和政策体系。另一方面，改革开放三十多年来，特别是这一时期，中国的农村科技工作取得长足进步，积累了丰富的经验，形成了一套较为完善的政策框架和工作机制，成为当前乃至今后一段时期农村科技政策的基础与创新平台。

表 1 – 1　2004—2012 年中央一号文件中农业科技政策梳理

年份	主　题	对农业科技的表述
2004	关于促进农民增加收入若干政策的意见	提出要"加强农业科研和技术推广",对农业科技的定位是依靠科技的研发与推广,推进农业结构调整,挖掘农业内部增收潜力。
2005	关于进一步加强农村工作提高农业综合生产能力若干政策的意见	明确提出了"加快农业科技创新,提高农业科技含量",把农业科技创新作为"支撑"农业综合生产能力提高的重要力量。
2006	关于推进社会主义新农村建设的若干意见	提出"大力提高农业科技创新和转化能力",把农业科技创新和转化的作用"升级"为强化新农村建设的"产业"支撑,进一步拓展了农业科技的作用。
2007	关于积极发展现代农业扎实推进社会主义新农村建设的若干意见	提出要用"现代科学技术改造农业","推进农业科技创新,强化建设现代农业的科技支撑","科技进步是突破资源和市场对我国农业双重制约的根本出路",进一步突出强调了农业科技创新的地位与作用。
2008	关于切实加强农业基础建设进一步促进农业发展农民增收的若干意见	提出"着力强化农业科技和服务体系基本支撑",强调"加强农业科技和服务体系建设是加快发展现代农业的客观需要。推动农业科技创新取得新突破,农业社会化服务迈出新步伐,农业素质、效益和竞争力实现新提高。对"加快农业科技创新力度和步伐"做出了进一步强调,并且提出了要建立相应的"服务体系",共同"支撑"现代农业发展。
2009	促进农业稳定发展 农民持续增收的若干意见	明确把"加快农业科技创新步伐"作为"强化现代农业物质支撑和服务体系"的重要内容。
2010	关于加大统筹城乡发展力度进一步夯实农业农村发展基础的若干意见	把"提高农业科技创新和推广能力"作为"提高现代农业装备水平,促进农业发展方式转变"的重要内容。
2011	关于加快水利改革发展的决定	提出"注重科学治水"、"强化水利科技支撑"。
2012	关于加快推进农业科技创新持续增强农产品供给保障能力的若干意见	首次以农业科技为主题,明确界定了农业科技"具有显著的公共性、基础性、社会性",提出"强科技保发展、强生产保供给、强民生保稳定"

在政策实践层面，国家于 2003 年正式启动基层农技服务体系改革试点工作，县以下的服务体系建设得到进一步加强。2005 年，财政部、科技部共同启动了"科技富民强县专项行动计划"，旨在依靠科技促进农民增收致富和壮大县乡财政实力，推动县域经济健康持续发展。2007 年，国家围绕大宗农产品建立了"现代农业产业技术体系"，提升国家、区域的创新能力和农业科技自主创新能力。此外，在"十五"和"十一五"国家重大科技专项中分别设立了节水、农产品加工和转基因等专项；在国家工程技术研究中心、科技基础条件平台等计划中，也设立了农业领域专项。这些计划的实施使农村科技计划体系更加完善，为农村科技实现又好又快地发展奠定了坚实基础。

二、对我国农村科技政策的基本评价

整体上看，我国农村科技政策对于促进农业产业的发展和农村民生的改善都发挥了重要作用。农村科技政策的阶段性特征明显，同时与我国其他类型的政策相比，政策连贯性和系统性较强，涉及内容广泛。科技政策实践层面内容丰富，但不同部门之间政策的衔接性不足，政策的协调落实机制有待加强。

1. 农村科技政策的制定体现出鲜明的时代特征

我国农村科技政策的每一个发展阶段都与同时期的政治经济社会大环境相吻合。在启动恢复时期，科技工作因在"文革"中受到巨大的冲击，许多政策都需要重新梳理制定。这一阶段的农村科技政策也主要是对以往政策的改革修订，确立新的能迅速推进农业发展的政策。在深入调整时期，国家将改革向纵深推进，逐个突破改革中面临的问题，反映在这一时期的农村科技政策就是：启动农村科技体制改革，稳定粮食生产，组织实施具体的农业科技计划，在改革创新时期，国家一个重要的发展战略就是科教兴国，中国农村科技政策的核心就是科教兴农，围绕这个主题制订和实施了一系列的政策计划。此外，这一时期也是推进社会主义市场经济体系建设的起步期，规范市场秩序、建设良好的市场经济环境成为建设社会主义市场体系的重要任务，与此对应，一大批法律法规的制定和出台推进了农村科技社会化服务体系的建设，为农村科技体制改革创造了条件。在稳步推进时期，中央提出进行一次新的农业科技革命的发展战略，农村科技政策延续和完善原有的体系框架并进一步创新思维。在成熟完善时期，中央提出了推进社会主义新农村建设与自主创新战略，农村科技政策积极推进现代农业发展。

2. 农村科技政策具有连贯性和顺承性

农村科技政策的制定和出台，反映了当时国家重要的发展战略以及国家意愿，有着深刻的时代烙印，但各个时代的政策并不是割裂的，是一个稳步推进的过程。这也保证了农村科技政策能够在不断创新的过程中持续、稳定地促进农业和农村发展。虽然从农村科技政策的发展历程来看，政策的制定越来越微观，涉及领域越来越宽泛，配套计划措施越来越密集，但从各个时期中国农村科技政策的特点来看，政策具有很强的连贯性和稳定性。每个时期的政策都是在上一个时期的基础上的调整与改善，两者相互依存，前一期的政策成为当期政策的制定基础，当期政策对前期政策加以补充完善。正是在这种相互促进的模式下，中国农村科技政策不断完善并形成相对完备的体系，同时在发展历程中与时俱进，不断创新，主动适应了时代发展的需要。

3. 政府在农村科技中的主导作用不断弱化

改革开放以前，我国农村科技资源的生产、供给主要是由政府来配置，行政命令色彩浓厚。随着社会主义市场经济体制的建立，农村科技资源配置的市场化程度越来越高，行政干预不断弱化。从农村科技政策发展的五个阶段来看，政府职责已由以往的行政命令逐渐转变为引导与监督，政策制定的方向也由以直接管理为主，变为以营造发展环境、建设服务体系为主。在启动恢复时期，中国农村科技政策主要是通过政策扶持、项目拉动来直接促进农业发展，保障政府工作目标的实现。而发展到成熟完善时期，农村科技政策主要是以构建农村科技社会化服务体系为主要任务，通过政策引导与激励，将适宜市场运作的农村科技工作推向市场，政府进行必要的监管；对于那些公共资源，政府加强供给，满足市场需求。同时，随着农村科技工作市场化程度的提高，资源的使用效率也明显提升。

4. 参与主体多元化趋势明显

改革开放三十多年来，农村科技政策的参与主体也日益丰富。最初，政府根据宏观战略制定相应的农村科技政策，科研院所根据政府的政策把握工作的方向，农民则期望通过获得政府的扶持来发展生产。政府是政策制定、实施的核心，其他主体只是被动地参与。随着市场经济的逐步发展，特别是农村科技体制改革的深入，政策的制定实施越来越注重各方参与主体的互动，通过调动各方主体的积极性，实现政策效用的最大化，以提高资源的使用效率。当前，农村科技政策的参与主体已经由当初的单一政府行为，转变为包括政府、企业、大学和科研机构以及农民合作组织等多主体并存的局面。由于更多地强调"利益联结机制"的建立，各方参与主体的主动性和积极性明显提高，而各方参与主体的积极参与恰恰保障了科技政策的顺利执行，优化了政策的执行效果。

5. 政策的针对性及协调落实机制有待进一步加强

随着一系列农村科技政策的密集出台，如何保证各项政策的顺利实施及实现效应最大化成为现实问题。"三农"问题涉及多个部门。我国的农村科技政策制定实施中，党中央、国务院制定宏观发展战略、政策，农业部、科技部、教育部、财政部、林业局、发改委等部委参与农村政策的制定实施，不同职能部门都将自己的工作和视线仅仅局限于各自所掌控的领域范围之内，部门之间缺少必要的交流和协调。各级政府以及政府各部门之间的协调和一致性不足导致政策的合力效应不突出，也势必造成支持农村科技发展的有限财力利用效率的低下。如何提高政府部门之间的协调性和一致性、提高财政资金的利用效率，对未来农村科技发展意义重大。同时，我国各个地方的科技发展水平存在差异，农业在各地方所居的地位也有很大差别，各地农村科技发展的现状和面临的问题也不尽相同，这也就意味着提高政策的区域针对性，成为未来我国农村科技政策制定和实施中应该考虑的现实问题。

三、未来我国农村科技政策展望

未来我国农村科技政策，理应逐步拓展政策涵盖的内容，拓展服务对象的范围。农村科技的服务内容、投入主体、服务方式、服务载体以及服务对象，都会发生新的变化。农村科技政策支持的最终目标，也将更多地去强调大农业产业比较收益的提高以及农村民生的逐步改善。

（一）农村科技将服务于现代农业的全产业链

传统意义上的农村科技，更多的是农业科技的范畴，它承担着保障国家粮食安全的责任，但今天，农村科技的服务对象应拓展到涵盖传统种养殖业、加工等第二产业和运输、物流等农村服务业等第三产业的综合体，即现代农业的内容。而现代农业的实质就是科技型农业，它是以现代科技引领农业一二三产业融合、产前产中产后一体化的产业体系。随着传统农业向现代农业的快速转型，农村科技应扩大到产业科技和民生科技领域，关注产前的种子、农业设施，关注生产中的种养殖、农资产品、农业机具和田间管理，更重视加工过程中的清洗、包装和保鲜，加工以及仓储物流，营销推广等产后环节。

（二）加强科技资源的统筹协调成为必然趋势

要加强科技管理部门之间的沟通协调，建立在经费预算、重大政策制定和科研立项等方面的协调沟通机制，使部门间的科技资源汇集到国家战略决策和重大部署上来；要逐步完善各部门内部的科技资源统筹协调机制，形成计划、基地和人才三方面的有效集成，形成系统性、整体性的安排；要加强中央与地方的联动机制，充分动员和发挥地方科技资源和力量，使国家科技投入方向与地方经济社会发展需求实现更好地衔接。

（三）农业科研机构分类改革应不断深化

继续完善农业科技研发投入机制。要继续加快推进农业科研机构的分类改革，建立和完善"开放、竞争、流动、协作"的运行机制，积极探索适合农业科研特点的经费支持方式，逐步形成一支稳定服务于国家目标的骨干研究基地和精干研究队伍。建立有序竞争与相对稳定有机结合的经费资助机制。对于那些基础性、公益性项目，坚持以国家财政投入为主；对于可以产业化的项目，应当按照全产业链的设计，加强企业的参与，形成国家公共财政和企业共同投入的机制；对于那些商业化特征明显的项目，应以企业投入为主。要逐步形成良好的引导和激励社会各类资源积极投入的机制。

（四）加快建立新型农村科技创业服务体系

新型体系应包含公益性推广体系和经营性服务体系两大部分。其中，公益性推广体系不仅包括服务于传统农业的五级农技推广体系，还要包括大学、科研机构等的推广职能，特别是要注重农业大学和地方农业科研院所的技术研发和推广功能。经营性服务体系可分为两类：一类是社会化的创业体系，主要是以科技特派员农村科技创业行动为核心的市场化体系建设，在这一体系中，科技特派员服务站的中介服务职能得到强化，科技型龙头企业的示范带动作用得到强调，对农民合作组织的支持力度不断加大；另外一类则可以概括为多元化的服务体系，它囊括了近年来逐步推进的农业专家大院、农业科技园区、星火科技12396等科技服务模式，更重要的是，考虑中国农村巨大的地域差异性特点，多元存在的各具地方特色的个性化的农村科技服务体系也是这一体系的题中之意。

（五）促进科技与金融等现代要素的有机结合

要以金融资金支持农业科技进步，以科技要素带动金融要素向农业集聚。有了金融等现代要素的支持，农村产业在发展过程中才能自然地萌生出对种养殖技术、疫病防治、农产品加工等方面的迫切需求。在重视政策性金融工具的同时，考虑农村的现实特点，鼓励商业金融、合作金融、民间金融等多种形式并存，创新金融服务品种和工具，推动风险投资和科技创新紧密结合。支持和培育具有较强自主创新能力和增长潜力的涉农科技企业进入创业板融资。同时，要积极开展农村科技保险服务，探索设立科技保险专项资金，拓展业务领域，针对获得风险投资、科技贷款的区县科技型企业，开辟提供成果转化险，研发中断险，关键设备损失险，开发种植养殖新技术、新品种农村推广损失险等保险服务，可以将目前只针对高新技术企业的科技保险补贴扩大到对所有参保的科技型涉农企业。

第二章
我国农村科技服务的现状研究

科技是促进农业增效、农民增收、农村发展的关键要素，构建新型的农村科技服务体系，强化农村科技服务的供给对促进现代农业发展、全面建设小康社会具有重要的意义。2004 年以来连续的十个一号文件都从不同角度阐述了对农村科技服务的要求，增强农村科技服务的有效供给成为政府破解"三农"问题的一个重要抓手。从这个角度来看，通过对现有的农村科技服务供给方式进行梳理，探索有效的农村科技服务模式具有现实的意义。

一、农村科技服务供给的界定

农村科技服务是指不同部门以满足"三农"科技需求为出发点，结合各自职能开展的服务性工作。农村科技服务是一个动态的概念，既包括各种有形的具体的服务形式，更包括开展服务的过程、手段、运行机制等。将农村科技服务的各项内容、各个部门、各个环节通过一定的体制机制整合在一个平台上，建立起一个农村科技服务综合系统，这就构成了农村科技服务体系。从其内涵来讲，它涵盖了农业科技创新与推广、农村科技培训与信息化普及、农村社会科技创新与推广、农村科技管理四个方面，每一块包含若干个具体的农村科技服务内容（见图 2－1），它们相互衔接，构成一个完整的体系。

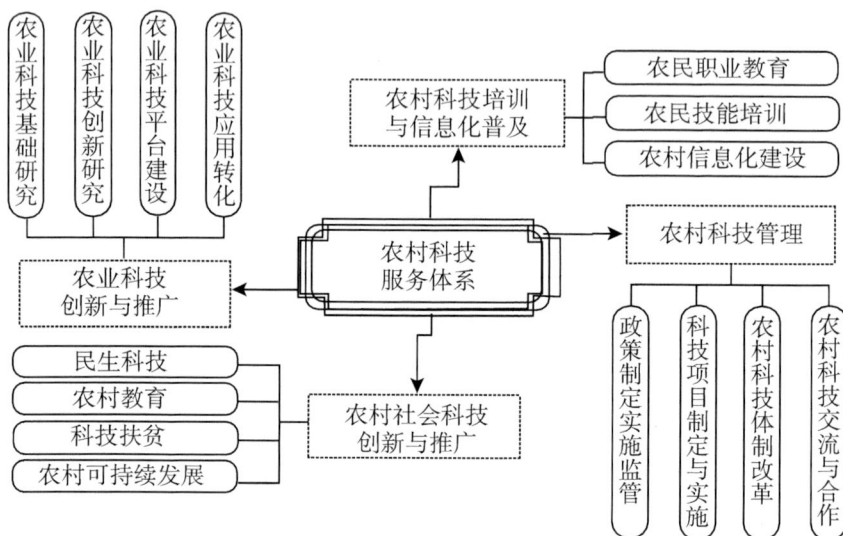

图 2－1　农村科技服务体系

　　农村科技服务的供给主体主要包括政府、高校、科研院所、农村合作组织、企业、社会组织等。本章也是从供给的主体角度来研究农村科技服务供给的方式、手段、内容，剖析不同主体在整个农业科技服务综合系统中的作用与定位，把握未来农村科技服务活动的走向。

二、政府主导的农村科技服务

　　传统计划经济体制下，我国的农村科技服务供给是由政府主导的。近些年随着农村经济市场化改革的深入，农村科技供给的主体也开始多元化，但起主导作用的仍是政府，特别是农村公益性科技服务的供给，政府是主要的供给主体。2012 年中央政府的一号文件进一步明确了在农村科技供给上，政府要发挥主导作用，财政承担主要责任的政策取向。这也明确了政府在农村科技服务中的角色，为政府协调各方资源开展服务三农的科技活动提供了政策依据。

　　1. 政府主导的农村科技服务的主要内容

　　政府主导的农村科技服务主要包括三个方面的内容：一是宏观上对

农村科技服务进行管理，通过制定农村科技发展规划、政策引导农村科技的发展走向，通过行政管理强化农村科技政策的实施，通过法律法规规范、监督各类农村科技服务；二是直接开展农村科技服务，在我国的政府机构设置中，农业部、科技部、教育部等政府职能部门都涉及农村科技服务，政府直接利用这些部门开展农村科技服务，特别是在农村科技推广方面；三是对其他主体参与农村科技服务供给提供支持。政府通过财政资金支持、税收优惠、政府购买、市场环境优化等手段，鼓励引导高校、科研机构、企业、社会组织积极参与到农村科技服务供给。

2. 政府主导的农村科技服务的运作方式

从运行方式上看，政府主导的农村科技服务供给可归纳为四种类型。

一是行政推动型。政府利用层级的行政管理体制，依托具体职能部门建立起农村科技服务体系，来实现政府的宏观管理职能，最为典型的就是我国建立的中央、省、市、县、乡五级农村科技推广体系。这种农技推广体系是一种自上而下的服务体系，行政推动发挥主导作用。管理上，实行农业部（厅、局）的归口管理，事业经费财政包干，推广费用由行政费用、项目经费、服务收益等支撑，政府资金是核心；在运行上，政府根据国家战略部署，制定农村科技发展的目标与任务，各职能部门对工作进行细化，对农技推广机构设置具体的工作目标与任务，农技推广机构在基层政府的行政推动下，开展技术示范、推广与服务，进而实现政府的宏观目标。在这个过程中，自上而下的行政推动发挥了重要作用，主要表现为：召开工作部署会议，制定推广任务，落实推广任务，制定具体的农机推广任务，实施奖惩措施等。将农技推广与政府政绩考核挂钩，强化政府行政推动农技推广的积极性（如图 2-2 所示）。至 2011 年，我国已形成种植业、畜牧兽医、水产业、农机化、经营管理五个农村科技服务体系。全国共有农技推广机构 115 534 个，其中省级 308 个，地级 3020 个，县级 20 791 个，乡级 91 260 个。推广人员

717 589 人①。这支庞大的农技推广队伍成为政府主导农村科技服务的重要力量。它的运转既保证了中央农村科技发展战略的执行实施，也带动了农村科技的发展。

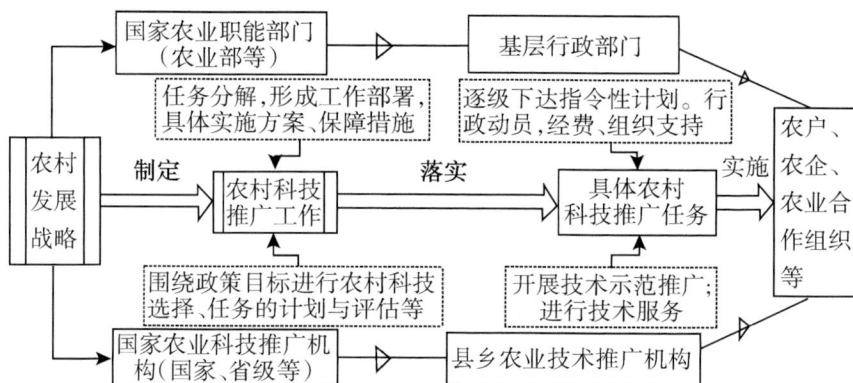

图 2-2　农业技术推广体系运行机制图

二是项目示范带动型。政府在农村科技的创新、转化、推广、服务上制定特定的农村科技项目，依靠项目的示范带动，强化农村科技的创新与推广，增强了农村科技的供给，而以点带面的推广形式也加速了产、学、研的有效对接。项目示范带动是我国目前的农村科技供给中最常用的一种模式。项目示范带动的农村科技供给模式，在形式上仍然是一种自上而下的推动，但开始重视农村科技服务的集成供给，将农村科技的创新、转化、推广、支撑服务等进行打包，对农业生产经营进行全面的服务，可以将其理解为一种上下互动。在运行机制上（如图 2-3 所示），政府根据农村科技发展的战略部署，通过农业科技创新、技术转化与集成、项目制定与论证等环节制定一个完整的农村科技项目，然后选点示范，进一步根据示范效果实时调整该项目。农村科技项目取得

---

① 此处数据由《2012 中国科技推广发展报告》整理而得。在该书中，农业技术推广体系中包括种植业、畜牧兽医、渔业、农业机械化四个体系，不含经营管理，故数据中未含经营管理体系的数据。

实效之后，一方面，政府利用农业科技推广体系大面积推广，另一方面，示范区的示范带动以及技术扩散会引导其他地区主动采用先进技术，实现农村科技的主动扩散。各部委根据各自的行政职能都实施过一批农村科技项目，其中农业部、科技部开展最为典型（如表 2 - 1 所示）。

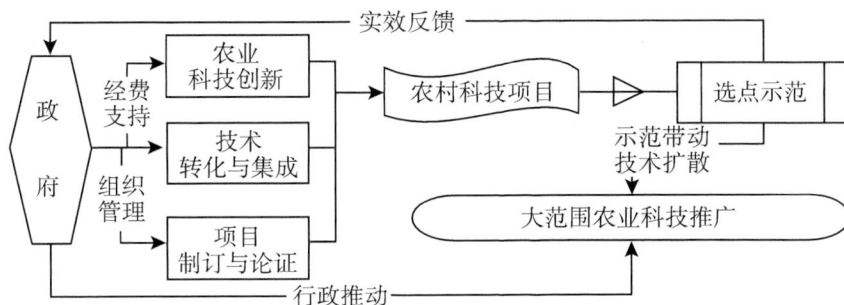

图 2 - 3　农村科技项目示范带动的运行机制

三是市场诱导下的政府支持。市场诱导下的政府支持是一种自下而上的供给模式。在这种模式中，一方面，遵循市场规律，充分考虑市场需求，以满足基层农村科技需求为核心，运用利益奖惩激励促进资源的合理高效配置；另一方面，政府整合农村科技服务资源，在体制机制创新的基础上，将服务重心下移，从农村科技需求着手部署农村科技工作。在运行机制上，一是分析农村科技服务需求，对农村基层自发形成的农村科技服务形式进行研究、总结，探寻政府应该支持的方式、重点，形成一套行之有效的推广方案；二是政府对这套方案进行选点示范，在充分遵循市场规律的前提下，配套有效的行政管理举措；三是政府对成熟的农村科技供给模式进行大范围的推广，在投入、组织管理、行政考核上建立起激励机制，保障制度的实施。在实践中，科技部实施的科技特派员就属于这一类。

表 2 - 1　近些年主要涉农部门开展的农村科技项目

类别	农业部	科技部
农村科技基础创新研究	引进国外先进农业科学技术计划（1996 年至今） 种子工程（1998 年至今） 农业植物新品种保护（1997 年至今）	863 计划（涉农项目）（1986 年至今） 973 计划（涉农项目）（1997 年至今） 国家科技支撑计划（2006 年至今） 国家科技攻关计划（1982 年至今） 国家科技重大专项（2006 年至今）
农业科技成果转化与应用	丰收计划（1987 年至今） 农业科技跨越计划（1999 年至今） 科技兴农与可持续发展综合示范县（2001 年至今） 优势农产品竞争力提升科技行动（2003 年至今） 363 人才强林和科技兴林计划（2004 年至今） 全国农业科技入户示范工程（2005 年至今） 农业科技入户直通车项目（2005 年至今） 现代农业产业技术体系（2007 年至今） 农业标准化示范县建设（2006 年至今）	星火计划（1986 年至今） 火炬计划（1988 年至今） 农业科技成果转化资金（2001 年至今） 农业科技园（2001 年至今） 科技富民强县专项（2005 年至今） 星火富民科技工程（2004 年至今） 粮食丰产科技工程（2004 年至今） 工厂化高效农业示范工程（1996 年至今）
农村科技培训与信息化普及	跨世纪青年农民科技培训计划（2001 年至今） 绿色证书工程（1994 年至今） 新型农民科技培训（2000 年至今） 百万中专生计划（2005 年至今） 金蓝领计划（2007 年至今） 农村劳动力转移培训阳光工程（2004 年至今）	科技扶贫示范乡村建设（2006 年至今） 科技扶贫团（1986 年至今） 星火科技培训专项行动（2003 年至今） 新农村建设科技示范（2007 年至今）

　　四是行政管理型。这种模式是政府最强势的一种，主要是指政府在农村科技服务供给中强制性开展服务。这种极端的模式最常见的形式就是当遇到突发性的农村公共问题时，政府强制开展服务，如农村中爆发诸如禽流感、蓝耳病等动植物疫病时，政府强制开展的疫病防治科技服

务。这种模式的科技服务虽不常出现，但在政府主导的农村科技服务供给中具有重要的意义。除了疫病防治外，农村中开展的义务教育普及也算是一种强制的行政管理农村科技服务供给。行政管理模式的运行机制比较单一，政府在特定的条件下对其认为有必要全面进行的农村科技服务供给进行强制供给，农户、企业等不能拒绝。在实施中，政府通过制定特定的法律、管理条例界定出这种强制性模式开展的范围、方式等。政府通过一级一级的行政管理体系、国家暴力机构来保障这种举措的实施，同时通过工作考核的形式奖惩激励下级去执行这一工作。

3. 新时期政府主导的农村科技服务的特点

随着中央对"三农"的扶持力度不断加大，政府的农村科技服务理念也发生了改变，构建新型的农村科技服务体系成了主导方向，政府主导的农村科技服务活动也出现了一些显著的变化。

首先，农村科技创新与推广相结合。以往农村科技创新与推广的割裂直接导致了农村科技推广的低效与不足。针对这一问题，政府在开展农村科技服务中开始从农村科技服务需求的角度来安排供给，重视在整个生产环节的服务，重视科技服务中介的力量，逐步探索将创新与推广的无缝对接。最典型的代表就是农业部主导实施的现代农业产业体系项目，其弥补了农业科技创新与推广分离的环节，按照农业生产需要，建立产业技术研究中心和试验站，开展产业技术研究、集成与示范，既服务于政府决策，又主动为农业生产户提供信息技术支持，从提升区域农业创新能力的角度来开展农村科技服务。这种平台下移、服务综合的农村科技服务模式实际上是从需求的角度来进行供给，从内在能力培养的角度来开展服务，是一种理念上的突破，这种模式也应该是未来农村科技服务供给的主要形式。

其次，多元化发展趋势。随着农村改革的深入，农村科技服务的需求发生变化，以往单纯的技术引进需求变为了农业创新能力培育、服务一体化、技术集成示范等，单个部门开展的农村科技服务面临着服务单

一、不足的问题，多部门协同开展服务有了现实的需求。同时，农村科技服务的内涵不断扩大，农村科技的需求不局限于简单的种养殖技术推广等，农村中第二、三产业的技术支撑也应该成为农村科技服务的重点。农村科技服务涵盖"农村、农业、农民"的全部视野，除了产业发展的科技供给，还重视民生科技、科学教育、素质培育、能力建设等各个三农环节。如在现代农业产业技术体系项目中，涉及农业部、科技部等九个部门，部门间的协同服务成为一个亮点。科技部联合其他九部委开展的"科技特派员"行动构建起一种崭新的农村科技服务模式；科技部主导实施的"工厂化高效农业示范工程"，从全产业链的角度出发，通过集成现代工业工程技术和农业高新技术来开展农村科技服务。此外，在农业部、科技部等部门开展的农村科技服务活动中，已扩展到农村技术集成示范、农村教育培训、农村信息化建设、扶贫开发、区域创新能力建设等各个环节，涵盖了三农工作的各个角度。

最后，体系建设。农村科技服务环境的变化和国家农村科技服务理念的转变，加速了我国农村科技服务体系的建设。围绕新型农村科技服务体系的建设，政府开展了推进农村信息化建设、农村科技体制改革、农村科技活动立法等行动，改善农村科技服务环境。通过政策引导激励培育农村科技服务主体，通过建立整合机制促成各类服务要素、子系统相互融合形成一个高效的整体，通过创新建设农村科技服务平台强化各类科技资源的集成共享，通过创新农村科技服务模式加强农村科技服务供需的对接。这些工作的开展使得新型农村科技服务体系日臻完善。

4. 政府主导的农村科技服务的发展趋势

未来，农村科技服务将是支撑我国现代农业发展的核心，进一步完善、强化政府主导的农村科技服务越来越重要。基于此，构建政府主导的新型农村科技服务体系将成为日后政府三农工作的一个重点。一方面，要完善现有农村科技服务体系，从政府的职能定位出发，理清各部门的角色与定位，推进农村科技体制改革，创新服务机制，保障新型农村科技服务体系的运行；另一方面，创新政府农村科技服务模式，探索符合现代农业发展的农村科技服务项目和计划。将搭建农村科技服务平台作为政府开展农村科技服务的一个重要形式，以此引导与激励社会资源参与农村科技服务。推进农村科技服务工作的分类管理，探索建立政府在农村科技服务中的退出进入机制。

三、高校主导的农村科技服务

农业科技创新与推广、农业科技人才培育是我国高校承担的重要使命。高校在农村科技服务供给中发挥着重要作用。在实践中，高校开展农村科技服务有着悠久的历史。新中国成立之前，我国的一些农业高校就开展了农业技术推广、农技推广人才培养、农业科技普及等工作，开展各类农村科技服务。新中国成立后，我国逐步建立起完备的农业高等教育学科体系，农业科技推广工作作为农业高校的一项使命也一直延续开展。改革开放之后，高校开展的农村科技服务工作蓬勃发展，在形式、内容、手段上都有了巨大的变化，形成了许多有效的探索。河北农业大学以山区综合开发为手段的"太行山道路"模式、西北农林大学与宝鸡市政府探索形成的"农业专家大院"模式、南京农业大学开展的"科技大篷车"行动、中国农业大学实施的"科技小院"模式等，都是高校结合各自教学科研实际形成的有效的农村科技服务工作探索与实践。

1. 高校在农村科技服务供给中的作用

大学（特别是农业类高校）拥有庞大的农业科研教育人才队伍、众多的教学科研基地、健全的农业学科体系，为农业科技创新奠定了基础，在农业科技创新中起到了主力军的作用；大学通过高等教育体系直接培养农业创新人才，通过各种类型的教育培训方式承担农村科技培训的重任；大学结合自身教学、实践的任务，在农业科技实践中有着技术转化、推广、应用优势，在农业科技推广中积累的产学研合作经验，直接推动了农业科技的应用与扩散；大学利用声誉威望、科研实力等搭建的农业科技服务平台，既可吸收、整合社会各类资源共同参与农业科技推广，又可依托这一平台实现政府与企业、农户，地方与中央，企业与农户等各方的交流沟通。

2. 高校开展农村科技服务的原因

首先，大学肩负着农业科技创新和人才培养的重任，开展农村科技服务是其重要社会责任之一。国家每年为高校提供大量的财政资金，必然要求其为农村经济社会提供智力支援。

其次，开展农村科技服务是高校推进教育科研工作的重要手段。通过开展农村科技服务，高校可以掌握科研成果的成效，提高科研工作的效率。高校在开展农村科技服务中，可以了解农村科技需求，把握科研工作的方向。高校开展农村科技服务本身也是将教学科研与生产实践紧密相连。

最后，大学在农村科技服务中可以获得经济效益与社会效益。从经济效益上讲，高校通过产学研合作，将最新的科研成果转化为现实生产力，在市场化运作中可以得到一定的经济利益。高校运用教学实践平台开展农村科技创新与推广，缩短了农业科技成果向生产力转变的周期，降低了农业科技创新的成本。从社会效益上讲，高校开展农村科技服务，推动了三农的发展，提高了高校的声誉，扩大了高校的影响力。科研成果转化为现实生产力，科研人员的价值得到体现，也是对其的肯定与鼓励。

3. 高校主导的农村科技服务供给的特征分析

在组织实施上，现阶段开展的高校农村科技服务供给以政府与院校的合作为主，地方政府具有较大的影响力，高校借助政府的农技推广体系开展农村科技服务。高校与企业开展产学研合作，通过市场机制将科技成果引入农村也是一种新的探索。除此之外，高校开展的农村科技服务主要是公益性的科技服务，如义务开展的科技培训、科技示范，结合教学科研实践开展的科技下乡、支农服务等。

在功能定位上，高校开展的农村科技服务是政府主导的农村科技服务体系的重要补充。目前高校开展农村科技服务多是从自身的办学理念、公益服务的角度出发，并没有完备的法律政策去将高校开展的农村科技服务固化。高校探索实施了一些市场化运作的农村科技服务模式，但存在着投入产出不匹配、项目实施市场化程度低等问题，项目开展不持续且市场推广率低。从这个角度来看，现阶段高校开展农村科技服务仍是以公益性服务为主。

在运行机制上，高校开展农村科技服务是自下而上的推广，在开展中重视上下互动。高校通过其建立的农村科技服务平台，从需求定供给，自下而上地开展科技服务活动。在农村科技推广过程中，高校重视科技服务中的交流、协作，促进了供需协作、推广创新的结合，加强了科研单位、政府、企业、农户、合作社等主体间的交流互动，实现了多主体间的上下互动，整合了各方资源，提高了高校开展农村科技服务的成效。

在投入机制上，我国的高校经费主要是来自政府，高校开展的农村科技服务其投入依然是主要依靠政府。如西北农林科技大学探索的"政府推动下以大学为依托、基层农技力量为骨干的农业科技推广新模式"经费主要靠申请国家专门划拨建设经费，每年大约2000万元，陕西省和杨凌示范区分别给予一定的配套经费。"农业专家在线"和"科技大篷车"科技信息服务基本上是以学校专款和申请相关项目经费以捆绑方式运行 。

在激励机制上，高校开展的公益性的农村科技服务主要是通过与行政业绩挂钩，与精神鼓励和少量的物质奖励结合。在引入市场机制后，高校开展一些有偿的农村科技服务，如通过技术入股开展的校企合作，对一些新品种、新技术进行市场化供给等，通过市场发挥激励作用。此外，一些高校对科研人员开展农村科技服务的绩效进行考评，将开展科技服务的成效与科技人员的奖惩挂钩。

在实施形式上，高校建立起形式多样的科技服务平台，将服务平台下移，加强了农村科技服务供需、创新与推广、市场与科技的对接。如在太行山道路综合开发模式中，河北农业大学以建立科教实践基地为契机开展农村科技服务；在农业科技专家大院中，西北农林大学以专家大院为基地建立起科技创新、示范、推广平台，创新了农业科技推广服务模式；在科技大篷车模式中，南京农业大学以流动的"大篷车"为载体，建立起农业科技信息交流、咨询服务的平台，发挥高校农业科技信息源的优势，带动了农村信息化发展；中国农业大学的科技小院，以农业科技试验站为载体，集合高校科研优势，围绕区域产业发展，开展全产业链的农村科技服务。

4. 高校主导的农村科技服务未来发展趋势

目前，依托高校开展农村科技服务的形式备受政府重视。在近几年连续出台的中央一号文件中，"支持大中专院校参与农业技术推广"等表述一直贯穿其中。2012年的中央一号文件明确提出"引导高等院校成为公益性农技推广的重要力量"；2013年的中央一号文件表述为"支持高等院校、职业院校、科研院所通过建设新农村发展研究院、农业综合服务示范基地等方式，面向农村开展农业技术推广"，对高校参与农村科技服务提出了更加具体、细化的要求。政府对高校的职能定位从聚焦于农业科技创新、农业人才培养到支持，要求高校参与农村科技推广工作，体现了国家重视高校在农村科技供给中的角色与作用。而这一系列政策文件的出台，也为高校开展农村科技服务提供了法律政策依据。从这个角度来看，未来高校将在农村科技服务中扮演更加重要的角色。

未来高校开展农村科技服务供给将发生三个重要的转变。

一是由单一的技术推广向开展综合服务转变。随着农村科技服务内涵的扩展，高校主导的农村科技服务供给也要进一步调整。要从单一的技术服务，转变为对整个产业链提供技术支撑；要从单一支持农业，转变为服务于农村所有产业；要从单一的农村科技创新推广，转变为既包括科技创新推广又涵盖素质培育、发展软环境培育、发展理念塑造等内容的综合农村科技服务；要从单一的项目实施，转变为长期、互动发展的全方位、全程支持。

二是组织实施方式的转变。农村科技服务供给的复杂程度不断提升。未来高校开展农村科技服务将转变以往单独的、自发的组织方式，探索建立系统化、有组织的实施方式。一方面，加强校内资源的统筹，并协调其他高校（涉农、非涉农）共同参与农村科技服务，开展多校、多学科联合的农村科技协同创新；另一方面，加强与政府、企业、科研机构的合作，形成高校主导、多元参与的合作方式，吸引广泛的资源开展农村科技服务供给。

三是由公益性服务为主转变为公益性、市场开发相结合。未来高校开展农村科技服务将更加注重市场机制的作用，转变以往公益性为主的农村科技服务方式。高校要对其开展的各项农村科技服务进行分类定位，对可以走有偿性服务的农村科技供给要走市场化之路，提高其供给的效率。对于应该进行公益性供给的服务，应该扩大供给覆盖面，通过相应的工作机制，保证科技资源的实用效率。

四、科研院所主导的农村科技服务

农业科研机构就是农村科技创新的核心力量。通过农业科研体系的改革，近些年农业科研机构在农村科技推广服务中也发挥了重要作用。

1. 我国农业科研机构现状

我国拥有世界上规模最大的农业科研体系。2005 年，我国有 1144 个农业科研机构，从业人员 95 608 人。其中农业部所辖的农业科研机构 57 个，工作人员 11 358 人。省属 466 个，工作人员 48 039 人。地市属 621 个，工作人员 36 221 人[①]。通过农业科研体系的改革，我国已形

---

① 此处数据来源于《2006 中国农业统计资料》。由于该资料在 2006 年之后不再统计农业科技相关数据，故数据只能更新到 2005 年。

成了国家、省、地市三级的农业科研体系（如图2－4所示）。同时科研与教学分离，实现了农业科研—教育双线并行系统。

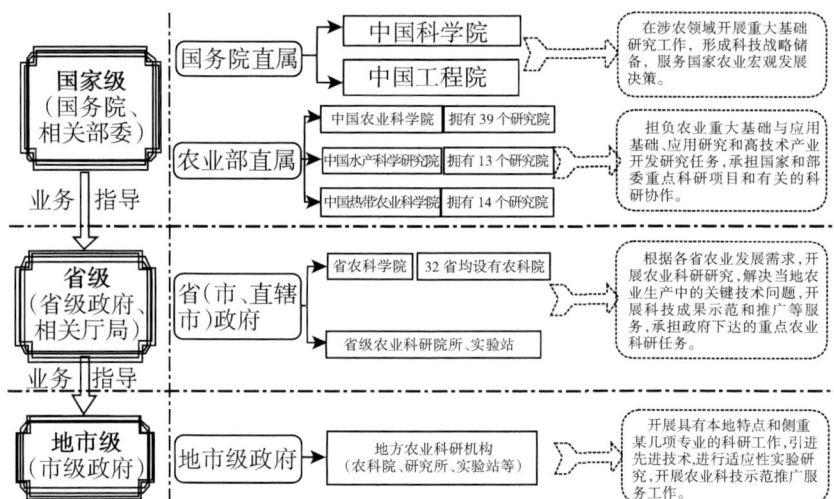

图2－4 中国农业科研机构结构图

在这个运行体系下，国家级层面的农业科研机构开展重大基础性研究、应用研究和高新技术研究，引领国家农业科技发展的方向，在业务上对省、地市级的农业科研机构进行业务指导，在农业科技项目中进行合作。省级层面的农业科研机构针对地方农业发展需求开展农业科技创新研究，为本地农村科技的发展提供科技支撑，开展农村科技示范推广，为当地的农业发展提供技术服务。地市级的农业科研机构主要是开展具有本地特点和侧重某几项专业的科研工作，引进先进农业技术进行试验性研究、熟化推广，为当地的农村经济社会发展提供技术服务，承担政府、上级部门的指派的科研任务。从农村科技服务供给的链条来看，国家级科研机构主要开展农村科技创新、科技成果转化示范等。省级农业科研机构主要开展应用研究。地市级农业科研机构主要是应用研究、推广示范、农村技术服务工作。

在我国的农业科研体系下，科研及推广实际上是相分离的。虽然省、地市级的农业科研机构也开展一些农业技术推广工作，但也并没有太大的改变。我国的农业科研机构实际上是隶属于行政部门的，并且多部门管理，科研活动中行政干预过多，农业科研的利益激励机制难以形成。此外，我国的农业科研队伍中，存在着重复建设的问题，许多研究所、大学开展相同的研究，科研活动缺乏协调机制。农业科研投资经常成为一种"撒胡椒面"式投资方式，投资高，但成效低。

2. 农业科研院所进行农村科技服务供给的方式

现阶段，农业科技机构开展农村科技服务供给主要通过以下几种途径。

第一，开展农业科技示范。农业科研院所通过与地方政府、企业合作的形式建立起农业科技示范基地，将科研院所的农村科技成果在基地内转化、示范、推广，为农户开展技术培训，向企业提供技术支撑，并根据产业发展的关键技术开展技术攻关，破解当地主导产业、特色产业发展的技术瓶颈。这种方式直观、高效，但投资高，科研院所需要与政府、企业合作才能开展。在实践中，中国农业科学院与江西省人民政府合作共建了鄱阳湖生态经济区现代农业科技创新示范基地。中国热带农科院与海南三亚南田农场合建"杧果科技示范基地"。河南省农业科学院建立的集现代农业科学试验、农业成果示范、科普教育、产业研发及农业观光为一体的现代农业科技试验示范基地。宁夏农科院建立起白银沿黄灌区现代农业科技创新示范基地。

第二，提供农业科技信息服务。一方面，农业科研院所开展农业科技创新，围绕农业产业链，提供农业新品种、新技术，突破农业生产科技瓶颈，为政府、涉农企业、农户提供农业技术支撑。另一方面，开展技术咨询服务，通过开展公益性的、有偿的农业科技服务，将农业科技信息直接输送到农户、企业等农业科技的需求方。进行农业科技培训，提升农户接受新科技的能力。北京市的农业科技服务港就是一种很好的实践。在平谷区开展的大桃产业科技服务中，农村科技服务港以北京农林科学院为技术支撑，为平谷区引进桃业专家，形成专门的桃生产服务研发队伍；建立大桃技术咨询专家库，开通专家热线，通过远程教育、星火培训基地等形式，开展农业科技培训，提高果农素质①。

第三，促进科研成果商业化。主要包括三种形式：科研院所对涉农企业的技术问题进行专门的技术攻关，通过技术开发的形式为企业开展有偿的科技服务；科研院所将自身的科研成果整体转让，利用市场机制让企业进行科研成果的市场转化与商业推广，通过市场激励的形式推进科研机构的科技创新活动；通过技术入股的形式，与企业共同对科研成果进行商业开发，参与企业的生产经营中，促进产学研的紧密协作。如山西省推行的农村技术承包制：农业科研单位及其技术人员对县以下的农、林、牧、渔、涉农企业的技术开发项目，签订技术服务合同，负责解决生产中采用新技术、新成果中出现的各种问题，科技人员从最终获利中按一定比例抽取技术承包费②。技术与经济的责任捆绑，推进了科技融入农村基层，引导了科技资源流向农业生产经营一线。

第四，建立科技型企业。农业科研院所利用掌握的核心关键技术，利用市场机制，将科技与其他生产要素结合，建立起符合现代经济制度的农业科技型企业，实现产学研一体化。近些年一些农业科技股份公司不断出现，有很多都是由原来的科研院所下属的开发公司、农商公司转变而来。如中国农科院创办的挑战集团、吉林农科院创办的吉农公司、湖南农科院水稻所建立的隆平高科。

3. 科研院所主导的农村科技服务的未来发展趋势

围绕农村科技服务，近些年农业科研体系进行了重大的改革。一是改革农业科研的管理体制，理顺农业科研机构的结构，细化各级农业科研机构的管理，通过事业单位改革推进农业科研机构去"行政化"，逐步减小行政对农村科研活动的干预。二是推进科研与市场的结合，建立

---

① ② 刘东. 新型农村科技服务体系的探索与创新. 化学工业出版社，2009.

起农业科研机构运行的市场激励机制。在公益性的农村科技服务上，政府理顺投资机制，引导农业科研机构通过竞争获取政府的资金。在其他可市场化运作的农村科技服务上，鼓励农业科研机构进行市场化运营操作，通过开展各种有偿的农村科技服务，提高科研机构在进行农村科技服务供给中的成效。

从未来发展趋势来看，农业科研院所开展农村科技服务供给主要体现出两个特征。一方面，农业科研院所的职能定位将进行调整。国家层面的科研院所继续负担农业科技创新的职责，省、市级的农业科研院所将更加重视农业科技推广与农村科技综合服务。研究人员将走出实验室进入农村，结合实际开展农业科技推广工作。随着科研院所"去行政化"改革的深入，农业科研院所的职能定位会更加明确，这对不同类型的农业科研机构开展农村科技服务供给奠定了基础。另一方面，利用市场机制提供有偿的农村科技服务将是农业科研院所开展农村科技供给的重要方式。通过开展有偿的农村科技服务，激励大批的农业科研人员开展农村科技服务，盘活了农业科研体系的科技资源，人员的分流也推动了科研机构改革。市场机制配置资源，明确了农业科技服务的需求方向，提高了农业科研院所科技创新的成效。

五、企业主导的农村科技服务分析

随着农村市场化改革的深入，农村科技服务的主体也将发生变化。在市场有效配置资源的前提下，企业将越来越多地承担农村科技服务供给的职责。企业主导的农村科技服务供给依靠市场机制体现科技服务的价值，表现为有偿的科技服务，它将与政府、高校、科研院所等主要开展的公益性科技服务共同构成我国的农村科技服务供给体系。

1. 企业主导的农村科技服务的主要方式

目前，企业主导的农村科技服务供给大体上有两个方向。

一个方向是成立专门的农技服务中介公司，开展涉农的科技服务中

介，包括科技咨询、技术交易、信息服务、培训研究、服务代办等方面
的农村科技服务活动，服务对象主要是农户、合作社、企业和政府。这
类企业的特点是规模较小，经营灵活，服务形式多样，数量众多。这些
企业既包括政府事业单位转制出来设立的经营型企业，如技术市场、生
产力促进中心、创业服务中心等；又有基层从最开始满足自身需求到开
展专门的技术服务的企业，如由合作社成立的专门的技术服务公司、信
息服务公司，种养殖大户成立的技术培训公司等；还包括外部力量专门
成立的科技服务中介公司，如一些农业企业围绕产业发展设立的专门的
技术服务子公司，近些年科技特派员成立的技术服务公司也是这种中介
服务公司的代表。总体上讲，这类农技服务中介企业广泛存在于农村，
为农村经济发展提供了重要的科技支撑。但其发展也面临着运行机制落
后、专业化能力低、服务方位不清晰、服务内容重合、资源整合度低、
竞争力差的问题。从长远发展的角度来看，随着农业专业化程度不断提
高，专业化、规范化的科技服务成为对科技服务中介的基本要求。这也
决定了农技服务中介企业必须走专业化、规模化之路，加快资源整合步
伐，提高企业专业化服务能力，努力提高自身竞争力。

另一个方向就是由龙头企业围绕企业经营策略有针对性的农村科技
服务。这些企业成立专门的技术服务部门，主要开展产品的前期技术研
究、产品推广、售后服务等，服务对象主要是产品用户以及潜在的客户
群体。在服务方式上，包括上门技术服务、电话网络服务、专门的技术
培训、发放技术指南等。服务以有偿与公益相结合的方式开展。这些企
业开展的农村科技服务主要是专业性、有针对性地开展，从服务质量上
讲专业、高效，从服务范围上却比较封闭，只有成为企业的顾客或潜在
顾客后才能享受到这种服务。企业开展农村科技服务大体上有三大类。
一是参与政府的农村科技项目，与政府合作开展农业科技示范推广，运
用企业的经营渠道，将科技项目的成果商业化。二是与高校、科研院所
合作，开展产学研合作研究。企业为其提供资金、设施等，支持高校、

科研院所利用科技优势开展科技创新。这种合作主要集中于产品研发创新阶段，在种业企业中，这种合作尤为显著。三是为农业经营主体直接提供产品、技术、服务等。企业将自己的产品推广到农村，为以服务的理念为顾客提供优质的技术支持，并开展相关的技术服务。如向农户进行先进产品推广，为合作组织提供专门的技术服务等。

2. 典型案例分析

在构建新型农村科技服务体系的过程中，将企业这个主体纳入其中是一个重要的环节，加强对企业主导的农村科技服务供给也就显得现实与重要。实践中永业公司的科技服务站案例就是一种成功的探索。此处，借助这一案例对企业主导的农村科技服务供给进行分析。

永业公司成立于 1994 年，是一家集生物工程、沙草产业、种植业、医药、文化等为一体的高科技企业。其建立的科研中心，涵盖多个学科，技术力量雄厚，具有多项科研成果。永业公司在其主导产品生命液的经销中，建立起永业科技服务站，将产品销售与技术服务结合起来，依靠企业的力量在农村开展科技服务，既创造出可观的经济效益，塑造了良好的企业形象，更探索出一条企业主导农村科技服务的新路径。目前，永业集团在全国已建立了三万多个科技服务站，在产品销售和产品应用服务的基础上，向综合性服务发展。其具体做法如下。

一是创新了经营理念，将卖产品转变为出售良好的客户体验。永业公司在其主导产品生命液的销售中，将农户的需求摆在首位，把教农民学科学、用科学也放在了服务范围之内，为农户提供良好的客户体验就成了其经营理念。服务站在销售产品之前，先选取示范户、示范田进行展示，让农户主动地选择接受这种产品、服务。之后，对农户开展全程的科技跟踪服务，除了为产品提供技术支撑、售后服务，还开展一些公益性的科技服务。"为农户提供资金和技术—使用公司的产品—丰收—帮助农户卖出产品—农户成为有购买力的客户群—企业和农户双赢"这种经营链条客观上促进了基础农技推广工作，较好地补充了传统农技推广缺失的环节，创新了农村科技服务的方式。

二是建立起农民综合服务平台。在永业科技服务站中，农户可以向技术人员咨询、学习，相互间也可以进行技术交流、信息交流。同时，服务站也接收大学生见习、实习、就业，帮助学生们学以致用。科研工作者可以通过永业科技服务站找到他们的科研需求，从市场的角度让科研成果转变为现实生产力①。

三是在产业链上将各主体打造成一个利益共同体。在产品研发创新阶段，永业公司建立起自己的科学研究院，联合科研院所开展技术创新；在生产阶段，永业公司建立起完整的生产线；在销售和售后阶段，建立起科技服务站，形成产品销售、技术服务的终端。在这个产业链上，既有生产厂商、科研机构、经销商、农技员，又有着众多的农户，他们结成一个利益共同体，极大地调动了各方的参与积极性，为农村的产业发展创造了有利的支撑。

四是市场化导向的农村科技服务提高了科技服务的成效。服务站在为农业生产提供技术服务时，也关注农产品的流动与销售。服务站积极为农户提供销售信息，引进各种销售渠道，一定程度上充当了农产品的流通链条。这种市场化导向的理念实际上更加密切了企业与农户的关系，实现了双赢。同时有偿的科技服务也提高了农户的选择性，农户在付出成本时更看重其带来的产出，这实际上也要求企业提供更有效的技术服务。只有农户真正赚钱了，才会信任这种服务与产品。

市场经济体制下，建立起多元的农村科技服务主体是构建新型农村科技服务体系的一个重要前提。企业作为最具市场活力的主体必然要参与到农村科技服务的供给中来。永业科技服务站的方式就是一个重要的探索。在这一案例中，企业首先搭建起服务平台，将产品与服务打包，运用企业自己建立的销售平台，直接在农村开展科技服务。企业在开展

---

① 永业科技服务站：打通农业科技推广的最后一公里。

有偿科技服务的同时也开展一些公益性服务，且这种服务直接针对生产实际需求，命中度高，成效显著。

六、农村合作组织开展农村科技服务供给分析

近些年，社会组织在农村科技服务供给中发挥了越来越重要的作用。各类社会组织推动了多元化农村科技服务体系的发展。

1. 农村合作组织开展农村科技服务供给的基本情况

目前，提供农村科技服务的社会组织主要有农民专业合作社、农村专业技术协会等。在农村科技服务的供给主体中，农民专业合作组织是一个庞大、有成效的主体。一方面，我国农村有各类农民专业合作经济组织 140 多万个，其中较为规范的有 15 万多个，农户成员 3486 万户，占全国农户的 13.8%，广泛分布于种植业、畜牧业、水产业、林业、运输业、加工业以及销售服务行业等各领域。在 2009 年开展的对 760 个村农民专业合作社的一项调查中，有 92.5% 的农民合作组织提供技术和信息服务。在提供的市场价格、渠道信息、种植技术、植物病虫害防治、养殖技术、动物疫病防治和兽医服务选项中，每个农民合作组织平均提供 2.9 项技术和信息服务，其中有 23% 的农民专业合作社专门提供技术信息服务。另一方面，农民专业合作组织直接面对农村生产，从实际的需求进行农村科技服务供给，应用市场机制开展农村科技服务供给，其进行的农村科技服务是有成效的。

农村专业技术协会在农村科技服务中也发挥着重要作用。截至2011 年年底，全国有 140 个专业的各类农技协 10.7 万个，联系会员1305 万户农户①。农村专业技术协会主要以技术服务、技术交流、市场服务等为主要服务内容。农技协通过组织农户开展技术服务、规模化生产，和普及扩散现代农业新技术、新品种，将农业生产和市场需求联系

---

① 中国农村专业技术协会网站。

起来，将农户主体与市场客体捆绑在一起，有效地解决了小农户和大市场之间的矛盾，弥补了农村科技普及和公共服务方面的政府职能缺失和市场失灵问题。当前，农技协的发展面临着转折，《农村专业合作社法》的出台，使得一些农技协向农民合作社转变，以合作社的身份和形式在农村中开展农村科技服务。

2. 农村合作组织参与农村科技服务供给的意义

农民专业合作社在开展农村科技服务中，主要是市场化的操作，通过市场机制将农业技术物化于产品之中，既提高了农业科技供给的收益，又消除了农业科技推广的外部性，有利于稳定农村科技服务的供给。我国的农业推广体系存在着科研与生产脱节问题，将农民专业合作社作为农村科技服务供给的主体后，可以更加精准地反映农民、农村科技需求，弥补了政府农村技术推广不足。此外，农民专业合作社在农村科技服务供给中突破了地区限制、行政管理体制制约，可以在更大范围内配置科技资源。同时农民专业合作社肩负着供需双层角色，它可以客观地反映农民对科技的需求，也可以通过参与竞争引进先进农业科技，改进农村科技服务品质。

3. 农村合作组织开展农村科技服务供给的主要内容

农村合作组织供给的农村科技服务主要来自三个方面。一是自主选择性开发与应用。我国的农民专业合作组织一般都是由种养大户、技术能人等带动起来的，他们本身就有着一定的技术创新与应用能力。在产业发展中，他们会根据农业生产需要开展一定的技术引进转化、技术改良，通过他们的先行先试，完成了先期的技术探索，进而开展大范围的农村科技服务供给。二是与国家科研单位、推广机构结合转化。针对产业发展中的共性技术难题、技术瓶颈，合作组织与科研单位通过技术购买、技术合作等形式寻求外部的技术支撑，并将其合作的科技成果以一定的形式进行推广普及。三是与企业合作开展技术创新、推广。通过农村合作组织与企业紧密或松散联合，双方就农业产业化发展开展技术合作，联合开展技术创新、技术推广转化，应用市场建立起双方的互惠机制，推动农业技术的推广和转化。

农村合作组织参与农村科技服务供给主要是通过三种形式。一是直接向农户开展农村科技服务，包括提供技术咨询、上门服务、提供科技产品等。二是开展农村科技示范。针对农村经济发展需要，引进先进农业技术，通过内部的转化、应用实践，在技术成熟后向农户推广。三是搭建农村科技供需信息平台。一方面，农民专业合作社向技术供给机构提供农户技术需求信息，让政府、科研部门的技术支撑更加精准地支撑农村经济发展。另一方面，通过分析选取最优的农村科技，整合各类农村科技资源，增强农户在农村科技选择中的话语权。

4. 农村合作组织开展农村科技服务的特点

农民专业合作组织参与农村科技服务供给有着显著的特点，归纳起来如下。

第一，组织结构较为简洁，规模较小。农民专业合作组织的规模一般较小，加之地域、文化等方面的限制，其不可能规模庞大。这种适度规模的形式一定程度上有利于在开展农村科技服务供给中的高效决策，同时也避免了农民在科技服务中搭便车现象无法监管的矛盾。

第二，有利于民主决策。农民专业合作组织内，成员按照人数、股份等形式对合作组织的行为进行投票决策，成员间通过民主协商更好地把握开展农村科技服务中的利益得失，提高了决策的时效性与成效。

第三，推广方式内生和外生结合。农民专业合作组织开展农村科技服务既可以发挥组织的优势，联系外面的科研单位，引进先进的农业技术，又可以将会员组织起来，对某项农业技术的使用进行讨论；在农业技术的推广中，既可以利用外部的力量推广农业技术，又可发挥组织内部的影响，内生化地推广农业技术，这是一种内生与外生相结合的农业技术推广方式。

第四，市场导向、需求导向的农村科技供给方式。农民专业合作组织开展农村科技服务供给以市场为导向，以节约交易费用、提高技术应用转化效率为准则，同时直接考虑到农户的需求，有助于形成快速技术传导效应。

5. 未来发展趋势

近些年，国家大力支持农民专业合作社开展农村科技服务供给。从2004年起，中央和地方安排专门资金，支持农民专业合作组织开展信息、技术、培训等服务。2008年中央一号文件中指出农民专业合作社可以申请承担国家的有关涉农项目。2012年中央一号文件更是明确提出，将农民专业合作组织作为开展农村科技服务的一个主体，要充分发挥农民专业合作社组织农民进入市场、应用先进技术、发展现代农业的积极作用。

从农村合作组织自身来讲，未来发展应该把握三个方向。一是专业化。开展农村科技服务的农村合作组织要逐步发展成专业的科技合作社，提高业务水平，拓宽服务功能，以中介企业的形式构建运行体系。二是合作性。农村科技合作组织要不断加强与外界的交流合作，对上加强与政府、高校、科研机构的合作，建立合作机制，引进外部资源；对下加强与农户、企业的沟通，把握基层农业科技的需求动向，提高科技服务的瞄准精度。三是创新性。农村科技合作组织要围绕"三农"形势的变化，创新服务方式，探索多种形式的服务模式；加强制度创新，特别是利益激励机制、组织运行机制，促进农村科技合作组织的长效发展。政府也要加强法制建设，规范引导农村科技合作组织在农村科技服务供给中发挥更大的力量。

七、小结

1. 农村科技服务供给中不同主体的角色定位不同

如表2-2所示，不同主体在农村科技服务中形成了不同的角色定位，在服务内容上各有所长，随着农村科技服务供给活动的持续开展，各自部门形成了清晰的特点。在服务内容上，政府主导的是公益性农技服务，注重农村科技服务的宏观管理，并通过农村科技培训与信息化普及创新农业科技服务的环境；高校、科研院所从其职能定位出发，主要开展农业科技创新与推广，并开展一些公益性的农村科技培训工作；企业和农村合作组织主要是在市场化运作的基础上开展有偿的农村科技服务，既包括农业科技创新、科技成果转化推广，也包括农村科技培训类的工作。在供给形式上，我国以往的农技推广是一种自上而下的方式，创新与推广割裂，供给与需求脱节，不适应当前"三农"发展新形势。目前，在农村科技服务供给中重视上下交流互动，强调供需双方的双向沟通，真正从服务的角度去开展农村科技供给。如表 2 - 2 所示，对于政府主导的农村科技服务供给，由于其肩负农村社会管理职能，在运行中自上而下的行政推动仍是主导，但也开始探索建立上下交流互动的工作机制；高校、科研院所近些年开展农村科技服务供给的主要形式是上下互动，通过放低服务平台，通过供需双方的互动增强供给的成效；企业、农村合作组织完全是一种自下而上的供给，他们按实际农村的科技需求安排供给。

表 2 - 2 不同部门参与农村科技服务供给的特点

	政 府	高 校	科研院所	企 业	农村合作组织
服务内容	农技推广、农村科技管理、农村科技培训与信息化普及	农业科技创新与推广、农村科技培训	农业科技创新与推广、农村科技培训	农业科技创新与推广	农业科技创新与推广、农村科技培训
供给形式	自上而下	上下互动	上下互动	自下而上	自下而上
经费来源	国家财政经费	事业经费、科研项目经费、单位自筹	事业经费、科研项目经费、单位自筹	企业资本	会员集资

续表

	政　府	高　校	科研院所	企　业	农村合作组织
组织 目标	执行政府管理职能，贯彻中央战略部署	实现科技创新，履行科研教育职能	创新知识成果	实现经济效益最大化	实现经济效益
供给 类型	公益性农机推广	公益性服务与有偿性农技推广	有偿技术转让、公益性科研服务	市场化运作的有偿服务	市场化运作与公益性服务

2. 农村科技服务供给的综合化、体系化趋势明显

当前，农村科技服务供给中表现出综合化、体系化两种趋势，且随着科技体制改革的深入，这种趋势愈加明显。从综合化的角度来看，一方面，农村科技服务供给的内容更加综合，从以往的创新与推广的割裂到相互融合，农村科技服务的内涵不断拓宽，各部门开展的农村科技服务不局限于某一项服务内容，开展综合性服务成为农村科技服务的一种常态。如西北农林科技大学开展的农业科技专家大院行动，涵盖了农业科技创新、农业科技成果转化、农技推广、科技培训等多项农村科技服务，涉及"三农"的各个方面，形成一条完整的农业科技创新服务链。另一方面，各服务主体的联合更加紧密。近些年农村科技服务呈现出"一主多元"的主体格局，政府、高校、科研院所、企业等主体的合作更加紧密。如在现代农业产业体系项目实施中，政府主抓项目的审批与监管，高校、科研院所通过协同合作开展农业科技的创新与集成、转化与推广，企业、合作组织承担项目的市场推广与转化的任务，各主体间形成了稳定的协作机制。

从体系化的角度来看，一是各主体开展的农村科技服务的运行机制更加成熟。政府主抓公益性农村科技服务的供给，高校在农村科技服务中形成了多种形式的大学农技服务模式，科研院所形成了一批有效地将农村科技创新与推广相结合的工作机制，企业、农村合作组织在农村科

技服务中的纽带作用不断凸显。二是农村科技服务供给中，各主体间的交流互动机制更加顺畅。通过产学研的互动合作，在市场机制的作用下，高校、科研院所、企业的合作更加紧密有效。探索形成的"院地合作模式"、"以龙头企业为核心的农村科技服务体系"等服务模式有效地整合了各类农村科技服务资源，提高了农村科技服务的目标成效。三是保障机制更加完善。大力推进科技体制改革，破除了科技人员进村入户开展农村科技服务的体制机制障碍。出台、修订了一批农村科技服务的法律法规，推进农村信息化建设，进一步优化了农村科技服务的环境。

3. 企业逐渐成为农村科技服务供给的中心

通过对各主体农村科技服务的供给发现，企业在其中扮演着重要的角色。特别是随着农村科技服务市场化的推进，其重要性不断凸显。主要表现在三个方面：一是企业成为各主体开展进村入户农村科技服务的纽带。企业直接面对农户、农村合作组织，可以准确地把握基础的农村科技服务需求，通过与政府、高校、科研院所的合作，提高了这些主体开展农村科技服务的目标瞄准精度。二是各主体主动与企业合作开展农村科技服务。如西北农林科技大学的农业科技专家大院中，"龙头企业＋专家大院"就是一种有效的运作模式。北京市"农村科技信息港"实践中，采用"科研院所＋龙头企业＋合作社＋农户"的模式，支撑了优势产业的发展。"科技特派员"行动中，鼓励科特派以创业的方式开展农村科技服务，形成以企业为核心农村科技服务体系。三是企业有效地盘活、整合了农村科技服务资源。企业拥有资本、市场优势，高校、科研院所拥有智力优势，它们之间的合作有效地整合了农村科技服务中的资本、信息、技术等资源。企业与传统农技推广队伍的合作，开展有偿与公益相结合的农村科技服务，既增强了企业农村科技服务的能力，又盘活了原有的农技推广资源。

4. 农村科技服务供给的主体格局开始发生变化

通过上面的分析看到，政府在农村科技服务供给中仍发挥核心作用。无论是在政府主导的农村科技服务中，还是高校、科研机构、企业等开展的农村科技服务中，政府都通过不同的角度发挥作用。究其原因，一方面，政府控制了较多的农村科技服务资源，如资金、人才、法制等，其他部门借助这一渠道开展农村科技服务是最便捷也最有效的方式；另一方面，在现行管理体制下，高校、科研机构与政府存在着千丝万缕的联系，理论上各方是独立的，但在具体的项目操作中，其仍无法脱离政府的控制；此外，农村科技服务有着公益性的属性，也赋予了政府要承担更多责任。这样，政府存在于农村科技服务供给中的各个环节，在农村科技服务中发挥了核心主导作用。

但近些年农村科技供给的主体格局也开始出现了变化。一方面，"一主多元"的主体格局开始形成，且"多元"发挥着越来越重要的作用。最初的农村科技服务供给完全由政府开展，随着农村改革的深入，高校、科研机构也加入，而市场化的深入又吸引了农村合作组织、企业也加入到这个队伍中来。以政府为主体、多元化参与力量的"一主多元"构成了我国农村科技供给的主体格局。近些年，高校、科研机构、企业、农村合作组织开展的农村科技服务成了政府主导农村科技供给的重要补充，在农村科技服务中发挥了重要的作用。另一方面，各主体间协同开展农村科技供给越来越受重视。各主体的资源禀赋、组织优势等由于有所差异，在开展农村科技服务中都存在着优势劣势，随着农村科技服务需求层次的提升，协同开展农村科技供给成了一种最优的选择。在实际中，协同开展农村科技服务供给也是越来越受重视。如农业部主导实施的现代农业产业体系建设中，政府主导项目的实施，提供资金、政策支持，高校、科研院所承担主要的技术研发、农技推广职能，提供人员、基地等支持，企业加入到市场推广环节，各主体间协作，共同开展农村科技服务。

第三章
我国农村科技服务形势分析及阶段判断

一、我国农村科技服务工作面临的新形势

1. 农村政策导向更加鲜明

近些年，我国农村科技工作的政策环境不断优化，农村科技工作的政策体系不断完善。近 10 年中央以一号文件，都对农村科技工作进行了部署。2012 年的中央一号文件更是聚焦于农业科技，凸显了中央对农村科技工作的重视。同时，我国制定了较为完整的农村科技发展规划，对农业科技工作进行战略部署。此外，对农村科技工作的立法也在稳步推进，2013 年实施的《农业技术推广法》对规范引导我国农村科技服务创新发展具有重要的意义。

政策环境的优化与政策体系的完善，对未来我国农村科技服务工作也产生了新的要求。一是农村科技工作政策的连续性、稳定性，体现了中央政府稳定支持农村科技工作的战略思路，这对农村科技服务体系的构建创造了有力的契机。二是随着农村科技政策体系的完善，对农村科技服务工作的系统优化集成提出了现实要求。要加大那些成效显著、基层需求强烈的农村科技服务的推广与部署，也要对那些重复开展、经济社会效益不显著的农村科技工作进行优化与调整。三是"强化公益性，放活经营性"是政策对农村科技服务工作的政策导向。这要求：一方面要加快构建政府主导的农村公益性科技服务体系，另一方面建立起多主体的市场化农村科技服务供给体系。

2. "三农"形势发生了转变

从农业发展的形势来，一方面，传统农业生产面临着土地、水资源短缺，农业生产面源污染严重等困境，农业资源利用强度高，农业生产效率却极低。2011 年小麦、水稻、玉米每亩净利润分别仅为 118 元、371 元和 263 元①。在资源、环境、效益的约束下，传统农业难以为继，必须加快向现代农业转变。而另一方面，农业科技的发展为现代农业的发展提供了重要的支撑，2012 年我国农业科技贡献率达到 54.5%，农作物综合机械化率达到 57%，农业的现代生产要素支撑显著。在这样一个背景下，以服务业引领的一二三融合的现代农业成为未来农业发展的重要方向。

从农民的角度来看，未来将更多地关注于"职业农民"问题。一方面，现代农业的发展需要"职业农民"来支撑。传统农民的分工分业、职业农民的培育成为迫切需要解决的问题。另一方面，农民职业化成为破解传统"农民问题"的重要途径。农民职业化实现农民由身份到职业的转变，触及了传统农民问题的本质，为真正实现公民权利均等化奠定了基础。基于此，政府大力推进农民职业化，"职业农民"成为"三农"工作的一个热点。

从农村的角度来看，社会主义新农村建设使我国农村面貌发生了巨大的变化，十八大提出的新型城镇化发展道路更提出小城镇与新型农村社区将是未来农村发展的主要方向。新型城镇化道路下的农村将更加注重公共服务的提供、产业的支撑，更加注重城乡统筹、城乡一体化。

可以看到，现代农业、职业农民、新型城镇化下的农村社区成了当前的"新三农"，这也对农村科技工作提出了更高的要求。一方面要理清"新三农"的科技需求、科技支持重点，使得之后的农村科技服务工作有的放矢。另一方面要整合农村科技资源，构建起服务"新三农"

---

① 现代农业建设的新形势新任务新要求 [OL]. [2003 – 05 – 16]. 第一农经网.

的农村科技服务体系。

3. 新型的"四化同步"勾勒出农村科技工作的发展方向

十八大上提出"坚持走中国新型工业化、信息化、城镇化、农业现代化道路，推动信息化和工业化深度融合、工业化和城镇化良性互动、城镇化和农业现代化相互协调，促进工业化、信息化、城镇化、农业现代化同步发展"。在"四化同步"的背景下，农村科技工作面临着新的调整。

第一，较之"三化同步"，信息化首次被纳入国家发展战略中，体现出信息化的战略意义。农村信息化一直都是农村科技工作的重要组成部分，在信息化上升为国家战略目标后，农村信息化工作将强化，相应的农村科技工作部署也需要调整，这将对当前的农村科技工作产生深远的影响。

第二，农村科技工作在推进"四化"发展中将被赋予更多的责任。农业科技进步是现代农业的基础，是推进农业现代化的重要途径。农村信息化建设是农村科技服务的重要内容，而农村信息化是信息化发展的核心与关键。健全的农村科技服务体系可以为农村小城镇、农村社区的产业发展、素质培育、民生服务、资源整合等提供强大的支撑，而这些是农村城镇化的核心内容。农村科技工作促进农民职业化，在促进城乡劳动力自由流动的同时促进了工业化的发展。科技支撑的现代农业为工业化提供了更多的原料与市场。农村科技工作间接地支持了工业化的发展。

第三，科技进步是"四化"协调同步的重要途径，这也对农村科技工作寄予了更高的期望。新型城镇化发展道路，强调"四化"要在统筹协调中同步发展，这其中农村科技工作的意义在于：农村科技工作可以提升农村信息化水平，缩短城乡数字鸿沟，使农村公平地分享产业发展机遇，在农村实现信息化与工业化的融合，为城镇化提供更多的工业机会，在信息化背景下，实现工业化与城镇化的协调互动。同时，农业科技进步是推进农业现代化的核心，而发展现代农业是实现农业现代化的捷径，也是实现工业化与农业现代化同步发展的关键。

4. 农村科技创新创业发展思路日益明晰

进入21世纪以来，中国的农业发展面临着两个难题。一方面，农村家庭联产承包责任制下的小农经营使得农业产业化、组织化程度低，农业的比较效益极低，小规模的家庭经营与大市场存在着矛盾；另一方面，农业比较效益低下使得原有的农村经济要素流向了城市，农村生产中资本、技术等现代生产要素紧缺。农村科技创业在解决这一问题中提供了有效的探索。通过用外力将现代生产要素引入农村，实现了优势资源向城市的逆向流动。通过应用现代农业经营方式，提升了农业的产业化水平与市场竞争力。

在这样一个背景下，农业科技创新创业成了农村工作的一个重要内容。《国家"十二五"科学和技术发展规划》明确提出，要以农村科技创新创业为途径，引导现代科技要素、生产要素和经营方式在农村一线集聚，加速现代农业产业创新，推进农村产业集聚和升级。2012年科技部出台《加快农村科技创新创业的意见》，重点对科技特派员的农村科技创业行动进行了部署。在实践中，科技特派员的农村科技创业行动成为了农业科技创业的典范。通过实施科技特派员专项行动、开展科技特派创业产业链建设、支持法人科技特派等行动，科技特派员农村科技创业取得了显著成效。

中央在农村科技创业中的政策指导与实践扶持，表明了中央对农村科技创业的重视，也逐步明确了农村科技创业的发展思路。从这个角度来看，顺应农村科技创业的发展趋势，构建面向未来的农村科技创业服务体系将成为一项重要的工作。

二、未来农村科技服务发展展望

在当前农村经济社会发展的新形势下，农村科技工作的内容、服务对象、侧重点都将发生变化。农村科技服务将在现有的工作基础上进行战略调整。

1. 农村科技服务的内涵将拓宽

在新形势下，农村科技服务的内涵将显著拓宽。从服务的内容来看，未来农村科技工作内容包含了支持现代农业发展、培育职业农民、推进农村信息化、服务农村科技创业。服务边界拓宽，具体的科技工作内容也将增加，如科技金融、农村科技企业中介服务等一些交叉的工作也将纳入到农村科技服务工作中。

从服务的对象来看，农户、科技人员、非农产业工人等自然人和企业、政府、合作社等法人实体是农村科技服务的服务对象。特别是在法人科特派引入到农村科技创业中后，对这些农村创业法人的科技服务将成为农村科技服务的一个重要内容。

从服务的主体来看，除传统的政府农技推广机构外，科研院所、大学、企业、合作组织都将成为农村科技服务的主体。随着农村科技创业服务体系的构建，未来一些社会组织如民办非企业、基金会以及国外机构都有可能成为农村科技服务的一个主体。多元化的服务主体将是农村科技服务一个不可逆转的趋势。

2. 构建农村科技创业服务体系

农村科技创业成为我国农村工作的重要内容之后，围绕农村科技创业构建创业与服务体系将是未来农村科技工作的一个核心。构建农村科技创业服务体系，需要从以下几个方面着手。

一是理清农村科技创业服务体系内涵。农村科技创业服务体系是在新的农村经济社会形势下，对农村科技服务体系的演进。在这个前提下，要明确在传统的农村科技服务体系下，哪些农村科技服务内容需创新调整，哪些需整合优化，如何以服务农村科技创业为核心构建农村科技创业服务体系的运行机制等内容。

二是整合农村科技资源，分类推进农村科技服务体系建设。对于由政府主导的公益性推广体系，要通过科技体制改革、加大政府投入、强化政策保障等方式推进；对于走市场化之路的经营性服务体系，要通过强化政府的引导、市场环境的优化、法规体系的完善来逐步实现整合。

三是把农村科技创业与农村科技服务统一起来。在农业科技创业中内生出科技服务需求，农村科技服务提升农村科技创业的水平，两者是相互促进的。在实践中，要将创业与服务结合起来，不能简单地看作是需求与供给的关系。要在农村科技创业中不断完善农村科技服务，以制度化的形式构建农村科技创业服务体系。

四是构建开放的农村科技创业服务体系，加强与其他的产业服务的对接。农村科技创业不仅需要完备的农村科技服务，其他的产业服务如资本、贸易、管理等也是关键。农村科技创业服务体系不应是一个封闭的圈子，而应该建成一个服务整合平台，使农村产业发展所需的科技服务、金融服务、管理服务等各项中介服务都能在此整合，增强其综合服务能力。

3. 大力推进农村信息化建设

农村信息化是实现新型"四化同步"的必然要求，是提升农村科技服务能力的重要保障。推进农村信息化建设将是未来农村科技工作一项重要的内容。近些年，在"村村通工程"、"农村三网融合工程"、"农村信息员"等项目的实施带动下，我国农村信息化水平有显著的提升，但仍面临着农村信息服务不到位、运行机制不灵活、管理不规范的问题，农村信息化建设依然任重道远。

从服务农村信息化建设的角度来看，未来农村科技工作应做以下部署：整合现有的农村信息化服务，构建综合的农村科技服务网络，在网络的运行维护中要重视农户、企业、合作社等用户的体验，优化完善农村信息服务的方式；用信息化手段创新传统的农村科技服务方式，拓宽农村科技服务的覆盖面，如宁夏推行的"三农呼叫中心"项目，将传统的农村科技咨询、培训等服务整合在现代信息服务网络中，在使农户享受便捷服务的同时，极大地拓宽了农村科技的服务范围，成效显著提升；将先进成熟的非农产业信息管理系统引入农村经济社会发展中，助推"新三农"的发展，如在农业经营中引入电子商务，在农业企业中引入 ERP、BRP 等信息管理系统；在农村信息化服务平台建设的同时，同步推进农村基层服务站点的建设，重视信息员培养和基础站点的服务管理，鼓励农户、企业、合作社等用户参与、体验农村信息化服务，杜绝出现农村信息服务"最后一公里"的问题；探索将农村信息化服务体系与成熟的农村科技项目整合，如将大学生村官培育成农村信息员，针对科技特派员农村创业、星火计划等项目开辟专门的农村信息服务通道等。

4. 强化现有的农村科技工作的集成

现有的农村科技服务是构建新型农村科技创业服务体系的基础。强化对现有的农村科技服务的集成，提高农村科技资源的利用效率，将是未来农村科技工作考虑的一个重点问题，其应该包括以下三个方面的内容。

一是围绕"新三农"、"四化同步"的农村科技服务需求，对现有的农村科技工作进行分类整理，确定未来农村科技工作的方向与重点，形成农村科技服务的"工作菜单"。同时，建立起农村科技工作的绩效评价体系，对其进行定期考核，并形成农村科技工作的动态选择机制。

二是强化农村科技资源的整合与共享。我国的农村科技资源分布于不同部门、主体，且管理体制的混乱加剧了农村科技资源的分散与浪费。强化对农村科技资源的整合与共享，可使我国有限的农村科技资源发挥更大的效率。一方面，要强化部门间的协作，加强农村科技管理部门间的沟通协作，使部门间的科技资源汇集到国家战略决策上来。建立中央层面的农村科技管理机构，完善部门间的利益协调机制。另一方面，创新农村科技服务合作模式，利用项目平台整合农村科技资源。鼓励引导农村科技项目的多主体参与，并在项目实施中探索有效的部门合作机制。搭建基层农村科技服务平台,将各部门的农村科技项目、服务在此整合。构建各类公共服务平台,让各主体共享农村科技资源。

三是推进农村科技服务的分类指导,通过明晰管理实施主体,提高农村科技资源使用效率。新型农村科技创业服务体系包含了公益性推广体系与经营性服务体系。对于公益性服务,投入由政府主导,通过完善行政管理机制,健全相应的法制法规,可以保障农村科技资源的有效利用;对于经营性服务,完全是一种市场经营,在市场机制的作用下,农村科技资源将实现效用最大化。

三、我国农村科技服务的阶段判断

随着我国农村改革的深入,我国农村科技服务的体制机制由最初的政府完全主导,发展为当前的"一主多元",以政府为主体、多元化力量参与农村科技创业与服务的新阶段。在十八届三中全会精神的引导下,我国农村科技服务开始更加重视市场化经营性服务模式的拓展,推动企业在农村科技服务中扮演更为重要的角色。从服务内容来看,目前我国农村科技服务也由最初单一的农技服务,发展为涵盖了农业科技创新、农业科技成果转化、农技推广、科技培训等多项农村科技服务,涉及农业全产业链各个方面的综合性农村科技服务。因此可以得出判断,当前我国农村科技服务处于"市场化导向、多元化发展、综合性服务"的新阶段。未来我国农村科技工作的内容、服务对象、侧重点都将发生变化。农村科技服务将在现有的工作基础上进行战略调整。

第四章
农村科技创业与服务体系中的
职业农民培育

一、农村科技创业与服务体系发展和职业农民培育

（一）我国职业农民的内涵与特点

2012 年中央一号文件首次提出"大力培育职业农民"。这是中央统筹城乡协调发展、推动农业现代化的又一新的战略决策，标志着我国农民开始由身份型向职业型转变。这一转变对农村经济社会的转型和农业发展方式的改进必将起到积极的推动作用。

1. 职业农民的提出

目前，我国城镇化速度较快，传统的农业经营收入在农民人均纯收入中所占的比重显著下降。第二次全国农业普查数据显示，2006 年我国 50 岁以上的农业从业人员为 32.5%，较 1996 年第一次全国农业普查提高了 14.4%，平均每年增长 1.44%。农业副业化、农村空心化和农民老龄化的严峻现实，对现代农业经营主体的改变提出了客观的需要，"谁来种地"已经成为当今中国农业发展中不可回避的问题。

同时，我国农业的生产经营方式已经发生了实质性的改变。各类农业社会化服务组织蓬勃发展。当前，我国农民专业合作社的数量已超过

70 万家，实有入社农户超过 5000 万户，占全国农户总数的比例超过 20%①。农业的内涵不断扩展，一二三产融合、产前产中产后衔接的现代农业产业体系成为我国农业发展的大方向，这从根本上带动了农业经营的方式、手段、理念的转变，对农业经营主体提出了更高的要求。"如何种地"成为新时期农业经营者必须重新审视的一个问题。

此外，大量农民工候鸟式的迁移使城镇化呈现不稳定的状态，导致了工业化中劳动力空间、时间上的短缺——2010 年我国农民工人数约为 2.4 亿人，而举家迁徙的农民工仅占全国农民工总量的 12.7%，农业发展中劳动力结构性不足、农地撂荒等问题日趋严重——农村留下来的务农农民平均年龄达到 55 岁，其中妇女超过 63%，初中及以下文化程度近 83%②。农民综合素质偏低制约了现代农业的发展。

谁来种地、如何种地、怎样切实提高农业从业者的素质，成为摆在决策者面前的一组难题。农民职业化可以作为破解这一问题的有益尝试。通过农民职业化，为现代农业发展培育先进人力资本，引导现有农民选择合适职业，提高其生活水平，重置乡村结构，实现城乡统筹发展。

2. 职业农民的内涵

现代农业中的职业农民，是农业生产的主体。通过更多的市场手段配置农业生产资源，可以有效地促进生产要素的合理流动，提高农业生产的集约化、社会化水平，提高农业的产业比较效益。

（1）职业农民内涵分析

第一，职业农民强调由身份向职业的转变。长期以来，中国农民都是一种与生俱来的身份。农民职业化后，农民转而成为一种职业，成为一种社会分工。从事农业的农民可根据市场需求，自主选择行业进入，

---

① 农民日报，2013 年 5 月 25 日。
② 农民日报，2013 年 4 月 24 日。

并拥有生产经营上的自主权。同时，这个职业也应逐步设立相应职业准入门槛，需要有职业技能的人才可以从事，而这些人的职业选择的动力来自于在现代农业经营中获得的较高比较收益。

第二，产业融合需要职业农民支撑。对于现代农业职业农民的来源范围，从传统农村居民、农业院校的学生、农业技术人员，到城市中从事农业生产的居民、其他行业的人员、企业单位、法人、组织团体，都可以成为职业农民，不受户籍、地域、主体性质等方面的限制。职业农民所服务的现代农业，是以现代服务业引领的一、二、三产业结合体，涉及农业生产、加工、销售、物流、中介服务、管理等多个工种。职业农民所从事的工作能够涵盖三次产业的各个方面。

第三，职业农民培养是动态的持续过程。在现代农业的不同发展阶段，职业农民所面临的宏观环境、政策空间会有所不同，其实现路径也有所不同。现阶段职业农民培育，要更多地考虑具有一定任职资格的农村新型创业主体，通过他们将先进的生产要素带入农村，实现城乡之间要素的逆向流动，鼓励他们通过现代农业经营取得良好的经济效益。

（2）职业农民的基本特点

职业农民是现代农业发展过程中出现的新的职业类型，强调的是开展农业经营，以市场化操作来实现经营利润的最大化。具体而言，职业农民有以下特点。

第一，职业准入具有较强的选择性。职业农民是一种专业化很强的职业分工。国外的职业农民一般经历过专业的培训与职业认证，拥有严格的准入和退出机制，有着较高的职业威望。现代农业的发展对职业农民的要求越来越高，农业比较效益的提升使得职业农民吸引力增强，这都会使职业农民的准入门槛越来越高，职业农民的选择性增强。

第二，职业农民的收益较高。职业农民从事现代农业。科技支撑的规模化、集约化现代农业创造的市场效益高于传统农业。职业农民应该是一种较高收益的职业，从而能够吸引更多从业者的加入，这既能保障职业农民人员的数量，又会提高职业农民的专业化水平。

第三，职业农民队伍具有稳定性。现代农业的发展，将加速现有农民的分工分业趋势，职业农民将成为现代农业发展的主力军。由于职业农民具有较高的职业技能要求，对从业者的素质要求同样较高，因此这支队伍更加稳定，专业性更强。职业农民的这一稳定性特点与农业生产周期性长的特点相适应，保障了农业生产水平的稳步提高。

（3）职业农民的类型

职业农民按照最终从事的工作内容、特质，大致上可以分为四类（见表4-1）。其中，经营型职业农民要求较高的职业技能，能胜任的人员相对较少，位于职业金字塔的顶端；服务型与生产型的职业农民是职业农民队伍的主体，涵盖了现代农业的各个角落；家庭型主要以家庭的独立经营为主，这与当前一家一户的农业经营是不同的，其专业生产能力更强，家庭农场就是其典型代表。

表4-1 职业农民的类型特点

类型	工作特征	技术要求	工作形式
经营型	从事现代农业的经营管理	管理、经营等综合性技能	涉农企业、农业中介组织等
服务型	围绕现代农业产业链开展专业性服务	专业性服务技能	农业流通、加工企业，农业服务中介组织等
生产型	专业从事农业某一方面的生产活动	专业性生产技能	种植、养殖企业，专业合作社等
家庭型	以家庭为单位的农业生产经营	生产、管理等综合性技能	家庭农场、专业大户等

（二）农村科技创业与服务体系建设过程中职业农民培育的意义

职业农民具有较强的职业技能和经营能力，有着很强的科技意识，为追求利润最大化，成为农业科技的需求主体，迫切需要农业科技成果转化。我国每年出现的大量科技成果，成功转化给职业农民的并不多。职业农民的有效需求不足，制约了现代农业的发展。因此，在农村科技创业与服务体系建设中，必须要重视职业农民培育工作。具体而言，在当前经济形势与政策背景下，重视职业农民培育的原因可概括为以下四点。

1. 职业农民培育符合农村社会化大生产专业化、协作化的内在要求

现代农业已不再是小农经济。农业社会化大生产要求高新技术引入农业，并配套农村科技创业与服务体系。职业农民培育符合农村社会化大生产的专业化、协作化的内在要求。

农业现代化是中国现代化的重要组成部分。所谓现代化，从根本上说，就是生产力的现代化。农村科技创业与服务体系建设是农业现代化的一部分。当今中国农村生产力现代化的最大诉求就是实现社会化大生产，即农村生产力的社会化。我国大部分农村仍然还是小农经济，他们自给自足，与城市分隔，发展相当缓慢。欧美日韩等国之所以能够成为经济强国，与社会化大生产的作用分不开。中国要成为大国强国，也必定要在广大的农村实行社会化大生产。农业社会化大生产的特点是专业化、协作化，同时要求高新技术被引进到农业生产当中去，转化为现实的生产力，使农业分工越来越精细，越来越科学，越来越专业，最终形成农业产业的专业化。实现这个过程的关键是职业技术教育培养的农业人才，即职业农民。

从"身份型"农民向"职业型"农业从业者的过渡，是农村社会化大生产中的一个重要环节。在发达国家，农民只有拿到一定农业学历或职业证书，才有资格去继承或者经营农场，他们的农业劳动生产率和土地生产率都很高，农民也是一种很体面的职业。马克思、恩格斯认为，农业的现代化过程其实同时就是农业中的商品经济代替自然经济的过程。马克思研究英国资本原始积累的过程时发现，农业的商品化过程

必然会产生一个新的经营农业的"农业企业家阶级",这些农业企业家把农业变成为工业来办,采取企业化的方式加以经营管理,促进了农业的企业化、资本化发展。如同现代工业的生产主体是产业工人一样,社会化大生产下的现代农业亟须一大批职业农民。

2. 职业农民等农业人才的培育是我国农业战略转型的关键

我国农业面临着战略转型,需要从传统农业转变为现代农业。农业和农村的主体是农民,农业人才是农业转型的关键。农业人才短缺是制约我国现代农业发展的一大问题,职业农民培育是解决这一问题的关键。根据美国人类学家沃尔夫的经典定义,传统农民的主要追求是维持生计,他们身份有别于市民;而职业农民则充分地进入市场,将农业作为产业,并利用一切可能的选择使报酬极大化。传统农民是社会学意义上的身份农民,它强调的是一种等级秩序;而职业农民类似于经济学意义上的理性人,它是农业产业化过程中出现的一种新职业。

我国农业的战略转型,需要政府进行农村科技创业与服务体系建设。这一转变过程既包括产业结构的转型、产业组织的转型,也涵盖农民生产技术的转型和发展观念的转型。我国传统农业是一种经验型农业,而现代农业具有很高的技术含量,其就业能力的形成依赖于对农业知识技能系统、专业地学习和培训。现代农业的一个主要标志是广泛采用先进的经营方式、管理技术和管理手段,把产前组织、生产过程和产后服务有效地组织起来,形成比较完善的产业链条。这就要求现代农业的从业者必须"有文化、懂技术、会经营",与现代农业的规模化、集约化生产经营相适应,实现职业化。可以说,没有职业农民就没有现代农业。

按照中国农村改革的实际,我国农业市场化过程开始于"家庭联产承包责任制"。这种带有产权改革性质的制度变化,一方面使农产品数量在短时间内激增,另一方面使农民有了基本的生产自主权和部分的流动自由,可以自己决定"生产什么、怎么生产"的问题。发展现代化农业的过程中，职业农民能够充分利用市场来配置资源，把市场、社会联系到一起，建立广泛的联系。因此，大力提高农民文化科技素质，特别是加强职业农民培育，造就新型一代农民，是发展现代农业的根本之计。

3. 职业农民培育是农村劳动力转移的必然结果

职业农民的产生是农村劳动力转移的必然结果。农村剩余劳动力转移是农户职能分工的起点，职能专业化所产生的分工经济又将进一步推进剩余劳动力的转移。"转移—分工—转移"不断循环累进，最终实现农业产业化和农村城市化。

随着农村劳动力转移力度的加大，在农村科技进步与服务体系日益健全的背景下，一些头脑灵活、素质较高的农民以新型农机具为主要工具，以代耕、代播、代收、代经营等为主要服务内容，为分散的、主要劳动力外出务工的农户提供耕作服务，从而获取与从事非农领域工作相近或更高的收入，成为职业农民。另外，随着农业科技的大量推广运用，农业劳动生产率普遍提高，一大批农业富余劳动力逐步离开土地，转变为工厂的产业工人，进而部分农民成为市民，而继续从事农业的劳动者在农产品生产、加工、运输、销售等领域的分工分业更趋细化，实现岗位职业化、职能专业化。在以上过程中，农村科技创业与服务体系建设成了农村劳动力转移的必然要求。

4. 农村科技创业与服务体系建设是职业农民培育的载体与保障

现代农业以高科技含量、规模化经营和高商品率为主要特征。现代农业本质区别于以工业原材料生产为主的传统小农经济，对生产者提出了更高的要求。职业农民培育，是现代农业发展中不可或缺的人力要素，是现代农业发展的基础之所在。

我国人口众多但土地资源稀缺，人均可耕地面积仅占世界平均水平的2/5，人地关系将长期处于紧张状态。在这种形势下，提高农业生产效率，保障国家粮食安全，满足全体人民食物需求，将主要依靠农业科技进步。

除了国家组织农业科研和技术推广外，技术应用率取决于农民的科学技术素质。高素质的农民接受新技术的能力较强，易于接受新技术，这将加快技术扩散的速度，新技术对农业的贡献将极大地提高。另外，高素质农民将形成对农业新技术要素的持续旺盛需求，刺激农业新技术的研究和发明，从而保证农业生产长期持续发展。农民是农业生产力中最活跃最具创造力的因素。农民素质的高低直接决定着生产力水平的高低，进而决定着农业生产发展的速度和效益。只有大量农业科技成果被农民掌握，才能转化为现实生产力。传统农民素质不高，制约了发展高效农业、绿色农业、特色农业、创汇农业等富民举措的推进，最终导致农民增收的困难。只有职业农民才能适应农业专业化、规模化和科技化发展的要求，达到多种经营、兼业经营的要求，全方位拓展增收渠道，发挥科技的作用，扩大农业剩余。

二、国外职业农民培育的经验借鉴

（一）国外三个层次的职业农民培育体系

国外职业农民培育起步较早，例如英国，其职业农民培育可以追溯到 1601 年[①]。经过多年的发展，国外职业农民培育体系已相当完善，形成初、中、高三个互为补充的有机系统。

1. 初等职业农民培育覆盖范围广，主要目标是提高农民整体素质

国外初等职业农民培育主要是通过阶段性的培训课程、技术指导等方式，提高现有农民的知识水平和农业技术水平，改善其农业经营管理能力的一种普及型的职业教育培训。初等职业农民培育的主要特点为培

---

① 英国长期保持着重视职业教育立法的传统，1601 年英国颁布的《济贫法》中明确规定，凡是贫民子弟不分性别都要接受学徒培训。

训普及范围广。韩国的"4H教育"① 就是这样一种初等职业农民培育。韩国政府将"4H教育"用于初等职业农民培育中，其主要目标是通过培训课程的讲授，使农民具有聪明的头脑、健康的心理、健康的身体和较强的动手能力。美国除了公立学校开展的培训之外，在秋冬季的农闲时期，也会开展初等职业农民培育，其培训对象是成年农民，一般都是由当地高中教师在夜校进行培训。

2. 中等职业农民培育形式多样，主要目标是培养实用农村人才

中等职业农民培育是培养"农业后继者"的主要培训形式，其目标是对没有接受过农业教育的新农民提供从事农业经营所需的基础知识，并根据专业特点将其培养为具有独立经营能力或具备某项专门农业技术的职业农民。各个国家普遍都将中等职业农民培育作为其职业农民培育体系中的关键环节，突出强调其培训的专业性和实用型。

英国的农民职业教育与技术培训突出强调中等职业农民培育的重要性。目前，英国有农业高校57所，近100所农业专科学校，200多个农业培训中心和约2000所农场职业技术中学，基本满足不同层次人员的需要。英国提供中等职业农民培育的学校，类型多样，学制种类和学习期限灵活，正规教育与业余培训相互补充，分别提供学位证、毕业证、技术证等满足各类各种教育目标的认证，形成多样化的中等教育培训体系。

美国的中等职业农民培育主要在公立学校内开展，是美国农民教育培训的最主要形式。大部分是在农村地区的高中开设农业课程，培训对象一般为青年学生和准备务农的青壮年农民，主要教授种植、养殖技术和农机具的使用方法，以此提高农民的整体科技素质。具体培训方式主要有三种类型。其一为辅助职业经验培训，是正规农民职业培训的一种

---

① 4H指"头、心、手、健康"（Head，Heart，Hand，Health）四个英文单词，最早源于美国"赠地学院"和联邦农业部为帮助乡村青少年掌握新科技而资助的教育活动项目，现已成为青少年素质教育的重要模式。

典型形式，授课者多是一些专家学者，主要教授有关生产管理和农业投融资方面的技巧。第二种为"未来美国农民"培训，主要是帮助农民培养创业能力、领导能力及团队合作能力，给青壮年农民建立自信，拓宽其在农业领域的就业渠道。第三种为农技指导。

3. 高等职业农民培育以高校和科研院所为主体，强调培养理论能力和实践能力兼备的职业农民

高等职业农民培育是培养创新型和专业型农业人才的重要手段。国外的高等职业农民培育尤为重视职业农民的培养：重点采用理论教育与实践教育相结合的方式，培养达到一定专业水平的农业经营者、农业技术员及农业科研人员。

高等院校和科研机构是高等职业农民培育的主体力量。这一点在美国的农民教育体系中尤为突出。美国的农民教育培训体系是在一系列法案颁布实施的基础上逐步建立和完善起来的，按照《莫雷尔法案》的规定所建立起来的"农工学院"[①] 则成为美国农业科研、教育和推广的主要部门，负责全州的农业教育、科研和推广工作，三位一体，使高等农业职业教育、中等农业职业教育和各类农业短期培训班有机结合，农民能够参加各类层次的教育培训，掌握最新的科研成果和农业技术。

在高等职业农民培育中，理论学习与农场实践并重。国外高等职业农民培育不仅需要进行一定课时的课堂理论学习，还要求在农场实践中获得一定的学分，实践教学也成了教育的重要环节。以德国为例，"实践式教学"和"学徒式培训"是德国农业教育的显著特征，且随着年级的提高，在教学中理论教学比重逐渐下降，农场实践和操作的教学课程比重逐渐增加。农场实践成为德国高年级农业学生的重要学习内容。

---

① 1862 年美国颁布《莫雷尔法案》，根据《莫雷尔法案》的规定，各州至少要建一所"讲授与农业和机械工业相关知识"的学院（后来被称作"农工学院"或"赠地学院"）。这些学院逐渐成了美国农技推广体系的中坚力量，极大地促进了美国现代农业的发展。

（二）国外加强职业农民培育的政策措施

概括而言，国外加强职业农民培育的措施主要有以下四点。

1. 在职业农民培育的早期阶段，注重法律在规范培训市场中的作用

在职业农民培育初期，各国都注重通过立法手段推进职业农民教育培训。国外职业农民培育重视立法。很多国家都通过立法，促进农民参加职业农民培育，规范培训市场，保障农民在职业培训中的基本利益不受侵害。

以欧洲国家为例，英国和德国都长期保持着重视职业教育立法的传统。1982年，英国政府颁布了《农业培训局法》，1987年对其进行了相当大的修改和补充，从而大大加强了农民的职业教育与技能培训。同时，英国政府还不定期地针对农民培训工作进行有组织的调查研究，针对调查中发现的问题及时制订改进措施。1995年，英国先后发表或颁布了5个与农业职业教育有关的白皮书和政策法规。德国分别于1964年和1973年颁布实施的《产业训练法》及《就业与训练法》，对职业教育机构的设置和管理、职业培训的设施与质量控制做出了制度上的明确规定。德国农业行业中共有14个国家承认的职业培训行业，对其名称及职业方向、不同职业的具体职业技能和培训要求均做了严格规定，并有主管部门依据职业教育法对其实施情况进行监控，对违反规定或不合要求者予以严厉处罚。

2. 实施严格的职业农民准入制度

大多数西方发达国家的职业农民都建立了职业准入制度。英国的农民职业资格证书分为农业职业培训证书和技术教育证书两类。法国农民培训的职业资格证书有4种。加拿大推行"绿色证书"制度，没有获取绿色证书不能成为职业农民，也不能继承或购买农场。德国的职业农民准入制度更为严格。要想成为一个合格的德国农民，就要经过严格的

实践劳动锻炼和理论学习过程。德联邦法规定，进入农业职业学校的学生，首先在受教育开始之初，就要与由农业师傅人员管理的农场（或养殖场）签订从事农业生产的劳动合同，并按法律要求在农业协会登记备案，在农业师傅的指导下参加农业实践劳动。在生产实践和理论学习达到联邦法要求的资格后，学生需要参加全德的农业职业资格考试。考试合格人员取得农业职业资格证书，方能成为农业工人。3 年的农业职业教育毕业取得初级农民资格后，要经过 5 年的生产实践并经过国家考试合格，才能取得农业师傅资格，成为职业农民并享有政府对农民实行的各种补贴政策。

3. 职业农民培育的经费来源稳定可持续

国外职业农民培育体系完善、形式多样的一个很重要的原因是，很多国家形成了政府、企业及个人等多方筹资的经费体制，大力支持职业农民教育培训。在政府拨款和补贴的同时，企业和个人也参与到农业教育培训筹资中来，以纳税形式补贴培训费，确保职业农民教育培训经费充足，正常运行。

国外参与农业教育培训的学员一般不交或仅交纳很低的费用，而且有的国家还向学员支付一定的报酬。法国政府对农民接受职业教育培训的拨款，相当于对高等职业农民培育的拨款数，主要用于补贴农民参加培训期间的工资。英国对参加农业职业教育培训的农民，每周发给 25 英镑的补贴。德国将农民培训经费列入财政预算，参考各农业学校及培训中心制订的培训计划，根据财政政策安排专款下拨培训费，农民培训经费来源稳定。另外，通过立法，由企业和个人以纳税形式交纳培训费。英国现在每年有 1 万名农民由国家负责对他们进行 1 年的义务农业职业培训，参加培训的人员每周由国家发给 25 英镑补助工资。美国接受中等职业技术教育的学生是免费的，中学教育后的教育层次中，公立教育机构的学生只需支付全部费用的 1/6 左右，在私立教育机构就学的学生全部自费，经济困难的学生还可得到联邦和州政府的部分资助。

4. 鼓励大学毕业生到农村就业创业

近年来，受到国际经济形势的影响，很多国家都出现了大学毕业生就业难的现象。与此同时，农村地区青年劳动力极为缺乏，"有技术，会经营"的职业农民更为短缺。在此背景下，各国实施了落实安家费、提供优惠贷款、减免税收、提供社会保障等一系列优惠政策，鼓励大学毕业生从事农业，并在财政上对大学生面向农村就业、创业给予大力支持。

以法国为例，法国政府实施青年安置政策，该政策的对象为年龄在 18～39 岁的欧盟成员国的公民、已经获得农技师证书及以上文凭、通过 6 个月的正规培训及 40 小时的实习、已经为农业经营安置做好充分准备的青年农业继业者。法国政府将为这些青年提供多种优惠政策。第一，法国通过国家和欧盟财政渠道，对到农村进行农业经营安家落户者（农技师及以上文凭的大学生）提供安置费（平原地区、落后地区以及山区最高可分别达到 1.73 万欧元、2.24 万欧元和 3.59 万欧元）；第二，法国为青年农业继业者开展农业创业提供优惠贷款（11 万欧元内），平原地区、落后地区和山区的贷款利率递减；第三，青年农业继业者享受社会分摊金减免和税收减免的优惠政策。青年农业继业者将在 5 年内享受减免待遇，社会分摊金减免比例逐年递减。同时还将享受税收减免政策，主要包括利润税、房产税、土地税等税种的减免。

三、我国职业农民培育的特点及制约因素

（一）我国职业农民培育的现状与特点

1. 当前我国职业农民培育的现状

改革开放后，中央先后提出培训农民技术骨干、培养新型农民、大

力培育职业农民。我国职业农民培育工作开始逐步、有序、全面地展开。从实践来看，我国农民培育工作主要围绕以下几种农民培训教育工程而展开。

（1）农业科技入户示范工程。2005 年农业部启动了"农业科技入户示范工程"。农业科技入户示范工程的目标分为总体目标任务和阶段性目标任务。总体目标任务为培育 100 万个科技示范户，辐射带动 2000 万农户。通过对每个示范户连续 5 年的技术指导服务和"物化技术"补贴，达到生产成本明显降低、农产品产量和收入明显高于其他农户的目标。同时将一批优势农产品品种和先进技术逐步推广到户，力图在重点示范区内主要先进实用技术的入户率和到位率达到 90% 以上，科技进步对农业增长贡献率提高 10% 以上。阶段性目标任务分为 2005—2006 年的试点阶段和 2007—2010 年的全面实施阶段。试点阶段主要在 13 个粮食主产区实施，每年选择一定数量的试点地区为基础，在此阶段内培养 20 万个科技示范户。全面实施阶段主要是从试点区域逐步向其他优势农产品生产地区扩展和推广，每年新增 20 万个科技示范户。以示范户为核心，以科研和推广人员为支撑，对农户进行生产过程的全面指导，大力依靠科技进步和提高农业劳动者素质来实现农业增效和农民增收。

（2）新型农民科技培训工程。"新型农民科技培训工程"由农业部、财政部 2006 年组织实施，按照"围绕主导产业、培训专业农民、进村办班指导、发展一村一品"的总体思路，选择从事农业生产经营的专业农民、种养殖能手、农机人员、农村发展带头人、农村经营大户等为主要培养对象，以村为基本的实施单位，通过"面对面、手把手"的田间培训方式，开展农业科技知识、技术成果和经营管理的教育培训。同时培训内容结合各村的农业特色，积极发挥主导产业的优势，通过新型农民科技培训工程，以达到促进农业生产发展、提高务农技术、增加农民收入的目的。

（3）科技特派员制度。科技特派员是为了充分发挥科技对农村发展的作用，促进科技成果推广转化，同时为了实现个人价值而深入农业、农村生产一线进行科技服务或创业，以多种形式为农民提供科技服务，并与之结有利益联系的科技人员。具体而言，科技特派员通过以下几种形式开展科技服务或进行科技创业：①创办科技示范园区和基地，自主经营，自负盈亏；②在乡镇统一规划建设的科技园区里，采用投资入股，建立利益共同体；③租用农民承包地或公司土地，再转包给农民，通过统一的技术指导，提高生产效益；④以技术、资金入股农业产业化龙头企业的形式；⑤组建公司、经济实体，以企业运作方式面向农村开展技术服务；⑥把技术服务与提供新产品或开辟营销市场等结合起来，从实物的营销环节中体现技术服务的价值。

科技特派员制度鼓励科技人员深入基层开展服务创业，与当地农民风险共担，利益共享。围绕农业和农村经济发展的需求，将科技服务渗透到产前、产中、产后的各个环节，将现代生产要素植入生产一线，将生产、技术与市场联系到一起。2014 年中央一号文件首次明确提出了"推行科技特派员制度"。科技特派员 2002 年在中国基层先行试点，现在遍布全中国 90% 以上的地区，已经有 72 万名特派员。科技特派员制度的逐步完善将有助于将 72 万名科技特派员进一步培养为我国职业农民的先锋队。

（4）其他培育工程。除了绿色证书工程、农业科技入户示范工程、新型农民科技培训工程之外，进入 21 世纪之后，我国以跨世纪青年农民科技培训工程、百万中专生计划等为代表的多领域、多层次、多类型的职业农民培育工程也相继全面展开，培训规模快速扩大。"跨世纪青年农民培训工程"主要培养农村致富带头人和新农村建设主体；"农业远程培训工程"以远程信息技术为依托，培养新型农民，2003 年至 2010 年，开发培训课 400 门，录制广播电视节目 4000 小时，编译少数民族语言广播电视节目 800 小时，向全国播出 100 000 小时，向农民发送农业科技光盘 1000 万张；"百万中专生计划"于 2006 年启动，计划利用 10 年时间为农村培养 100 万人，主要针对具有中专学历，从事种植、养殖、加工等生产的技能型人才，以及农村经营管理能人、能工巧匠、乡村科技人员等实用型人才。

2. 我国职业农民培育的特点及趋势

第一，政策导向日渐明确。自 2004 年开始，中央一号文件和其他相关政策文件相继出台，紧扣"三农"问题，持以人为本，在政策、资金、基础设施建设、科技创新等方面，为职业农民培育的具体实施提供了基本的运行框架。

第二，农民教育培训体系和机制逐步建立。在"十一五"规划期间，通过创新机制、整合资源，初步形成了以农业广播电视学校、农业职业院校和农业技术推广体系为主要依托，广泛吸收高等院校、科研院所、龙头企业和民间组织参加，从中央到省、地、县、乡相互衔接的农业教育体系；初步建立起政府主导、多元办学的农业教育培训机制。根据《全国农民教育培训"十二五"发展规划》的数据，全国有县级以上农业广播电视学校 2577 所，农业职业技术学院和农业中专学校 339 所，农村职业高中 4200 多所，县级农业技术推广机构 2.2 万个，乡镇农技推广机构 8.15 万个。农民教育培训体系和机制的发展完善为下一步大范围开展农民教育培训工作提供了坚实的保障。

第三，农民职业化倾向明显。职业化人才队伍已见轮廓。体现在：一些规模较大的经营户通过参与市场，引进企业经营管理模式、现代农场管理理念，发展成为农民企业家、经济能人、致富能手，如"养殖大王"、"水果大王"等已成为农村发展的主力军；职业农机手的出现，为农户提供土地翻耕、播种、插秧、收割等生产社会化服务，按作业量收取报酬，使农业机械化快速发展；此外，还有一些生活在城镇有志从事农业行业的人群到农村从事农业生产，创办农业企业。这些农村人才，绝大多数已成为农业生产一线的第一代职业农民、农村的致富带头人，为职业农民培育工作的顺利展开奠定了扎实的人才基础。

（二）我国职业农民培育的制约因素

1. 农民素质是职业农民培育的制约因素之一

（1）农民素质现状

评价农民的素质，现在通行的做法包括三个方面：一是身体素质；二是文化素质；三是科技素质。从整体上看，我国农民素质状况不容乐观，主要表现如下。

第一，农民文化程度普遍偏低。改革开放以来，我国农民文化程度有了很大提高，特别是 20 世纪 80 年代以来，已经由小学文化水平为主转变为以初中文化水平为主。但也应该看到，我国农民的文化素质与建设现代农业的要求极不适应。2010 年，我国农村劳动力小学和初中文化程度占农村劳动力人口的 76.8%，高中程度为 12.1%，中专及大专大学程度仅占 5.3%。我国农民平均受教育年限与城市相差近 3 年，全国约九成的文盲、半文盲在农村，而法国约 60% 的青年农民具有中专水平，日本农民中高中毕业约占 70%。我国农民文化知识匮乏，直接影响着他们接受新知识和各种信息的能力，制约着他们的思维水平。

第二，农民技能素质低。现代农业主要依靠科学技术。科技能够带来农业生产的巨大飞跃。我国农民生产技能素质也正在由掌握传统生产技能向掌握现代生产技能转变，但农民整体技能素质仍不能满足我国现代农业发展的要求。我国农业专业技术人员数量很少，目前平均每1000 名农业劳动力中才有农业技术人员 6.4 人。一年之内接受过一次科技培训的农民不足 1/3，接受过三次以上技术培训的农民不足 3%。据统计，我国受过职业技术教育和培训的农业劳动力占全部农业劳动力的比重不足 5%，而荷兰 80% 的农民受过中等教育，12% 毕业于高等农业院校。

第三，农民身体素质差。身体素质主要指农民的健康程度、体质强弱、寿命长短、营养状况、抗病力等。由于种种原因，目前我国农村依然存在着"看病难"、"看病贵"的问题。不合理的生活方式和卫生习惯也直接影响了农民身体素质的提高。例如，有些地方依然流行一日两餐，很多农民不讲究个人卫生和公共卫生等。

第四，农民的其他不足。农民的法律知识缺乏，民主法制意识比较淡薄，由不懂法而造成的违法事件时有发生，更不懂如何用法律来维护自己的权益。一些地方宗族、地域观念根深蒂固，封建迷信大行其道。一些消极思想和陈规陋习沉渣泛起，严重影响农村的社会稳定。农民对待生活和工作的态度存在一定的缺陷，工作纪律松弛，卫生和健康观念比较陈旧。农民基层文化生活比较单调，精神生活也比较空虚，除了看电视，主要是打扑克、打麻将，部分地区农民的公共生活空间主要靠宗教来填补。

（2）农民素质较低的原因

农民素质较低的现状是由多种原因造成的。其中既有农民本身主观的原因，也有社会背景与经济条件等客观原因。

第一，国家对农村的义务教育经费投入不足。新中国成立以后，国家的教育经费相当大的一部分被投入到高等教育事业当中，用于义务教育的经费相对较少，而在这相对较少的义务教育经费中，又有一大部分被用来发展城镇的义务教育，因此，农村学校所得经费相对而言非常少。国家对农村义务教育的投入不足使得农民素质提高失去了基础。

第二，农民无法支付子女的高额学费。与20世纪80年代相比，我国农民教育支出上涨幅度远远高于农产品价格上涨幅度。农业人员的收入微薄，社会福利较少，生活保障基本没有。同时，由于社会普遍对农村劳动者存在一定程度的偏见，久而久之便形成了一股强大的舆论压力，即使是农村出来的高校毕业生，也不愿意回到农村。

第三，居住地偏僻导致信息传递障碍。我国农村地广人稀，居住分散，交通不便，通信不畅，信息传递媒介稀少，农民的活动范围有限。

这限制了城乡居民之间、农村居民之间的商品交换、社会交往与信息互通。因此，很多农民显现出封闭性、局限性、盲目性。这导致农民难以采用新技术，难以接受新观念。

第四，农民自身原因。此处所指的农民自身原因主要是农民观念陈旧，主观上不求进取，小富即安，故土难离和满足现状等。虽然我国改革开放已有三十多年，但传统观念仍然束缚着农民的思想，大部分农民缺乏创新精神和敢闯、敢干、敢试的勇气。

2. 城乡二元结构是制约职业农民培育的体制障碍

（1）城乡二元结构体制

1949 年新中国成立后，我国提出了由落后的农业国向工业国转变的战略思想，在工业化的驱动下，相关制度体系逐步建立。政府通过户口迁移、粮油供应、劳动用工、社会福利、教育等一系列制度安排，逐步形成了城乡分割的二元经济结构。

1958 年的户口登记条例是我国城乡分割的户籍制度的开端。它是我国二元社会结构得以形成和强化的制度保证，也成为制约城乡协调发展的一大障碍。这种以农村和城市身份为标志的城乡分割的户籍制度，使农村人口不能自由向城市迁移。城乡分割体制阻断了农民进入城市工作的途径，在城市与农村之间筑起一道"壁垒"，把城乡居民分割成两个在发展机会和社会地位方面极不平等的社会集团。这一制度是计划经济体制下的产物，与市场经济生产要素自由流动的原则相悖。

（2）我国城乡结构的弊端

第一，二元制度阻碍农业发展。由于长期实行"重工轻农"的产业政策，我国农业剩余被长期过度地抽取，导致农业自身积累能力不足，在国家财政支农同样不足的情况下，农业发展因缺乏投入而趋于萎缩。在二元产业制度下，农业的生产和再生产过程也被人为地分割，部门条条管理的行政体制只给农业留下直接生产过程，而农产品的加工销售分别划归各个粮食商贸部门，致使农业利润从多个环节流失。政府部门利用行政权力,在相当长时期垄断经营农产品流通和农业生产资料,极大地抬高了农产品的成本,在严重损害农民权益的同时,也抑制了农业作为一个产业的正常发展。

第二,二元制度限制农民向非农产业流动。在长时间的二元结构之下,小规模分散经营的农业成为我国国民经济中的弱势产业,与正在转向技术和资本密集型的、规模不断扩张的工业形成了鲜明反差。二元经济社会结构限制了农民向非农产业流动,导致我国农业的规模经营阻力重重,农业技术水平、商品化程度和专业化水平难以提高,人多地少的突出矛盾使我国农业的劳动生产率长期处于较低水平。

第三,二元结构制约农民收入增加。二元结构带来的不公平制约了农村发展与农民增收。非农就业受限导致大量农业剩余人口滞留农业,有限的农业收入由庞大的农业人口分摊,导致农村人均收入水平低下。新中国成立以来我国城乡居民收入悬殊的问题始终难以解决。1957年我国农村居民和城市居民收入比例为1:3.48,1978年比例差距缩小为1:2.36,1985年这个比例差距进一步缩小至1:1.86,但1997年后城乡居民家庭收入差距连续扩大,到2007年这个比例达到1:3.33。有专家估计,目前城乡居民实际收入差距比例应在1:5与1:6之间,若考虑社会保障和社会福利等因素,城乡居民的真实收入差距在6倍以上。

第四,二元结构妨碍农民整体素质提高。二元体制下的公共财政难以投放至农村。国家对农村教育、文化投入严重不足,导致我国农村人口素质整体较低。人口迁徙是提高劳动者素质的重要途径之一。农村人口在向城市的流动中,可以不断地接受城市新观念、新事物,不断开阔视野,在城市择业的竞争环境里,农民会掌握许多在市场竞争中生存与发展所需要的知识和技能,其开放意识、竞争意识、求知意识、生育意识、民主和法制意识等都会得以增强。但城乡分割的二元结构体制,把农民限制在一个封闭、落后而又狭小的空间范围内,使他们无法通过城乡交融来提高自身素质。

3. 农村职业教育发展滞后是制约职业农民培育的重要因素

农村职业技术教育衔接农村劳动力的基础教育与从业。接受职业技术教育是职业农民培育的根本途径。发达国家都非常重视农村职业技术教育，如荷兰只有 27 万农民，却有 120 所初级以上的各类农业职业技术学校，90% 以上的农民具有中专以上文化程度。但是，我国的农村职业技术教育却发展滞后，体系不全。

（1）教育目标偏离农村发展需要

农村职业教育只有服务于社会才能体现它的真正价值。建设社会主义新农村需要职业教育为农村培养具有现代农业知识的职业农民。然而，目前各职业学校开设的农业类专业越来越少，甚至已经失去了"农"字特色。另外，目前农村职业技术学校专业设置仍然沿袭原来的体系，部分新增专业因为缺少调查研究而存在盲目性，难以与市场衔接，难以适应新农村建设的需要，农民不愿意参加培训。

（2）农村职业教育形式单一

实际上，大多数农民都有学习和掌握科学技术的愿望，特别是已经解决了温饱问题、实现了小康生活的农民，在希望进一步改善生活的思想支配下，在产业结构变化、社会竞争的压力下，这种愿望变得更加强烈。只要真正能学到东西，只要学习时间和学制能适应他们的特点，农民愿意接受职业技术教育。但是，目前农村职业技术学校主要面向应届毕业生，教学形式也是全日制课堂教学的形式，缺乏现场的职业技术培训，通过这种"黑板＋粉笔"的教育形式，学生获得的主要为理论知识，这对于讲求实效的农民来说，没有足够的吸引力。与此同时，农村职业技术教育机构的大部分教师原为文化课教师，缺乏专业知识和技能，而师资培训又跟不上。另外，受高收入和良好工作条件的驱使，一些高学历、高技能型人才往往流向大城市，导致农村职业技术教育机构的教师队伍学历偏低、职称结构不够合理，许多培训项目名不副实，难以满足农民对发展现代农业的实践需求。

（3）农村职业教育机构规模有限

对农民开展的职业技术教育对象应该包括两个方面：劳动后备役（即初、高中毕业生）和现有农村劳动力。我国目前农村职业教育主要是以初、高中毕业生为主要对象，而缺乏对现有农村劳动力的职业技术培训。即使是初、高中毕业生，由于观念、经济、专业设置以及就业等方面的原因，也只有极少数人能够接受职业技术教育。我国职业技术教育机构绝大多数集中在城市，农村职业技术教育机构的规模和数量都非常有限。由于经费没有保障，编制不落实，农村职业技术人员流失殆尽。中等职业教育是农村职业教育发展的一面镜子。我国中等教育学校的数量一直处于下降趋势，中等职业教育占高中阶段教育比重无论是从招生数还是从在校学生数方面，都一直处于下降趋势。

（4）农村职业教育费用过高

英国成人教育费用的 70% 由政府提供，德国成人教育投资占教育总投资的 15.3% ，而我国财政用于成人教育的经费不超过教育总经费的 5% ，农村成人教育的经费就更少，不超过 2% 。我国职业技术教育实行的是"分级管理、地方为主、政府统筹、社会参与"的管理体制，决定了农村职业技术教育的投资只能以县（乡镇）为主。但是，由于地方财政困难，在行政经费上大多采取包干的办法，甚至挤占、挪用有限的职业技术教育经费，中央财政对农村职业技术教育的转移支付和政策不够明确，执行也不到位。有的学校缺乏相应的筹资渠道。在这种情况下，维持职业技术教育机构正常运行的经费捉襟见肘。无奈之下，各职业技术教育机构就成为创收机构，这就意味着，职业技术教育成了一种"掏钱"的教育。

（5）职业教育机构位置远离农村

由于长期存在二元社会结构，我国高等院校、中专学校、职大、夜大等都集中于城市。农村的职业技术教育机构主要有职业中学、成人教育中心、农技推广站，而且职业中学和成人教育中心一般设在县城，只有农技推广站设在乡镇。农民居住分散，加之目前我国农业仍然依靠人力投入为主，农业劳动占据着农民大量时间，加上交通、通信不畅等诸多因素的影响，农民接受培训存在很大困难，这从根本上影响了农村职业技术教育功能的发挥。

（6）职业教育办学方向不适应现代农业发展

当前我国的大部分职业技术学校还没有将职业技术教育置于现代大农业的背景之下。许多职业技术学校仍然将农村职业教育理解为传统的种植、养殖、果树栽培或是林业管理，并没有意识到这种传统单一的农业生产时代已经过去。多种经营和生产资源的综合利用已成为提高生产效率和竞争力的重要手段。不能与时俱进地结合现代大农业来确定新的办学定位，势必造成大部分中等职业技术教育的毕业生学无所用。

（7）农村职业教育资源分散

当前我国农村职业教育和培训资源比较分散，主要分布在教育、农业、劳动、科技等部门。这些教育和培训资源相对独立运行，在农村职业教育和农民培训方面的合作并不强，缺乏资源共享机制。部门之间由于并不清晰的职责分工和复杂的利益关系，也往往存在资源整合上的困难。农村职业教育和农民培训是一个系统工程，需要各方面专业力量的介入才能顺利完成。资源的分割和缺乏协作影响了农村职业教育和培训的实力和效率。

四、农村科技创业与服务体系中的职业农民培育政策

（一）农村科技创业与服务体系建设中职业农民培育实现路径

明确新形势下农村科技创业与服务体系建设过程中职业农民培育的实现路径，有利于明晰思路，进而提出有针对性的政策建议。结合三农发展现实，在农村科技创业与服务体系建设的背景下，我国职业农民培

育存在以下四种形式。

1. 推动农民"精英"向职业农民转变

传统农民对土地有着天然的感情，与外来人员相比，他们对当地的农业生产情况更了解，特别是一些种植大户、养殖大户、农业经纪人、合作社带头人、乡土人才等，他们已开始走农业产业化发展之路。但他们在发展中对一些专业技术知识、管理知识有所欠缺，制约了他们的发展壮大。

在农村科技创业与服务体系建设过程中，可以有重点地选择这些有能力的传统农民，通过对他们开展科技培训，提供有针对性的职业技能服务以及配套的政策扶持，引导他们在当地走现代农业之路，帮助他们进一步扩大生产规模，提高生产组织化程度，逐步将他们培育成为稳定、持续发展农业的"职业农民"。在加快推进传统农民分工分业的基础上，对于那些既懂技术，又懂管理的种养大户、合作社带头人等，要引导他们向家庭农场、农业企业等方向发展。

2. 鼓励城市居民和大学生加入职业农民队伍

近些年，一些城市居民开始在农村承包土地、荒山、林场、水域等开展农业创业，有些已取得良好的经济效益。未来的职业农民培育，也应该把城市居民作为一个方向。城市居民拥有资本、信息的优势，他们可以更好地从市场角度来考虑农业生产，更有可能引领现代农业的发展方向，拓展农业产业链。在农村科技创业与服务体系建设过程中，应该鼓励城市居民加入职业农民队伍。城市居民发展成为职业农民后会主动地在农业领域中创业，带动更多的职业农民发展生产。

此外，中国的户籍制度中，农村大学生上学后转为城市居民，且一些农村出身的、农业专业的大学生对现代农业发展充满了热情，他们拥有较高的文化素养和专业知识，是未来高端农业发展的主力军，因此应鼓励他们回乡创业，引导他们加入到职业农民的队伍中，激励他们在农村创造更高的社会价值。

3. 促进农业技术人员向职业农民发展

我国传统的农技推广体系培育了大批的农技人员。目前农技推广机构实有人员超过了 70 万。这些农业技术人员有较强的专业知识，在农村实践中，也积累了大量农业生产经验，更了解中国农村社会的情况。他们自身拥有较强的文化素养，能更好地了解市场信息，因地制宜地发展现代农业。

在近些年开展的科技特派员行动中，大批科技人员进入农村。在农村科技创业与服务体系建设过程中，以科技特派员项目为契机，推进科技特派员的农村创业，以他们的成功典范引导更多的农技人员加入职业农民队伍，不失为职业农民培育的一种现实途径。

4. 引导吸收更多企业家成为职业农民

传统的社会观念、较低农业生产效率使得从事农业被视为一种低端的工作。未来科技支撑的现代农业将创造可观的经济效益。

在农村科技创业与服务体系建设过程中，在经济利益的吸引下，必然有一批原来在城市创业的企业家，在完成初期资本积累后，将资金用于广阔的农村市场。城市企业家的进入，不仅可以为农村发展快速注入新的活力，而且可以迅速突破传统农业的种养殖限制，发展农村的规模化经营，扩大农产品加工、包装、物流等二、三产业的服务。同时，企业家对土地的规模经营，也必然会促进原有土地上的农民转化为农业产业工人，在农业生产环节获取更多的现金收益和更多的发展机会。

（二）加快科技创业与服务体系建设中职业农民培育的政策建议

长期以来我国农民教育主要以农民职业教育为主，也取得了一定的成绩。但是农民职业教育与职业农民培育是两个不同概念。职业农民培育要培养有文化、懂技术、会经营的新型农民。在农村科技创业与服务体系建设过程中，我国职业农民培育教育体系构建应重视以下几个方面的政策引导。

1. 加快职业农民教育立法

政府主导作用体现的是政府在职业农民教育立法和制度设计方面的政策部署作用。目前，职业农民教育作为一种公共产品，其发展的规模、质量、效益远远不及基础教育、职业教育甚至是农村基础教育。职业农民教育这种弱势地位的形成正是由于政府公共服务的长期缺位而造成的。

立法是农民教育的重要保证。当前，尽管我国政府十分重视农民教育工作，但职业农民教育制度仍然不完善，与农民教育相关的法律、法规不成熟，甚至目前还没有一部关于农民教育的专门法律，农民教育得不到充分的法律和政策保障。因此，制定职业农民教育的法律、法规，加强职业农民教育的法制建设，健全各级、各部门职业农民教育管理的制度和政策，是职业农民培育的当务之急。

2. 完善职业准入和职业农民补贴制度

我国当前还没有开展职业农民相关的认定工作。职业农民准入制度的建立，一方面能够完善职业农民教育培养体系，另一方面能够强化职业农民扶持政策的"瞄准程度"，使得优惠政策真正被用于从事农业生产、拥有农业技能的职业农民，增强优惠政策的使用效果。因此，我国需要逐步建立起严格的职业农民准入机制。

职业农民补贴保障制度应该包括农民培训补贴制度和对农业生产经营补贴制度两个方面。推动中等职业教育和初等职业教育，需要进一步完善职业农民培育补贴制度，增加资金投入，对参与培训的农民不收费或少收费，并提高补贴标准，提高农民参与职业教育的积极性。农业生产经营补贴制度要进一步加大针对职业农民的农业生产补贴力度。

3. 加强职业农民培育的政府部门合作

职业农民培育是一个长期过程。职业农民队伍能否迅速壮大，很大程度上取决于各个涉农政府部门之间的协调与配合，特别是财政、农业、科技、人力资源等部门间的沟通。

应尽快在涉农相关部门之间建立稳定的信息通报制度。在对职业农民培育机制进行顶层设计的基础上，应鼓励现有的基层农村技术服务人员在农村创办企业，为城市企业家进入农村创业提供政策便利，对返乡创业农民工给予扶持和帮助。对那些深入农村，特别是在贫困农村工作的机关干部、事业单位人员，在职称职务晋升方面给予优先考虑。

4. 构建主体多元、层次分明的培育体系

我国原有的农民培训体系针对性不强，规模有限，形式单一，不适应现代农业的要求，无法满足农村发展需要。在农村科技创业与服务体系建设过程中，针对不同类型的职业农民，应构建层次分明的职业农民培育体系，使职业农民培育主体多元化，更具针对性。

未来我国职业农民培育体系应该逐步形成诸如农业院校、农业科学院、农业技术推广中心、农业培训企业和农民合作组织等多主体、多形式、多层次的灵活有效的体系和机制，建立和完善高级、中级、初级职业农民培育体系，加强创业农民和先导农民培训，加强农民需求调查，根据不同类型、不同层次的需求确定培训内容，分类指导，分层次培训，有针对性地开展培训，探索和建立较为实用的职业农民培育新形式。

5. 加大政策引导，将科技特派员制度与职业农民培养进一步结合

在科技创业与服务体系建设过程中，可以将现有"科技特派员"工作与农民职业化结合起来，以科技特派员制度建设为契机，进一步推进现代农业的专业化分工，将更多的技术人员纳入现代农业产业体系中，创造职业农民的内在需求，通过需求促进职业农民培育。同时，也亟须对科技特派员提供相应的补贴政策和优惠条件，鼓励这类基层农业科技工作者参与职业农民培训，积累理论知识，提高其对农业生产经营的认识，鼓励其成为全能型职业农民，促进我国现代农业发展。为了克服我国职业教育机构远离农村的弊病，科技相关部门应更多地通过科技与信息化等现代技术手段，对科技特派员进行培训，提供基本市场供求信息，并利用现有农村信息网络为农产品销售开辟新途径。此外，应充分重视科技特派员在农业科技园区创业行动，通过园区示范带动和辐射功能，引导更多的人员加入职业农民队伍中。

6. 鼓励城市居民、企业家、大学毕业生到农村创业

在农村科技创业与服务体系建设过程中，应鼓励城市居民、企业家、大学毕业生到农村就业，壮大职业农民队伍。城市居民、企业家的进入，可以为农村发展注入活力，可以突破传统农业的种养殖限制，扩大村镇的二、三产业。

大学毕业生将成为我国职业农民中的精英分子。这类职业农民将拥有较扎实的理论基础，也拥有一定的农业经营管理经验，对新技术拥有较强的接受能力，对新市场拥有较强的分析能力。大学毕业生如果能够在农村就业创业，必然会起到良好的引导带动作用。目前，我国已通过大学生村官政策培养了一部分职业农民，取得了良好的效果，但是，到基层就业，尤其是到农村就业的大学毕业生仍是极少数。我国亟须进一步完善支持大学毕业生到农村就业创业的政策措施，为其提供相应的社会保障和资金奖励，鼓励大学毕业生投身农业。

第五章
信息化技术在农村科技创业及服务体系建设中的作用机制及路径研究

一、农村科技创业及服务体系建设背景下的农村信息化建设现状

（一）当前我国农村信息化建设面临的新形势

1. 农村信息化建设对于农村科技创业和服务体系建设有重要推动作用

党的十七届五中全会提出"三化同步"，即要在工业化、城镇化深入发展中同步推进农业现代化。"十八大"报告中则将"信息化"加入其中，进一步凸显了信息化对于我国经济社会发展的重要意义。信息化对于促进农村和城市创新要素、经济要素、生活要素的合理配置和双向流动，带动现代农业发展和新农村建设有着非常重要的作用。当前，信息技术日新月异，如何充分利用信息化促进农村创业和服务体系建设，发展现代农业，统筹城乡发展，有很多课题需要深入研究。比如，就当前形势来看，现有的农村科技服务体系较为重视农业生产过程中的信息化服务，而在农产品销售信息化、物流服务信息化等方面却影响不大。因此，研究信息化与农村科技服务体系有机融合的体制机制，能够充分发挥科技创新在现代农业发展中的作用。

2. 农村科技创业和服务体系建设对农村信息化建设提出了新要求

农村科技创业与服务体系建设是加速现代农业发展、促进城乡要素逆向流动、破解城乡二元结构的有效途径。推进新型农村科技创业与服务体系建设，要加强相关涉农科技资源的统筹协调，加快农村科技创业与服务的体系化建设步伐，将大学农业科技推广服务体系纳入国家公益性农业科技推广体系之列。在这个过程中，农村信息化建设，作为基本手段和重要方式成为农村科技创业和服务体系建设的重要支撑。农村科技创业与服务体系对农村信息化建设提出了新的要求，即在不断完善信息化基础设施建设的基础上，要进一步加强信息化的主体建设，利用好信息化技术，服务于农村科技创业与服务体系建设。在农村科技创业与服务体系建设背景下的信息化建设，则更应该关注农民的信息获取和利用，通过农民的信息化促进农业信息化建设，利用农民的信息化推动实现工业化、城镇化和农业现代化同步发展，支撑农村科技创业与服务体系建设。

3. 当前我国部分地区已经在利用农村信息化推动农村创业发展中充分受益，但整体而言我国农村地区在信息化技术的利用方面处于落后状态，探索不同地区信息化建设的有效模式给农村科技创业和服务体系建设带来了新的挑战

信息化推动农村科技创业最具代表性的形式是涉农电子商务。2009年起我国涉农电子商务迅速增长，以淘宝网（含天猫）为例，截至2012年，农村（含县）网商数为163.26万个，其中村镇网商为59.57万个，涉及农产品商品数量1004.12万个。据测算，2013年阿里巴巴各平台农产品销售额将达到500亿元，2014年有望迈上1000亿元台阶，这相当于2008年淘宝全网交易额①。目前，涉农电子商务已经从最开始的零散农户在网上卖土特产，发展为以村、镇、县为单位的产供销产业

---

① 数据来自阿里研究中心《2012年中国农产品电子商务蓝皮书》。

群，如江苏睢宁沙集镇、浙江义乌青岩刘村、浙江缙云北山村、河北清
河县、浙江遂昌县等。信息化了的农民充分利用信息化手段开展各种形
式的创业活动，成为农产品职业经理人，减少了信息不对称，促进农村
内部形成产业链，大大提高了农民收入。

然而从我国农村信息化建设的整体情况来看，当前我国农村地区仍
在信息化技术的利用方面处于落后状态。截至 2013 年 6 月底，我国网
民总数达到 5.91 亿，其中城镇网民占比为 72.1%，农村网民占比
27.9%。城镇居民使用互联网人数远大于农村居民[①]。从 2012 年我国城
乡居民互联网的应用状况来看（见图 5-1），农村网民各类应用比例均
低于城镇平均水平。绝对差距方面，网络娱乐类应用的使用比例差距最
小，而商务交易类应用使用比例差距最大。

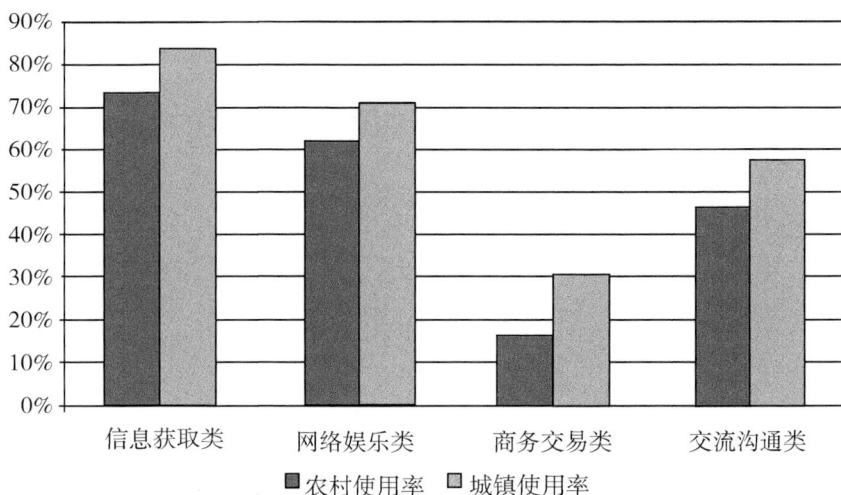

图 5-1　2012 年我国城乡居民互联网应用使用情况的对比

数据来源：CNNIC《2012 年中国农村互联网发展状况调查报告》，经作者计算整理。

巨大的区域差异给我国农村信息化建设以及农村科技创业与服务体

---

① 数据来自 CNNIC 发布的《第 32 次中国互联网络发展状况统计报告》。

系建设带来了新的挑战。2014 年中央一号文件指出，要启动农村流通设施和农产品批发市场的信息化提升工程，加强农产品电子商务平台建设。如何利用好这些信息化的基础设施和平台、分析不同地区利用信息化技术开展农村科技创业和服务体系建设的有效模式、减少不同地区信息化利用的差异，是值得研究的课题。

（二）当前我国农村信息化建设的现状

1. 国家开展多项促进农村信息化发展的项目

信息化对于促进农村和城市各类要素的合理配置和双向流动，带动现代农业发展和城镇化建设都有着非常重要的作用。农业现代化发展离不开信息化支撑。农业信息化是全球现代农业建设的重要组成部分。现代农业从农田管理、农业装备、农产品加工到农产品流通，各个环节都需要信息化提供技术支撑。新农村建设离不开农村信息化。农村通信网络基础设施建设及农村信息化服务体系均对新农村建设有着重要的基础作用。职业农民的形成也离不开信息化。信息化能有效促进一亩三分田的身份制农民向职业农民的转变。

近年来，国家层面对农村信息化的重视程度不断增强，开展了不少促进农村信息化发展的项目（如表 5 - 1 所示）。

表 5 - 1　国家层面的农村信息化重点工程和项目

项目	开始时间（年）	主导部门
金农工程	1994	农业部等
全国文化信息资源共享工程	2002	文化部等
全国农村中小学远程教育工程	2003	教育部等
全国农村党员现代远程教育工程	2003	中组部等
村村通电话工程	2004	原信息产业部

项目	开始时间（年）	主导部门
"三电合一"	2005	农业部
农业科技信息服务工程	2005	科技部
广播电视村村通工程	2006	广电总局
农村商务信息服务工程	2006	商务部
农村综合信息服务试点示范工程	2007	原信息产业部
农村信息化试点示范项目	2008	发改委
"信息下乡"	2009	工业和信息化部

数据来源：《中国农村信息化需求调查分析报告2012》，国家信息中心

2. 我国农村信息化基础设施建设发展迅速

这些项目在一定程度上改善了我国农村地区信息化接入的基础设施，为农民有效利用信息化手段进行生产经营创造了条件。从2004年以来，我国的村通工程成功实现了"村村通电话、乡乡能上网"，农村通信服务水平迈上历史性的新台阶。截至2010年，全国行政村、20户以上自然村通电话的比例分别达到100%和94%，实现了全国100%乡镇能上网，其中99%的乡镇和80%的行政村基本具备了宽带接入能力。根据中国互联网络信息中心（CNNIC）发布的《第32次中国互联网络发展状况统计报告》，截至2013年6月底，我国网民规模达到5.91亿，互联网普及率为44.1%，我国成为互联网大国。

3. 从全国来看，当前我国农村信息化建设与农村科技创业和服务体系建设仍需进一步结合

与当前我国信息化基础设施的普及率不相匹配的是其使用效率，尤其是农村地区信息化基础设施使用率低下已成为我国农村信息化发展项目的核心问题。造成这一状况的原因是多方面的。第一，是农民自身素质的问题，大部分农民受教育程度低，学习能力差，对相关信息化设备

的具体操作并不熟悉。第二，是农民对信息化的认知不够，大部分农民用手机主要是打电话，上网主要是玩游戏，对于部分信息化项目所提供的技术服务，农民则认为用处不大。第三，是信息化发展项目自身的问题，当前国家层面和政府层面所提供的信息化发展项目关注的焦点都在农业生产技术和教育培训这两大方面，而从农民对信息化的需求来看，农民更渴望能够通过信息化手段改善农产品经营状况，提高生活的便利程度。因此，未来农村信息化发展项目有两个方面的着力点：一是提高信息化发展项目的可用性和适用性，二是促进农村信息化建设与农村科技创业和服务体系建设的有效结合。

二、信息技术在我国农村科技创业及服务体系建设中的作用机制

新型农村科技创业服务体系包含公益性推广体系和经营性服务体系。其中，公益性推广体系不仅包括五级农技推广体系[①]，还要包括大学、科研机构等的推广职能。经营性服务体系主要包括以科技特派员农村科技创业行动为核心的社会化创业体系和包含农业专家大院等多种形式的多元化服务体系。信息化在不同的体系中承担着不同的任务，形成了差异化的作用机制，从而实现了对我国新型农村科技创业与服务体系的全面支撑。

（一）信息化作用于基层农技推广体系，提高农技推广效率，增加农技推广活力

现代信息技术蓬勃发展给农技推广体系建设带来了历史机遇。随着

---

① 我国的农业技术推广体系分为五级，包括有中央、省、市、县、乡，有农业经营管理、农业技术推广服务中心、畜牧兽医服务中心、农机化推广服务、水产技术推广服务等农业机构。其中，县、乡2级的农业推广部门是直接为农民提供服务的最基层最基础的农业技术推广体系。

我国农业农村信息化建设的快速推进，现代移动通信技术也开始广泛应用于基层农技推广体系建设中。信息化与基层农技推广的结合具有四个方面突出优势：一是无线移动，农技人员凭借 3G 终端，可随时获取农业网络信息和专家的帮助；二是宽带传输，多媒体信息可在短时间内快速传输；三是视频交互，农户、农技推广人员可与专家面对面地远程交流农业生产经营中遇到的问题；四是传感物联，3G 网络与终端的装备有利于和传感网、物联网相结合，用智能的手段解决农业生产中的难题。具体而言，信息化对基层农技推广体系的作用机制主要体现在以下四个方面。

（1）"一站式"的通知下达，提高了信息传递效率。过去基层农技推广大多层层下达、自上而下式进行。应用现代信息技术与装备后，可以"一站式"地实现通知下达、农业主导品种、主推技术、创新成果等的信息扩散，极大地提高了基层农技服务的整体效率和水平，实现了基层农技推广管理科学高效。

（2）减少了农技人员与专家的交流成本，基层农技推广队伍的活力迅速增强。通过信息化平台提供的丰富的、适用的农业生产多媒体教材、网上课堂和视频功能，农技人员不但能自学最新的农业知识和技能，而且可以随时随地与其他农技人员和专家"面对面"地视频交流，自身能力和素质显著增强；同时还可以用视频把远方的专家"请到"田间地头，变以往的"单兵作战"为网络条件下的"集团作战"，解决农业生产经营问题的能力倍增。以现代信息技术与装备武装的农技推广人员，知农民之所需、解农民之所急，成为农民解决生产问题的依靠，相互间的依存度不断提高，广受农民欢迎，工作的积极性和主动性都得到显著提高。

（3）创新基层农技推广机制，加强了基层农技推广的合力。用信息技术武装基层农技体系，推广的合力得到增强，推广的外延得到拓宽。现代信息技术与装备在农技推广中应用所取得的实效，激发了农民、农协、农企的兴趣与主动参与意识。一些有条件的科技示范户、种养大户、农业协会在经过数次亲身体验后，争相模仿，从而也成为农技推广的主动参与者和技术传播者，真正成为农技推广的主体。现代信息技术的应用实现了农户、农技推广人员、农企、农协间的有效对接，开启了相互信息交流的窗口，同时也为各方参与者提供了良好的信息化业务拓展舞台，为建立面向需求的、可持续的"大推广"模式奠定基础。

（二）信息化作用于大学科研院所的农技推广体系，实现网络专家工作站

由于农业生产具有地域分散、生长周期长、远离城市等特点，农业专家工作站具有特殊性，传统的到田间地头指导农业生产的工作站模式，不仅时间和经济成本很高、效率低下，而且长期到基层也影响正常的教学、科研、人才培养与学术交流等活动，因此，信息化与大学科研院所的农技推广体系相结合，创新专家工作站新模式，是"为专家减负、为农民解难"的必由之路。

利用信息技术，把传统农业专家工作站升级为网络专家工作站。农业专家工作站是指，高校科研院所为加快农业技术转化和推广，更好地为地方农业发展提供技术服务，利用自身的技术和人力资源优势，选择基础条件较好、具有示范带动作用的农业生产基地、规模化农场、种养殖大户等，建立专家常年进行生产指导、技术培训、问题解难等的驻地工作站，以推广先进的农业科技，提高农民素质，提升农业生产效率，改善农产品品质，并为专家人才培养、科学研究、学术交流提供新模式，提高专家工作效率和三农服务水平。

通过网络化改造，架设高清摄像头、环境气象采集仪、智能问题求助终端等，将传统专家工作站改造为网络专家工作分站，并实现与学校科研院所总站的网络互动。专家、教学科研生产基地间建立基于网络的远程交互、科技指导、科技培训、成果转化、应用示范的信息应用系

统。通过该系统，专家可以在任何有网络的地方，及时获取基地的信息（视频、图片、文字、气象等信息），跟踪农业生产状态，开展远程指导、远程诊断、远程培训等服务，从而有效指导生产，实现工作的智能、远程、移动和高效，大大拓展专家的服务范围与数量，提高服务质量与效率。

（三）信息化作用于社会化创业体系，有效带动农民使用信息化技术，提高农民信息利用能力

在全国各地科技特派员队伍建设的实践中，不少地区将信息化服务与科技特派员工作相结合，选拔信息化科技特派员，开展科技创业服务。以宁夏为例，宁夏 2011 年发布了《关于建立信息科技特派员队伍，服务农村信息化建设的意见》，宁夏信息科技特派员的职责主要有三个方面：一是为农民提供信息服务；二是发挥信息服务站作用，为有关部门提高信息采集、统计和发布服务；三是利用市场机制，借助网络平台，开展创业经营活动。

具体而言，宁夏信息化科技特派员主要的工作内容包括：（1）承担基层农村党员远程教育任务。以信息服务站为场所，按照组织部门要求，为党员提供远程教育信息服务。（2）为农民提供文化资源共享服务。播放 IPTV（网络电影），点播免费网络电影和电视。（3）依托宁夏三农呼叫中心平台，发布农产品营销、农资销售、市场需求及价格信息，提供科技咨询、各类信息服务以及由呼叫中心安排的其他工作。（4）承担有关部门下达的信息数据采集和上报工作。（5）借助信息服务站，利用互联网开展创业经营活动。

因此，从宁夏信息科技特派员的实践来看，信息化与社会化服务体系的有机结合，实际上是解决了农民信息化技术利用能力较差的现实问题，以信息科技特派员为桥梁，成功搭建农民利用信息化技术开展农村创业及发展生产的平台，解决了农民无法接入信息化大市场的难题。信

息科技特派员利用信息平台将农业信息传播到千家万户，与传统农技推广模式不同，更强调与农民"点对点"的互动交流。这符合当前农民自主选择耕种品种的个性化需求，搭起了农民和专家互通公用的平台，逐步解决信息服务"最后一公里"和科技成果转化"最后一道坎"的实际问题，给农村发展和农民生产经营都带来好处。

三、当前我国信息化技术推动农村科技创业及服务体系建设的主要模式

当前我国不同地区在探索以信息化技术推动农村科技创业与服务体系建设的过程中形成了不少典型模式。总体来看，可将其归纳为四种主要模式。一是"政府推动、技物结合"的农村科技服务模式①；二是"企业推动、四方共赢"的农村科技服务模式；三是"政府推动、企业拉动"的农村创业模式；四是"农民自发、自下而上"的农民创业模式。这一部分通过对这几种模式所对应的典型案例的概况及经验深入分析，以期探讨信息化在推动农村科技创业及服务体系建设中的重要作用及效果。

（一）陕西省大荔县农业科技服务——"企业推动、四方共赢"的农村科技服务模式

1. 陕西省大荔县农业科技服务的概况

"大荔模式"缘起于大荔县科技局的一次调查。2007 年，大荔县科技局经过调查发现，农技部门单纯搞技术推广没有回报，企业单纯搞农资销售缺乏农民信任，如果把两者结合起来，技物配套服务，即在销售农资的同时，向农民提供全方位的技术服务，则能收到一举两得的效

---

① 这个模式的典型案例是江苏农村科技服务超市。详见下篇第一章《农村科技服务超市——江苏省农村技术服务体系创新模式》的分析。

果。同年 7 月，由县科技局全程代理的"陕西荔民农资连锁有限公司"顺利诞生。接着，在县委和县政府的全力支持和推动下，大荔积极发展现代农业，不断推进科技创新，探索运用信息化手段服务"三农"事业的模式，按照"农资农技双连锁，农资农副双流通"的思路，以荔民连锁经营为基础，以信息技术为支撑，在实践中探索出一个农村信息化应用延伸的"大荔模式"，取得了良好的社会效益和经济效益。

2012 年，"大荔模式"涉农专家咨询团累计接听咨询电话 21 680 次，110 服务车现场出诊 175 次，网络视频 268 次，解决疑难问题 300 多个；《荔民科技》报编发 43 期，印发 54 万份；举办技术培训 624 场，受训农民 6.8 万人；刷写黑板报 395 期，发布技术信息 940 条；召开网络会议培训 100 多场次，手机技术短信群发 1320 条（次）；建立的测土化验室，装备了土壤养分化验、化肥含量检测仪器设备，已免费为 750 名会员和种植大户进行了测土化验。建样板示范田 2850 亩。组织现场观摩会 68 次。荔民农技服务农副产品流通网站年点击量 5.2 万人次，收集、筛选、发布各类相关信息 1500 多条。农户使用荔民放心农资，能够降低生产成本 15%～20%，通过技术服务增产 10% 以上，累计为农民节省投资 2000 多万元，新增产值 20 000 余万元[①]。

大荔县在探索解决农业信息服务"最后一公里"的实践中，因地制宜，以信息技术为主导，通过运用信息化手段，建设网络化、标准化、系统化的农资农技通道，依托荔民农资连锁有限公司经营模式，以"整合 + 服务 + 创新"为主题，将信息技术融入农业服务的各个环节中，通过信息化让农民了解市场，减少中间环节，增加农民收入，多方式、多途径、多终端地为农民提供方便有效的信息服务，帮助农民像城里人一样享受网络经济带来的好处。在传统农资产品流通中，降低了农

---

① 数据来自《信息化催生大荔模式——大荔农村信息化服务调查》. http：// top. weinan. gov. cn/dlms/mtgz/6813_ 3. htm.

民生产成本 20%；在农业商品流通中，通过信息网络让"小农户"进入到"大市场"；通过缩小城乡信息差距，解决农产品卖难问题，推广农业科技，调整农业结构，开拓农产品市场，提高农民素质，促进农业发展、农民增收和农村建设，取得了良好的成果，具有较强的示范作用。

2. "大荔模式"的典型经验

（1）以企业为主体，推广技企结合农技服务新模式

大荔县通过招商引进了农资连锁企业。政府帮助企业协调解决了建设用地、银行贷款等问题，推动了"大荔模式"的顺利运行，技企结合农技服务模式是"大荔模式"的一个亮点。政府允许农技员与企业合作，在政府保工资的情况下，通过服务体现多劳多得。大荔县农口部门首先在农技中心、科技局和果业局等部门选 30 名农技员，由企业将他们分别委派到县乡村做专职或兼职的专家团队、特派员、农技员。农技人员随时解答农技"110"电话、下乡服务、给农民培训和撰写科普稿件，下乡车辆及服务所产生费用全部由企业负担。实行技企结合后，农技员为农民服务变得实实在在。农民在接受服务的过程中，自然会扩大农资需求，形成农民和企业之间的利益链条。荔民农资公司以农技服务方式扩大并巩固了连锁规模，还投资建立了系统局域网络参与管理。该企业在 6 乡镇 42 个村建立了连锁店，经营化肥、农药和种子等农资。

（2）以农业信息化为支撑，建设"大荔模式"的核心框架①

"大荔模式"基本构架呈倒金字塔结构，核心框架是以信息技术为主导，通过运用信息化手段，建设网络化、标准化、系统化的农资农技通道，以构建"两个双向整合"为主题，围绕四位一体的"四大服务平台"，实现连锁经营"六个统一"，打造"八大信息服务系统"，为三

---

① 参考《大荔模式：探索农村信息化应用延伸新途径》。http：//www.shaanxi.gov.cn/0/1/9/42/121519.htm.

农提供"十项免费服务"。

两个双向整合是指，依托荔民连锁经营模式，根据国家新农村建设和农村信息化建设的要求，以县为单元，整合农资农技资源，走区域型、紧密型的农资农技双连锁之路，创建整合的农资农技双向服务、农资农副双向流通新型农村信息服务模式。

四大平台是指，围绕农业生产的产前、产中、产后，构建农资供应、农技服务、农超对接、资金互助四位一体的"四大服务平台"。农资供应平台以物流信息为支撑，以县乡村三级连锁网络为基础，以县为总部，乡为配送中心，村设连锁经营店，为农民提供质优价廉的农资供应；农技服务平台整合各方资源，采取政府出钱养兵、企业出钱打仗的办法，以荔民连锁店为载体，按照"技企结合、技物配套、政府推动"的运行机制，实行农技服务连锁，解决农技推广难题；农超对接平台主要为建立农产品商业流通信息网络提供产销信息，实施网上交易，采取超市＋企业＋农户的模式，上联城市超市，下联乡村农户，组织引导农民按标准化、生态化、安全化进行订单式生产；资金互助平台以开展农民信用合作为基础，开展社员内部资金互助，发挥资金互助作用，缓解农村资金短缺矛盾。

六个统一是指，依托现代信息技术打造的连锁经营模式，以县、乡、村三级农资配送网络为基础，通过财务核算及商品物流管理系统，实现统一采购、统一标识、统一配送、统一价格、统一核算、统一服务的"六统一"农资物流系统信息化管理。采购、仓储、物流配送、门店销售、财务管理等经营中的各个环节通过信息技术统一起来，大大降低了企业成本的同时，提高了工作的效率，能够快速响应农民需求，减少流通环节，降低农资流通成本，大大地降低农资产品的价格，确保产品质量，让农民从中得到最直接的实惠。

八大信息服务系统是指，通过整合政府资源、农村资源、行业资源，在互联网上建立起农业信息服务网站，打造了农业培训影视点播系统、病虫草害图谱查询系统、农业远程培训系统、专家大院远程视频诊断系统、农资产品查询系统、农户信息数据库系统、农资电脑零售系统、农资预收款系统等"八大系统"。各级连锁经营店的电脑既是农资销售的终端，又是一个农技服务的平台，为农民提供农业生产全过程、全方位的信息服务，使得每个荔民连锁经营店都成为既能为农民提供公益性的信息服务点，又是有生存之道的微型企业。

十项免费服务是指，一是提供专家团电话咨询。设立了800热线免费服务电话，技术专家轮流值班，做到件件咨询有解答，个个服务有记录。同时在各连锁店公布了专家团成员电话，农民随时可以直接拨打对应专家电话进行咨询。二是农技110"出诊"。配备了农技110服务车辆，遇到重大生产疑难问题，安排专家到田间会诊，现场解决。三是网络视频面对面。通过连锁店的电脑终端，农民可以就地通过视频向专家咨询。四是科技报刊入户。按照农时季节，编写时效性、针对性、操作性很强的科技报刊，让会员、群众一看就懂，学了能用。五是专家进村授课。采取"群众'点菜'、科技'送餐'、企业'埋单'"的方式，组织专家下乡，开展技术讲座。六是黑板报农情预报。在每个村显要地段设立黑板报，由村技术员及时发布当前病虫害发生预报、管理技术要点和农资使用常识等。七是手机短信群发。开办了手机信息群发平台，由专家编辑技术短信，向村技术员、种植大户按农时季节发送。八是测土配方施肥。采取企业与农技部门合作的方式，由村技术员采集土壤样本，专家测土化验、开具配方，供农民施用。九是建样板示范田。根据各村实际，由村技术员建立一块示范田，定期组织种植户现场观摩。十是提供果品销售信息服务。通过网站发布产销地果品市场供求信息，联络客户，促进外销。

3. 以发展现代农业为目标，探索"农业全产业链"发展模式

大荔县立足于现代农业，积极探索"农业全产业链"发展新模式：推进农业上下游产业、前后环节联结，打造出农业的全产业链；不断提

高农业专业化、规模化、标准化、集约化水平，提升渭南农业的发展实力和市场竞争力。目前，大荔县已建成了 5000 亩标准化示范大棚和万亩特色产品生产基地，引导农民实施标准化订单生产，成立了农民信用合作社，社员内部互助，解决了资金难题。在种植方面，大荔县积极推广"农作物标准化种植技术方案"套餐，目前"大荔模式"的专家团队已经研发出了 16 种"农作物标准化种植技术方案"套餐。针对每一个目标作物，实行统一品种管理、统一操作规范、统一投入供应和使用、统一田间管理、统一质量要求，通过示范效应推动农业标准化生产。在农产品销售方面，"大荔模式"以荔民公司的创新示范为载体，引入了联合制和联保制，探索出了"龙头企业＋联合社＋种植主体（合作社、家庭农场、种植大户）＋农业金融＋农业保险"的新型农产品生产销售模式。联合制即秦合联合社、荔民公司、合作社联合经营，各负其责。合作社负责组织农民按照"农作物标准化种植技术方案"生产，荔民公司负责提供符合安全标准的合格农资，秦合联合社则负责产品的销售。联保制即以地块相邻的十户农户为一个组织单元，建立种植户的农产品信誉档案，联保协议，相互监督农药、肥料等农业投入品的使用，诚信种植，确保产品质量。每户入会农民给合作社缴纳 500 元保障金，每个合作社给联合社缴纳 5 万元担保金。这笔钱或者用来理财，或者给社员提供资金支持，年终时，对守合约的农户和合作社分配红利，违规的将没收保障金，并列入黑名单，永远取消使用"香荔乡情"品牌的资格。

（二）浙江遂昌"赶街"项目——"政府推动、企业拉动"的农村创业

1. 浙江遂昌"赶街"项目概况

浙江省遂昌县是著名的"淘宝县"。2013 年，仅 5 万人的遂昌小县城，则诞生了 1200 多家淘宝店，其中信誉为皇冠以上的就有 20 多家。

根据淘宝 2013 年发布的《县域网购发展报告》，2012 年遂昌县淘宝总销售额已达上亿元。2013 年 5 月，由遂昌县政府相关部门牵头，与阿里巴巴支付宝合作，遂网电子商务有限公司、遂昌网店协会等单位共同出力，遂昌县启动了农村电子商务服务站（简称：赶街）项目。"赶街"一词源于遂昌地方话，意思是赶集。建设"赶街"项目是把电子商务延伸到农村，让交通不便、信息相对落后、配套服务体系不健全的农村群众，享受购物、售物、缴费、创业、出行、娱乐、资讯获取等方面一站式服务。

"赶街"项目主要包括农村电子商务、本地生活、农村创业三大业务板块和二十多项具体业务，能够为村民日常消费、快递物流、生活缴费、资讯获取等方面提供便利。"赶街"项目服务网点依托于社区综合服务站，村民可通过村赶街服务网点，实现购物、售物、缴费、创业、物流、出行、娱乐、资讯获取一站式办理。"赶街"项目让村民享受便利、实惠、优质、快捷、全面的多纬度便民服务，带动农村居民生产、消费和就业能力。

"赶街"区域服务中心由建设运营中心、网站服务平台、支付宝电子金融平台、物流中心、青年创业中心、淘宝遂昌馆六大体系组成。计划在全县建设 200 多个村级网点，现已建成 58 个"赶街"网点。据统计，2013 年 9 至 10 月，58 个"赶街"网点为村民提供代购、基础缴费、物流中转配送等服务约 1 万余次。其中代购服务项目中，涉及代购金额 20 多万元，和市场购买同类商品相比，为村民节省购物资金 6 万多元。

2. 浙江遂昌"赶街"项目的典型经验

（1）用信息化手段改造农村社区综合服务中心，提高运营效率

"赶街"项目点设在村级便民服务中心，也就是村级社区综合服务中心。遂昌县 203 个行政村都设立了便民服务中心，其建设的根本目的是服务基层群众，尽可能地方便群众办事。便民服务中心按规定开展的

业务有 138 项，主要是为村民办理相关行政业务提供咨询，帮助村民填写相关表格，为群众全程代办养老救助、生育审批和证明、建房审批等各种事项。但是长期以来，由于人员有限、业务量低等原因，便民服务中心的运营率不高，遂昌县具备固定坐班值守提供服务的便民服务中心不到 10 个。

"赶街"项目设在便民服务中心，利用信息化的手段改造农村社区综合服务中心，不断发展农村社区综合服务中心的服务内容，提高运营效率。当前，由于"赶街"项目的推广，遂昌县农村社区综合服务中心的服务内容不仅限于行政相关事务的办理，还成为村民获得技术信息的主要站点，是村民生活购物的另一种途径，甚至成为农民销售农产品的有效方式。运用信息化的手段实施"赶街"项目，使得农村社区综合服务中心实现真正的为民服务。

（2）帮助农民接入互联网，提供生活便利

有研究表明，方便与同类商品进行质量对比和商品价格比市场低是村民采用网购模式的主要因素，而农村农民电脑操作能力普遍不强，因此对代购服务有很大的需求。

"赶街"项目的一个重大创新就是帮农民在互联网上购买质优价廉的产品。"赶街"项目志愿者在产品质量分辨、网上比价等方面具有一定优势，因此代办生活用品则能方便农民买到价格合理、质量安全的产品。这种方式不仅能为农民带来实惠，也能够在一定程度上减少农村地区假冒伪劣商品的市场需求，遏制假货现象。同时，由于遂昌县山区农村交通不便，信息相对闭塞，"赶街"项目开展之前，不少村民要走 30 公里的山路才能在镇上购买生产、生活用品。"赶街"项目进村之后，项目志愿者为村民提供诸多便民服务，包括代办网上购物、网上充值等，大大降低了农民的时间成本，为农民生活带来诸多便利，深受农民喜爱。

（3）推动农村电子商务，帮助小农户连接大市场

"赶街"项目的终极目标以在农村植入、普及、推广电子商务应用为业务核心，并延伸周边服务业务，带动农村供需流通，协助农村青年创业，增加农村居民就业机会，全面带动农村居民生产、消费和就业能力。

依托"赶街"项目推动农村电子商务。遂昌县"赶街"项目有着强大的运作后台。遂昌县遂网电子商务有限公司承担了赶街项目建设运营；阿里巴巴支付宝新农村业务部和遂昌县网店协会为项目的合作企业，它们共同完善推出建设运营中心、网站服务平台、支付宝电子金融平台、物流中心、青年创业中心、淘宝遂昌馆六大体系，组成赶街区域服务中心，为各村镇乡赶街网点所有的服务业务体系提供后台支持。而各村级"赶街"服务中心则为农民提供在网上销售农产品的技术服务，为农民教授电子商务相关知识，鼓励农民触网用网，帮助小农户连接大市场。

（三）江苏睢宁沙集的东风村——"农民自发、网商先行"的农民创业

1. 沙集镇东风村农民创业的概况

东风村，是中国江苏北部地区的一个普通村庄，位于徐州睢宁县沙集镇。与周边其他村庄不同，东风村的经济发展始终走在前列。2006年，在东风村其他村民仍然以废旧塑料加工为主要创业活动而不得不忍受严重的环境污染的时候，东风村村民孙寒开始了复制宜家家具并在淘宝网销售的创业之路。短短四年后的 2010 年，东风村 1109 户居民中有346 户直接从事网络家具销售的创业活动，并形成了包括木材运输、家具制造、网络店铺销售和快递服务在内的健全产业链。到 2010 年年底，东风村网销家具产业产值保守估计将超过 1 亿，与原有的废旧塑料加工产业一起，东风村成为一个产值超 2 亿元，年上缴税收 130 万元，占整

个沙集镇（共 17 个村）的 60%，完全吸纳本村剩余劳力的地方。东风村成为人人谈创业的创业集聚地。紧随其后，沙集镇的农民都产生了强烈的创业热情。2013 年沙集镇有网店 2000 多家，有包括加工厂、零售零配件、板材批发、物流快递等 5000 人左右从事与淘宝有关的工作，并形成了家具业的完整产业链。2013 年沙集网商的网销收入已经突破了 20 个亿，当然产品也不再只是小家具。

2. 沙集镇东风村农民科技创业的典型经验

沙集镇东风村的农民科技创业，是草根农民自下而上利用社会化第三方平台发展起来的。汪向东等（2011）[①] 提出"沙集模式"。"沙集模式"指的是这样一种模式，即：农户自发地使用市场化的电子商务交易平台，变身为网商，直接对接市场；网销以细胞裂变式复制扩张，带动制造及其他配套产业发展，各种市场元素不断跟进，塑造出以公司为主体、多物种并存共生的新商业生态；这个新生态又促进了农户网商的进一步创新乃至农民本身的全面发展。"农户 + 网络 + 公司"相互作用，滚动发展，形成信息网络时代农民的创业致富新路。沙集模式的主要特点在于三个方面。

（1）信息化引领工业化的发展路径。沙集模式走的是"农民自发开网店→细胞裂变式复制→网销带动工业→其他产业元素跟进→激发更多农户网商创新"的发展路径。沙集电子商务所依托的产业载体是家具业。在农民网商起步前，当地农村的家具生产还只是那种传统的、局限于本地市场的小手工业，与电子商务发展所形成的面向大市场的大家具产业不可同日而语。家具网销拉动了生产制造，带来了产业链不断拓展、销售规模迅速扩张和经济社会发展的结果。与东高庄、青岩刘、堰下村等基于原有产业基础发展农村电子商务的路径相比，"沙集模式"

---

① 参考中国社会科学院信息化研究中心和阿里巴巴研究中心联合出版的《沙集模式调研报告》，2011 年 2 月。

的发展路径特别具有先信息化后工业化、以信息化带动工业化发展的典型特征。

（2）自下而上紧密对接市场需求，以市场化的公用电子商务平台带动产业发展。克服了以往社会化服务体系中，官办机构（如七站八所）、集体组织、合作社等社会化组织机制不灵活的缺点。阿里巴巴的网络平台是一个具有社会企业特征的商业生态系统，其基本模式强调将社会责任内生于商业模式，兼具合作制的公益特点（资源共享，可以免费开店，不同于传统企业）与市场制的商业特点（以赢利为目标，机制灵活），既是合作制发展到高级阶段的产物，也是市场制发展到高级阶段的产物。以这样的龙头作为带动，是农村经济现代化中的机制创新。

（3）农民网商为主体，发挥主导作用。从电子商务发展的驱动主体上看，"沙集模式"是农户自己变身为网商直接对接市场，并在当地农村电子商务的发展中起了主导作用。这区别于青川、辉县以及许多地方常见的网商经纪人驱动的模式。在网商经纪人驱动的模式中，经纪人扮演着沟通农户与网络的作用；农户通过网商经纪人对接最终买家，实现交易，他们自己并不扮演网商的角色。"沙集模式"中的农户网商在各自独立对接市场的过程中，尚未形成对其他网商稳定发挥重大影响作用的龙头企业，而当地电子商务协会的组织作用也十分有限，这与遂昌县等地网商协会驱动和兰田以农村龙头企业驱动的模式比较，也有明显区别。

（4）市场生态形成中的自组织特征。从发展环境来看，"沙集模式"在农村网商从无到有的前期发展过程中，显示出当地市场主体具有较强的自组织水平，初步催生出适应农村网商这一阶段生长发育的市场生态。在此过程中，最主要的发展动力是农户们自发的创业致富的内在需求。这种内在的需求，推动着当地农户变身为网商，从无到有、由少到多发展起来。即便是政府和平台无为而治，通过农户网商的简单复制、外延式地扩大产业规模，也会驱动物流等服务支撑体系的发展，各服务主体也可以因之受益。

四、农村信息化建设与农村科技创业与服务体系建设有效融合的关键要素

从信息化技术作用于农村科技创业与服务体系建设的主要机制及当前各地实践过程中所形成的典型模式，可以总结出促进农村信息化建设与农村科技创业及服务体系建设有效融合的关键要素，主要包括四个方面：一是完善的信息化基础设施；二是政府全方位的政策支持；三是企业的重点介入；四是人才的有效利用及培养。

（一）完善的信息化基础设施

如前所述，在国家各部委的多项农村信息化项目建设的大力支持下，当前我国农村信息化基础设施飞速普及。完善的信息化基础设施是利用信息化技术推动农村科技创业与服务体系建设的基础。

具体而言，农村信息化基础设施是支持信息资源的开发、利用及信息技术应用的各类设备和装备，是分析、处理以及传播各类信息的物质基础。这是农业和农村信息化建设的基本条件。主要包括信息网络、信息技术基本装备和信息安全设施、信息交换体系等部分。信息网络主要有计算机网络、通信网络和广播电视、报纸杂志、宣传栏等信息传播网络。信息技术基本装备主要指信息技术研发储备和推广应用所必需的设施设备。信息安全设施指为保障网络运行安全的设施、设备和系统。信息交换体系指为满足各层级实时信息汇集、传递、交换与共享、服务的体系。当前农村信息化基础设施主要包括广播电视网、电信网和计算机网三种基础网络体系，其中包含了广播、电视、电话、手机、计算机等信息终端。

目前我国各地建立省级农村信息化综合服务平台，涉农信息资源整

合也取得了一定的进展，未来应在推动农村地区"三网融合"方面继续加大投入。当前各地探索建立起了一批有地方特色的农业农村综合信息服务平台。如广东的"农信通"和视频点播系统、浙江的"新农村热线"、宁夏的"三农"呼叫中心、吉林的"新农村热线"、上海的"一站通"等，都在农村科技创业与服务体系建设中起到了重要作用。与此同时，大学及科研院所、涉农企业等为农村提供农业科技服务的相关单位的信息化基础设施建设也非常重要，是确保与农民之间的信息化沟通无障碍的重要保障。

（二）政府全方位的政策支持

农村科技创业与服务体系建设既包括公益性推广体系建设也包括经营性服务体系建设，因此政府应该在公益性推广体系建设中做好引导作用，同时也应该在经营性服务体系建设中起到支撑作用。

具体而言，政府应该在以下几个方面为信息化有效融入农村科技创业与服务体系建设做好支撑。一是以政府为主导整合当地农村信息资源。中央、省级政府各部门应积极鼓励和支持下级政府统筹利用各渠道的资金、设施，各部门延伸的资源要整合、要综合利用、要共享，合理布局，减少重复建设，规范管理。鼓励在乡镇和农村社区建设信息服务站（点）、农村网吧、信息化体验中心等形式多样的信息服务场所与设施。鼓励与乡镇政府、村委会及种植业、畜牧兽医、渔业、经管、林业、水利、食品质量检测等乡镇服务机构相结合，建设综合服务站。鼓励企业和中介机构参与建设。农村信息服务站建设应该实现综合服务，也就是"一个站点、多种功能"，以避免重复投入。二是加大对农村科技创业与服务体系建设过程中信息技术应用的投入力度，适当引入企业及其他社会化投入方式，形成多元化的投入模式。三是加强应用信息技术开展农村科技创业与服务的相关人才培养工作，提高农业信息化基础设施的利用效率，增强信息化在农村科技创业与服务体系建设中的作用。

（三） 市场主导的运作模式

从各地应用信息技术开展农村科技创业与服务体系建设的经验和模式来看，"政府引导、市场主导"逐渐成为行之有效的建设方式。市场主导的模式能够有效把握农民对科技创业与服务的实际需求，实现技物结合，在一定程度上提高了农技工作者的收入待遇，激发了农技推广员的工作积极性，也为农民生产生活提供实实在在的好处。甚至在农村信息化创业的初期，政府可以完全旁观，市场自发形成了有效的创业模式，激发了产业发展，如江苏沙集镇东风村的农村电子商务的发展过程。

在开展农村科技创业与服务体系建设的过程中，采取"政府引导、市场主导"的方式，主要是指在信息化基础设施建设、农村科技创业与服务体系建设环境等方面强化政府的引导作用，而在具体发展路径的选择、经营管理方面则遵循市场机制运作。同时在资金投入方面也以政府资金为引导、以企业投资和社会投资为主导的新型模式，强调投资主体多元化和投入机制的灵活性。

（四） 人才的有效利用和培育

信息化人才的有效利用和培育是建设农村科技创业与服务体系的关键因素。尽管我国推行九年义务教育，但长期以来因城乡差距造成的城乡人口知识水平差异明显，再加之没有对农民进行广泛的信息技能培训，农民整体信息素质仍然较低。信息素质低限制了农民信息化应用水平，影响了农村信息化效应的发挥。而从典型模式来看，均非常重视农民信息利用能力的培训，努力使得农民触网、用网。

另一方面，也应注重对农村科技创业与服务体系队伍中技术人才的信息化能力的培育。农技推广员能够做到使用信息化设备无障碍，具备利用信息化设备为农民提供服务的基本能力；同时，农村信息科技特派员也在一定程度上承担起培训农民的任务，帮助农民提高信息利用能力。

五、政策建议

（一）完善以政府投入为引导、社会投入为主导的多元化投入机制

完善以政府投入为引导、社会投入为主体的多元化融资体制，鼓励龙头企业、合作组织等参与信息化支撑农业科技创业与服务体系建设。各级政府应不断加大农业科技研究、基础设施建设、农业农村信息化项目和人员培训等投入，通过建立功能齐全、信息完备、高效共享、反馈灵活的农村科技信息网络，提高农村科技服务的及时性、准确性，并扩大农村科技服务的可覆盖范围。与此同时，要对参与利用信息化推动农村科技创业与服务体系建设的企业及个人提供多方面的政策优惠，充分调动参与企业和个人的积极性。通过政策扶持和财税优惠，进一步发挥电信运营商承担普遍服务的主体作用以及涉农信息服务的骨干带头作用，夯实农村信息化基础设施建设。同时，将农村信息化通盘考虑，通过公共财政补贴，鼓励农户、农民合作组织以及乡村信息服务站充分使用现代信息通信技术，为农村科技创业与服务体系建设做好支撑。

（二）建设"阶段式的政府引导＋市场运作"的多元化服务体系

信息化支撑我国农村科技创业与服务体系建设主要存在政府经费支持额度有限、尚不能满足多元服务主体的实际需求等问题，建议信息化与农村科技创业与服务体系的建设融合采取"阶段式的政府引导＋市场运作"工作机制。在前期建设中，需要政府以农村信息化建设专项经费等形式进行适当投入，用于配备基本的农村信息化基础设施、引导服务体系建设和试点工作的开展；而当服务体系进入运行阶段，则应考虑引入市场机制支撑其自身的运行和发展。同时，不断健全农村科技服务的

体制和机制，逐步实现政府服务与社会力量服务、公益性服务与经营性服务、综合性服务与专业性服务等互补互利，最终形成信息化全面支撑政府主导公益性服务、社会力量主导经营性服务的多元化服务格局。

（三）将多种科技资源利用信息化手段在服务平台上统筹集中

运用现代技术手段，更加便捷地向农户提供科技咨询、技术培训、市场信息等服务（如农技 110 等），同时，整合农技 110、星火 12396、农业信息网等信息资源，建设综合性农村科技信息服务平台，利用信息化手段推动农村科技服务工作向纵深开展。将科技特派员、科技成果转化、咨询培训等科技资源与活动在科技服务平台上统筹安排，是优化资源配置的有效手段。在社会化服务体系建设中，应更加充分地发挥科技特派员在科技服务和创新创业中的作用，如借鉴江苏省科技超市的经验，依托农村信息化服务站设立"科技特派员工作站"，作为科技特派员在基层的落脚点和开展科技创业与服务的根据地，形成科技特派员利用信息化手段开展创业与科技服务的新手段。

（四）提高农民及农村科技创业与服务体系建设相关工作者的信息化技术利用能力

大力开展农民信息技术培训，提高农民信息技术使用技能。当前我国大部分地区农村信息化基础设施建设已日趋完备，但是从信息化设备的利用情况来看，大部分地区对农村信息化设备的利用率较低，农民的信息化程度较低，从而导致农村信息化未能发挥应有作用。未来应加强培训，加强基层农村信息服务人员队伍建设，要重点培育种养大户、龙头企业、合作经济组织、农村经纪人、批发市场和村组干部，使之不仅成为信息的使用者、受益者，也成为信息服务的提供者、传播者。同时，有规划、有步骤、分阶段地加大对农民信息化技术利用能力的培养，使农民成为能够顺利利用信息通信技术开展农业生产的新型农民。

第六章
总结与政策建议

一、新型农村科技创业与服务体系构建的基础和环境

伴随着我国农村科技供给与需求主体的不断变化，现代农业对于技术服务体系的供给机制提出了新的需求。1998 年以来，自农村科技特派员的福建省"南平模式"开始，各地在实践中不断丰富着新型农村技术服务模式的内涵，也为新时期农村科技服务体系的构建奠定了实践基础。当前我国的农业和农村经济已经进入了一个非常活跃变化的时期，农业正从传统农业向现代农业转变，农业从传统的第一产业向一、二、三产业融合的现代部门转变，农村由传统生产经营方式向城市化转变，农民由自然人向市场经济中的经营主体转变。这些都为农村科技服务提出了新的需求。具体而言，主要表现在以下方面。

（一）农业的功能和组织方式发生重大变化

农业历来被认为是国民经济的基础性产业，农业部门更多的是一个为工业提供原材料和廉价劳动力的传统部门。但随着城乡差距的逐步加大，只有将农业培育成为一个能够获得较高比较收益的部门，农业的发展和农民问题的解决才能从根本上找到突破口。

进入 2010 年以来，通胀压力逐步加大，全年 CPI 上涨 3.3%，食品价格上涨 7.2%。2011 年以来，随着主要农产品（特别是猪肉）价格的持续上扬，农产品的供给功能显得愈加重要。家庭联产承包经营基本制

度的保障、18 亿亩红线的耕地要求以及城镇化过程中农村土地的不断缩减，又使得土地在经济发展中的供给功能越来越重要。同时，GDP的增长在带给人民日益丰富的物质生活的同时，也使得公众对于生存环境提出了更高的要求，农业的生态功能全面拓展开来。也就是说，现代农业的发展目标已经由单一的食物，特别是粮食的供给，向粮食安全、食品安全和生态安全目标并重的方向转变。

与此同时，现代农业的组织方式也发生了深刻变化。首先，随着工业化、城镇化的推进，我国农村空心化和老龄化的问题会变得更加突出。2010 年，我国第一产业劳动力约占全国劳动力总数的38%，从事种植业、养殖业等传统农业的主体更是趋于老龄化，并且其中大部分是妇女，他们对农业社会化服务的依赖性越来越强。而与此相适应的是，我国农村合作经济组织得到了蓬勃的发展。截至 2011 年 3 月底，在工商注册的农民合作社数量达到40.3 万家，实有入社农户约 3000 万户，约占全国农户总数的 12%。农业经营由小规模经营向组织化经营方式转变。

现代农业功能和组织方式的变化，使得农村科技服务的需求主体也呈现出多元的态势。今天，农村技术需求的主体，已然从传统的小农户，发展成为由农户、农民合作经济组织、农产品加工企业和农产品流通企业等多种组织形式并存的混合体。他们对农业技术的多层次需求，为新时期农村科技服务体系的构建提供了基础和前提。

（二）现阶段农村科技服务职能转变的要求

伴随着现代农业功能和组织方式的变化，现代农业对于农村科技服务的需求，可以大体概括为四个方面。

一是由产中单一的技术服务向提供涵盖产前、产中、产后诸环节的综合性技术服务转变。现代农业的多功能性，极大地丰富了农业的内涵，农村技术服务已经不仅仅是生产服务，还需要流通服务、加工服务等，涉及产前、产中、产后的诸多环节。并且，依靠市场机制运行的新型科技服务体系应更好地满足日益多元化的农村科技服务需求，能够在农技服务供给方和需求方之间建立一种"双赢"的利益分配机制，并促进农村技术服务市场的发育壮大。

二是由单纯追求产量的技术服务向追求高比较收益的技术服务转变。现代农业与传统农业的本质区别，就在于它是一个具有较高比较收益的部门。也只有基于此，中国农业才有发展的空间与可能。与此相配套的技术服务，就不能仅限于产量的提高，还要关注产品的品质、产品价值的提升服务以及为经营者获益提供的帮助。它往往依托当地的主导产业或特色优势产业发展，以产业为导向建立起专业化的农技服务组织体系，为农民提供更有针对性、更及时有效的农业科技服务。

三是由田间地头的直接技术指导向多样化、广覆盖的技术服务手段转变。以目前基层农技人员的数量推算，一个农村技术人员大约承担2000亩的耕地，300多农户的技术推广工作。今天看来，其服务内容的单一、服务覆盖的有限和服务内容的滞后都是亟待解决的问题。现代农业主体的多元化需要多样化的、能够实现最大覆盖范围的新型服务手段。

四是由单纯技术提供向与技术配套的金融、信息、管理等要素的相互配合转变。现代农业的发展离不开资金、管理等要素的配合，这也使单一技术提供方式作用的发挥受到一定的限制。现代农业更需要的是技术与先进要素，如资金、信息等的配合和协同推进，通过以互联网技术和通信技术为代表的信息化革命，将实用生产技术、市场信息、生活咨询等有用信息以各种信息化的手段传递给广大农户。

（三）新型农村科技服务模式的探索与实践

近年来，新型农村科技服务模式在宁夏、福建、海南、浙江等多个省份开展得如火如荼。各地通过多种形式的科技服务，积极推进先进适用技术在农村地区的应用、示范与推广，形成了各具特色的发展模式。来自基层的创新力量适应市场化条件下的发展趋势，在实践中建立起以农村科技特派员创业为核心的新型农村科技服务体系，形成了颇具地方特点的不同模式：宁夏在实际工作中创造了"用创新驱动的理念推进科技特派员制度发展并带动农村信息化工程建设"的宁夏模式；海南突破了传统农业技术服务半径的限制，发展了以"广覆盖性"为核心特点的农业技术110服务模式；江苏以有店面、队伍、网络、基地、成果、品牌等"六有"为主要模式，建设总店、分店和便利店三级农村科技超市网络，建设了"科技超市"的新型的农村科技服务体系模式等。

这些新型农村科技服务模式的发展，都是在试图解决传统农技推广体系中存在的两大突出问题。一是如何在城乡既有差距下，实现城市资源向农村的"逆向"流动；二是如何实现农业技术服务的"广覆盖性"问题，亦即让千家万户的农户和涉农相关组织及时得到他们所需要的综合性技术服务。事实上，新型农村科技服务模式所表现出的发展趋势，基本满足了现代农业对于技术供给形式和手段的内在需求。最为重要的是，新型服务体系中现代要素由城市向农村的逆向流动，使创业正成为新型服务体系的重要内涵。创业服务一体化成为新型农村科技服务体系构建的基本要求。

二、新型农村科技创业与服务体系的基本架构

引导现代生产要素进入农村创业，将技术与金融等手段相配合，在强调农村技术服务公益性职能的同时，更加注重市场化手段的运用，加速先进适用技术在不同农村技术需求主体的应用，是新型农村科技服务体系构建的主要目标。

新型农村科技创业与服务体系（图6-1）可以包含公益性推广体系和经营性服务体系两大部分。其中，公益性推广体系不仅包括服务于传

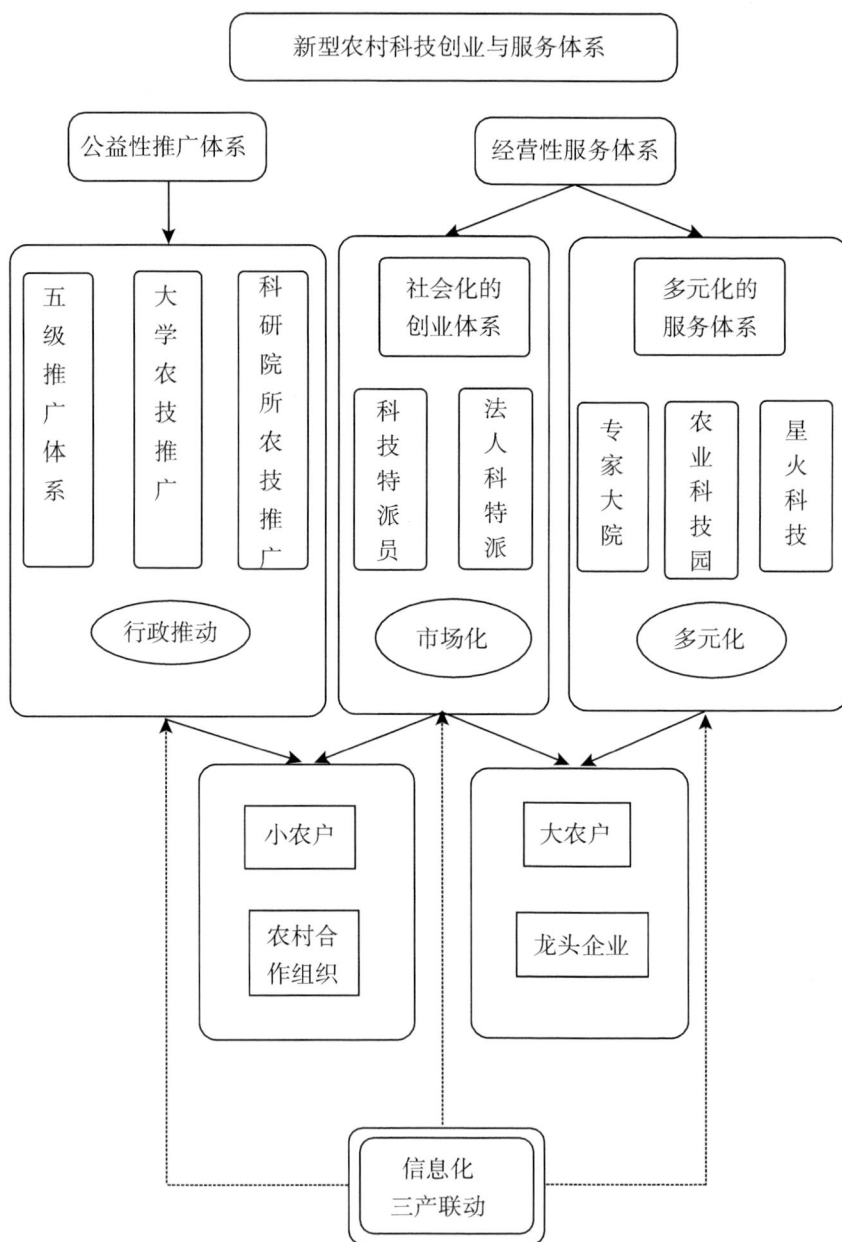

图 6 – 1　新型农村科技创业与服务体系的基本架构

统农业的五级农技推广体系，还要包括大学、科研机构等的推广职能，特别是要注重农业大学和地方农业科研院所的技术研发和推广功能。经营性服务体系可分为两类，一类是社会化的创业体系，主要是以科技特派员农村科技创业行动为核心的市场化体系建设，在这一体系中，科技特派员服务站的中介服务职能得到强化，科技型龙头企业的示范带动作用得到强调，对农民合作组织的支持力度不断加大；另外一类则可以概括为多元化的服务体系，它囊括了近年来逐步推进的农业专家大院、农业科技园区、星火科技12396等科技服务模式，更重要的是，考虑中国农村巨大的地域差异性特点，多元存在的各具地方特色的个性化的农村科技服务体系也是这一体系的题中之意。

从服务对象来看，公益性推广体系将主要服务于小农户和以小农户为基础建立起来的部分农民合作经济组织，而经营性服务体系则更多的服务于从事规模化经营的大农户、农产品加工企业和农产品流通企业等，能够为现代农业带来更高比较收益的主体。这两个体系间并不是割裂的，它们作用的发挥，都离不开信息化的手段，也离不开产业链的载体，它们共同融合为一个连接一二三产业融合的创业体系。

三、新型农村科技创业与服务体系构建的政策建议

推进农村科技创业与服务体系持续快速发展需要配套的制度设计和政策支持，需要体制机制的不断完善。具体而言，新型农村科技创业与服务体系构建应该从以下六个方面推进配套政策设计。

（一）加强相关涉农科技资源的统筹协调

农村科技工作涉及部门众多，如要最大限度地发挥部门合力，则首先要通过联席会议等多种形式，加强不同科技管理部门之间的沟通和协调，同时也要强调各部门内部不同主体之间科技资源的协调机制。此外，要高度重视县级的科技能力建设，加强中央与地方科技资源的联

动。强化国家、省、市支持科技创新的多种科技工作和科技计划在县市层面的整合与集成，改善县域科技创新投融资环境，建立民间资本的多元化投融资机制，提高县域科技创新投入能力。具体而言，一是国家科技工作和科技计划进一步向县（市）倾斜，星火计划、火炬计划要继续高举基层创业的大旗，进一步增强对县市科技产业化的示范引导作用，863计划以及农业成果转化资金、中小企业创新基金的相关内容和评价指标更多地关注县市基层，对具有自主知识产权、技术水平高、产业化前景好、成长潜力大的科技成果在基层转化应用予以重点支持。二是鼓励县市充分利用资源优势，面向国际国内两个市场，通过项目争取国家、省、市的投入和民间资本的加入，引导和调节资本流动，并吸引金融部门对县域经济发展的支持。三是优化县域金融环境，考虑成立以县域政府出资为主的各类信用担保机构，通过建立多元化的投融资体制，解决县域企业发展的资金问题。

（二）引入市场化方式推进公益性服务体系建设

长期以来，我国公益性农技推广存在着投入不足、效率不高的问题，尤其是五级推广体系，"网破、线断、人散"现象长期存在。而在公益性推广体系中引入市场机制，则能够在一定程度上调整其投入机制，使其更多元，减少政府投入不足的压力。同时涉农企业尤其是一些农资企业在与农民接触的过程中，具有天然优势。农户对当前农技推广机构的接受程度低，主要是因为农户对他们不信任导致的，而不是不主动接受新技术。比如，农技推广人员搭售不良种子、农药等，政府良种补贴政策执行不到位，所推广技术与生产实际脱钩等。如果这些推广工作交由企业来做，只要监督到位，农民就可主动选择自己急需的产品和配套技术。市场也会根据农民的需求淘汰不良农资产品和落后技术。因此，公益性农技推广是可以市场化营运的，是当前发展公益性农技推广体系的可选途径。在实践中，各地区应该因地制宜、区别对待，选择适宜方式改进公益性农技服务体系。

（三）将大学农业科技推广服务体系纳入国家农业科技推广体系之列

一是继续完善和发展已有的"太行山之路"等大学农技服务模式，设立专项资金，鼓励涉农大学在区域产业中心地带建立试验示范站或研究中心，发挥大学的知识优势。二是按照农林牧渔四大产业在生产、加工、营销等产业链各个节点上的各类技术需求，组织多学科、多专业的科教人才组成科技推广专家团队，集成、组装各类农产品综合配套技术，形成技术、专家的储备库。三是结合现代农业产业链、创业基地和涉及"三农"全局性问题，构建农村科技创业与孵化服务体系，培养现代农业发展的主力军和创业人才，促进公益性推广服务和社会化产业服务同步发展。充分发挥大学的人才培养能力，在大学试点推行农科生培养学费减免和定向就业政策，鼓励更多有文化知识的年轻人投身现代农业建设。四是充分调动科教人员从事科技推广、成果转化工作的积极性，对科教人员进行细致分类，形成教学人员、科研人员、科研兼推广人员、专职化推广人员等群体，对从事专、兼职推广的人员要重点从分配制度、激励评价机制等方面不断改革和创新，从福利待遇、职称晋升、教育培训、考核考评、成果奖励、津贴发放等方面，制定一套符合农业科技推广性质，适合农业科技推广、成果转化人员特点的大学考评机制，试行大学设立农业推广教授岗位制度。

（四）加快农业科技园区建设，提高国家农业科技园区的科技示范和服务能力

自 2001 年以来，国家农业科技园区充分利用核心区、示范区、辐射区三区互动互通的技术传播体系进行技术推广，推动整个区域农业产业结构升级，带动周边农村和广大农民增收致富。鉴于农业科技园区所发挥的示范带动和辐射功能，建议在进一步加强园区监督管理和规范化运行的基础上，将国家农业科技园区纳入农业科技创新体系给予重点支持。在扶持发展园区现有的产业和项目中，既要注重纵向产业链条的前伸后延，提高产品附加值，增加经济效益，又要注重各产业横向间的配合联系。同时，一方面要统筹四化建设，以工业化引领农业现代化，以城镇化推动农业现代化，以信息化武装农业现代化，通过基础设施建设和服务水平的提升，增强农业科技软硬实力，优化现代农业发展环境。另一方面，要吸引社会各方力量，形成多元化园区投资机制，并加大对园区风险投资和金融与税收等政策的扶持力度。享受相关税收优惠，水电费用按照农用标准收取。搭建农业融资新平台，破解融资难题，按政府主导、企业主体、市场运作的原则，扶持发展农业信用担保公司，建立农业信贷担保风险资金。发展壮大农业小额贷款公司，规范引导民间融资，增加园区贷款供给。

（五）健全农村科技特派员制度，加快农村科技创业的体系化建设步伐

在国家层面上继续加强科技特派员农村科技创业行动协调指导小组工作。探索通过财政转移支付提供资金，设定服务岗位及服务的要求等方式，向社会公开购买科技服务来迅速扩大科技特派员创业队伍。采取项目、贴息或后补助等形式，加大对科技特派员农村科技创业的财政支持力度。支持科技特派员在创业中强化服务，围绕产业链的发展，开展多形式的技术服务，发展创新创业一体化的产业技术联盟，扩大科技特派员工作的覆盖面。一是鼓励科技特派员充分利用信息化等方式在农业产业链全程开展服务，探索建立科技特派员创业协会，重点培育并发展科技特派员服务站（依托农业企业、合作组织等实体和法人科技特派员）。二是打破行政区划限制，建立全国性互联互通的科技特派员创业服务平台（依托农业科技园区、农业企业孵化器、农村区域科技成果转化中心等）。三是鼓励科技特派员带领农民创办、领办、协办科技型企业、科技服务实体、协会等专业合作组织，深入产业链各环节开展创业和服务。四是选择部分地区进行试点，支持科技型企业、科研院所与龙头企业、农民协会、农村专业合作社等组成科技特派员创业产业技术联盟，鼓励有条件的地方建立科技特派员创业培训基地。

（六）加大政府财政引导投入，建设多元化投融资渠道

农村科技服务体系建设资金需求量大。在国家层面，根据《中华人民共和国农业法》的规定逐年提高财政预算内农业科技投入比重，使拨给农业技术推广部门的事业费的增长幅度不低于财政经常性收入的增长速度；同时，通过多渠道、多方面地建立稳定的投入增长机制，形成多元的投入机制。一是在各级政府设立农村科技服务专项，有步骤有计划地支持和扶助农村科技服务体系建设，制定并落实专门扶持农村科技服务组织的优惠政策，加大财政金融对农村科技服务体系建设的扶持力度，特别是对产业发展有较大影响的公益型农业科技攻关项目应予以足够的资金保障和稳定支持。二是要引导、扶持其他服务组织和机构进行多种形式的配套，如农产品生产基地、龙头企业、各类专业技术协会把增加农业科技服务体系建设投入作为投资方式，在人才、资金、项目以及管理等方面给予积极扶持。三是充分利用风险投资、创业投资、担保、贴息等市场手段，通过银行信贷、社会投资、农民自筹等多渠道，探索金融对农村科技服务体系建设的支撑方式，加强"科""银"结合和社会融资。

下　篇

多元化农村技术服务
体系建设的实践与探索

第七章
农村科技服务超市——江苏省农村科技服务体系创新模式

农村科技服务超市属于区域性农业社会化服务综合平台，是江苏省农村科技服务体系建设的一种创新模式。江苏农村科技服务超市（简称科技超市）围绕农业优势特色产业创新发展，以政府引导、市场运作机制为主导，整合优化全省农业科技服务资源，构建起高效的农村科技服务体系和重要的科技特派员工作平台。科技超市以现代农业科技园区、农业科技型企业、科技型农业专业合作社、农业专业大户和广大农民为服务对象，主要提供科技咨询、技术培训、示范应用、信息查询和农产品信息发布等综合性服务。从而实现加快农业科技新成果转化、示范与应用，解决农业科技成果转化最后一公里的问题，提升现代农业发展水平，并促进农民增收致富。

一、发展历程

1. 科技超市建设背景

江苏农业发展面临传统农业向现代农业转型升级的重要机遇和挑战。江苏是农业大省，农业始终承载着粮食安全、食品安全和生态安全的重大使命。"十一五"期间，江苏省提出发展现代高效农业，在政策、科技和资本助推下，通过各种途径和方式开展农村科技推广和应用，推动科技产业化，使江苏农业的经济增长方式、产业布局与结构、农业组织形态和生产技术形态等发生着深刻变化，促进传统农业向现代农业转型升级，为江苏的农业发展提出了新的更高的要求。

传统农业向现代高效农业转变的新形势，对当前的农业科技服务工作提出了新的挑战。江苏省拥有丰富的农业科技资源，科技创新实力雄厚。但总的来说，全省农村科技服务工作仍然处于薄弱环节，农业科技成果转化效率不高、应用规模不大，存在科技资源的供给与需求脱节的矛盾。单一的政府导向型农村科技服务体系，越来越难以适应现代农业发展和广大农民致富的需要，急需探索建立一种新型的农村科技服务体系，打造高效的服务"三农"的农村科技服务平台。

2. 科技超市建设进程

江苏省科技厅为加快构建新型农村科技服务体系，着力提升科技服务"三农"的水平，于2008年开始组织部分省辖市、县开展科技服务模式的创新——江苏农村科技服务超市，建立符合江苏农业规模化发展和现代农业建设的科技服务有效模式。2010年，"江苏农村科技服务超市"建设工作全面启动。科技超市以科技为手段，以产业为重点，建设先期以设施蔬菜、特色畜禽、特种水产、经济林果、意杨及深加工、大宗农作物等六大科技特色产业为服务重点。

2010年7月，围绕全省六个产业领域，经地方科技主管部门推荐和省科技厅审定后，确认了首批"江苏农村科技服务超市"14家分店和30家便利店。同时，组建了由189名科研院所、高校专家构成的省级科技服务团，大力开展科技指导与咨询、成果转化与示范、基层创新与创业等科技服务活动，以发挥模范带头服务作用。2010年12月，确认了第二批"江苏农村科技服务超市"53家分店和117家便利店。

截至2012年年底，江苏已建科技服务超市215家，遍及全省13个省辖市，涉及家禽、果蔬、水产、花卉、蚕桑等农副产品的种养、生产和加工，形成了一支2000多人的驻店科技特派员队伍，已转化应用新成果593项，组织咨询培训活动3300多场次，服务农民200多万人。随着店面数量不断增加，科技超市将逐渐扩大服务的科技特色产业数量，提高对产业的贡献额。

二、体系构成

科技超市借鉴现代商品超市的理念，将品种、技术、成果信息等科技要素整合到科技超市平台，构建总店、分店和便利店三级科技超市服务体系。每个科技超市都以有店面、有队伍、有网络、有基地、有成果、有品牌等"六有"标准为主要建设模式，通过科技超市实体店面、网站搭建科技服务平台；联合行业专家与科技特派员组织专业性强的科技服务团队；通过科技示范基地建设，进行技术示范，加快成果转化。

1. 科技服务平台

科技超市店面是直接面向广大农户提供科技服务的平台，分为总店、分店和便利店，形成三级服务网络体系；同时，每个店面都建立起相应层次的网站、电子报刊等信息服务平台，提供及时便捷的在线服务。省级建总店，负责全省科技超市的总体策划、标准制定、组织协调和运行管理，以及对科技超市发展模式和可持续发展机制的研究等；县（市、区）围绕农业科技特色产业设分店，负责辖区内农业科技新成果与新技术的试验示范推广、下属便利店的规划建设；根据服务的产业规模，分店下设若干便利店，提供咨询、培训等日常科技服务。

（1）江苏农村科技服务超市总店。总店是科技服务超市网络体系建设的核心，是整合全省农业科技服务资源和开展各类公益服务的综合性服务平台，主要由省科技厅统筹负责与指导，省生产力促进中心和省农科院具体承建。总店负责制订和组织实施全省科技超市三级网络建设的总体规划、运行管理、检查考核和年度工作计划。总店以分店、便利店、种养殖大户及涉农高校院所为服务对象，主要提供成果推介对接服务、农业信息服务、专家咨询服务、农资新产品推介服务、农产品销售服务和人员培训交流服务。在网络服务方面，目前主要通过建设"江苏农村科技服务超市"和"江苏省科技特派员网"、发行《江苏农村科技服务超市网刊》以及在线咨询栏目等，来提供科技信息服务，提升科技超市信息化服务的能力。

总店占地 5000 平方米，主要设立了农业科技新成果展示区、农资科技新产品展区、优质品牌农产品展示交易区、农机展区、专家咨询办公区、培训区等 6 个功能区。其中，农业科技新成果展示区占地 1500 平方米，设序区、主要粮食作物、设施蔬菜、特色畜禽、特种水产等 8 个展示区，展示农业新品种、新技术、新工艺和新模式等；农资科技新产品展示区 400 平方米，围绕江苏省 8 大农业特色产业，集中展示成熟度高、实用性强的农资科技新产品信息、实物展品等，为农业生产所需的农资产品提供全程信息服务；优质品牌农产品展示交易区，集中展示全省农村科技超市分店、便利店生产的优质品牌农产品，还将逐步通过提供网上产品销售信息，开展订单服务和网上销售，促进分店与便利店名特优农产品的产销合作与对接；农机展区，主要展示江苏省"十一五"以来农机领域最新实用的机械设备；专家咨询办公区，设有农技专家远程诊断系统，利用远程通信技术和计算机多媒体技术对远距离用户提出的问题进行实时解答；培训区设有总店、分店视频会议系统，用于总店与分店、分店和分店之间召开视频会议，以及总店开展小规模农技人员培训等，实现实时视频交互。

（2）江苏农村科技服务超市分店。科技超市分店主要依托县（市、区）生产力促进中心和农业科技型企业、农业科技园区、龙头企业等为载体，分店建筑面积建设标准在 600 平方米以上，主要设成果展示区、成果交易区、技术咨询区、信息发布区、培训区、科技特派员工作站等。每个分店围绕当地 1~2 个科技特色产业建设，并充分利用市场机制健全功能，实现高效运营。

以江苏农村科技服务超市灌云分店为例。灌云分店在省科技厅、市科技局的指导和县委、县政府的大力支持下，由科学技术局牵头，江苏兴云集团负责具体承建。超市先后投入 1600 万元，目前已建成店面

1296平方米，包括科技超市特派员工作站、兴云职业技能培训学校等服务中心。已发展便利店11家，直营店3家。灌云分店以良种苗繁育为产业带动切入点，通过培育高质、高产、高效、高抗的良种苗，促进县内蔬菜种苗业发展，破解县域设施蔬菜种苗供给难题，推动灌云县设施蔬菜产业发展。其次是发展特色养鹅产业，实现特种养殖效益，形成从种苗、养殖、加工、肥肝、销售为一体的鹅产业链。在网络建设上，已建立兴云生态农业网和中国现代农业网，并接通省农科院、南京农业大学、科技超市总店等多个网络，并通过网络咨询、视频解难、远程教育等形式，及时快捷地推广新技术、新成果。

（3）江苏农村科技服务超市便利店。便利店一般建在现代农业科技园、农业科技型企业、科技型农业专业合作社、协会、示范园区（基地）、龙头企业、农业服务经营大户等。便利店营业面积建设标准在30平方米以上，设成果展示台、技术咨询台、信息发布台、技术宣传栏等。

以江苏农村科技服务超市伊山便利店为例。伊山便利店依托江苏农村科技服务超市灌云分店和灌云县王圩西瓜合作社建立。便利店主要提供农业科技信息、市场信息、农资供应等日常服务。便利店与科技人员、农户建立紧密的利益联结机制。农户在便利店购买正规厂家生产的质优价廉的农资产品，学习丰富、最新的科技知识和市场信息，并进行产品的交易和处理；科技人员则通过增强服务意识和能力来扩大便利店的影响力，吸引农户，促使便利店实现赢利。

2. 科技服务队伍

科技服务队伍是科技超市开展科技服务的核心力量。科技超市整合涉农科研院校的科技人才资源，以总店、分店、便利店为基础建立起三级科技服务团队。科技特派员也纳入科技服务超市专家遴选范围，发挥科技特派员科技创新创业与服务的作用，成为科技超市服务的重要力量。超市店面工作人员直接与服务对象接触，也构成科技服务队伍的一部分。各层级的科技服务团相互协调配合，形成有效的科技服务专家体系，结合时令节气的变化以及特殊、重大问题的解决，集中下乡，实地开展内容丰富、形式多样的活动，为产业发展提供服务。

科技超市总店以省级农业高校院所为主体，遴选既有技术水平又有实践经验的专家，组建若干个省级的高层次专家服务团。先期围绕设施蔬菜、特色畜禽、特种水产、经济林果、意杨及深加工、大宗农作物等六大产业组成了189人的总店专家服务团，主要来自南京农业大学、江苏省农科院、南京林业大学等，全部具备副高级职称，在各自专业领域都取得了相当的成果数量，有利于解决产业发展的疑难问题和突发的重大问题（见表7-1）。

表7-1 江苏农村科技服务超市省级专家服务团专业分布情况

专业领域	大宗农作物	经济林果	设施蔬菜	畜禽养殖	水产养殖	意杨及深加工	综合技术
专家数量（人）	28	28	32	33	33	26	9

数据来源：苏科农〔2010〕204号《关于选聘"江苏农村科技服务超市"省级科技服务团专家的通知》。

分店结合本地特色产业，在当地涉农高校院所和科技型企业、乡土专家中遴选具有一定服务经验和技术专长的科技人员（科技特派员）组成科技服务队，规模40人左右，承担日常的科技咨询与技术服务。例如，灌云分店聘请专业领域的高层次专家31人组成科技服务队，并与中国农科院、江苏省农科院、扬大、山东寿光农业网对接，采用田头指导、视频解难、现场和远程培训教育等无偿服务方式，解决农民生产过程中的问题。便利店根据自身基础和实际需要，组建专家服务组。目前已遴选了750名专家作为分店和便利店专家服务团的成员。

3. 科技基地建设

农业科技新成果的示范和转化主要是通过科技超市的基地建设实现

的。农业科技新成果的推广应用是加快农业产业发展和农民增收的主要手段。成果是超市收集的适宜推广与交易的先进实用的农业新品种、新技术、新产品。基地是进行新品种、新技术、新产品展示与试验示范的场所，是农村科技服务超市得以生存的重要物质基础。科技新成果首先由专家队伍在基地进行试验示范筛选后，才在当地进行推广，不断满足用户需求，满足产业化经营的需求。基地对科技成果的展示和示范作用，真正使得科技成果看得见、摸得着，还可以引导农户需求，实现科技成果的价值转化。总店、分店和有条件的便利店分别建立不同规模和功能的基地，以进行科技新成果的展示与试验示范，并促进推广。

总店结合国家、省级农业科技园，将省农科院溧水植物基地、六合动物基地、省家禽所江都家禽基地、省淡水所溧水水产基地作为示范基地，建设 4000 亩规模的农业科技技术成果综合性示范基地。在科技超市示范基地发展较成熟时，总店将协调分店、便利店开展农业新品种、新型肥料、生态友好型农药、饲料、高效农机具等新产品的应用推广，提升江苏农业优势特色产业的生产水平和效率。

分店结合自身产业发展需求，建设不少于 1 万平方米的科技超市示范基地。基地建设做到标准较高、设施较先进、功能相对齐全，能够有效展示新技术、新成果，能够开展新品种、新技术在当地适应性的研究。例如，灌云分店建成现代农业示范基地 1500 亩，带动五个乡镇 1.1 万亩，培育 24 个种养基地、31 名种养大户，带动 150 个示范大户，服务基地面积超过了 5 万亩。灌云分店与南农大、省农科院、扬州农大合作，培育适应本地区需要的高产、优质种苗，并通过良种推广、技术嫁接和提供肥、药、机械配套服务等，促进新技术成果的转化。有条件的便利店也建立一定规模的示范基地。

三、运行机制

科技超市积极探索特色明显、长效稳定的农村科技服务新机制。通过整合农业科技资源投入，运用新型的服务模式，构建长效的运作机制，为当地产业发展、促进农业持续创新和农民致富提供有效的科技服务支撑。科技超市坚持政府引导与市场机制相结合，在建设期由政府牵头，在超市经营管理中强化市场机制运作，以实现自我发展。在服务方式上坚持信息流与技术流相结合、网络服务与专家服务相结合、日常服务与专题服务相结合，开展多形式多层次的综合科技服务。在激励机制上，建立紧密的利益联结机制和严格的考核制度，以鼓励增加投入和促进超市发展。

1. 投入机制

科技超市的运行需要资金、人力、物质和信息等投入要素。其中，资金投入是科技超市完成建设和顺利运行的基本保障，也直接决定着物质资源的供应。科技服务队伍等人力资源则是超市的技术和信息来源，是超市发挥作用的关键力量。

（1）资金投入

科技超市在建设和经营中的资金投入理念是以政府资金为引导、企业资金为主体。在投资模式上，采取政府支持与吸引民间投资相结合，资本投资与技术投资相结合，并支持和鼓励个人、企业、科技人员等把各类技术、资本等以投资或入股方式参与农业经营性服务和产业开发。政府主要采取考核奖励与后补助等方式支持科技超市的建设与发展。江苏省科技厅在科技超市相关科技计划中给予立项支持，并加大对科技超市建设、运行与考核奖励支持力度；各市县（区）科技局也根据实际安排专门经费，引导支持分店与便利店的建设与发展。科技超市以政府资金为引导，使企业成为建设分店、便利店的投入主体，并逐步吸引社会资金的投入，强调投资的多元化和投入机制的灵活性。

科技超市总店依托省生产力促进中心和省农科院建设，工作经费以政府支持为主。分店一般都是在当时县（市、区）科技局的支持下，依托生产力促进中心和农业科技型企业、农业科技园区、龙头企业等进行具体建设，其工作经费前期自筹，后期根据绩效考核给予奖励补助。便利店则主要是依托分店和现代农业科技园、农业科技型企业、科技型农业专业合作社、协会、示范园区（基地）、龙头企业、农业服务经营大户等载体进行建设，以自主性经营为主，通过开展日常的科技服务、经营农资等获得合理利润来维持正常的经营和发展。

（2）人力资源投入

科技超市的人力资源包括了专家队伍、科技特派员和店面配备的工作人员。科技超市建设中有效整合全省科技人才信息资源，通过政府引导汇集了省内外最新的优秀科技成果和人才资源，前期围绕江苏省六大特色产业组建了近190人的科技超市专家服务团，收集了近800项先进技术成果，囊括产前、产中到产后的各生产环节。科技超市也是科技特派员创新创业的新载体。各分店建立科技特派员工作站，建立科技特派员工作队伍，通过自身技术优势带动农民创业。超市的工作人员，负责与服务对象进行直接接触。服务态度和职业素质都影响着科技服务的质量和超市的整体形象，是技术传播的重要媒介。各超市配备与店面规模相适应的具备一定科技素质的工作人员。

2. 科技服务机制

科技超市提供科技咨询、技术培训、新成果、新技术、新产品示范应用、信息查询、农产品信息发布等基本服务，并围绕区域主导产业提供特色服务。超市的服务对象，不再仅仅是单家独户的农民，而主要是农业科技型企业、农民专业合作组织、农业科技园区和农业大户等。

（1）基本服务内容和方式

科技咨询服务。农民通过科技超市分店、便利店和"江苏农村科技服务超市"网站、12396服务热线等方式将生产过程中遇到的问题及时向科技超市工作人员进行反映。便利店店员直接对来电、来访农民给予指导，解答农民咨询的技术问题，或者直接到现场指导；通过江苏农村科技服务超市网或12396服务电话向科技服务超市分店或总店的专家求助，寻求解决问题的方案。

技术培训服务。科技超市总店、分店或便利店组织专家针对农民所提问题或技术需求，采用课堂讲座、现场讲解等方式开展技术培训，推广先进实用的农业技术。分店、便利店适时开展科普宣传活动，普及有关专业知识，指导农民登录"江苏农村科技服务超市"网站开展远程培训，查询科技信息、市场信息和发布供求等各类信息。

新成果、新技术、新产品示范应用服务。及时将农业生产新成果、新技术、新产品在"江苏农村科技服务超市"网站上发布，为农民提供农业新品种、新型肥料、生态友好型农药、饲料、高效农机具等新产品的应用推广服务。

信息查询服务。科技超市分店、便利店店员将掌握的新技术信息、市场信息，采取分店电子显示屏、便利店宣传栏、信息简报等方式，在所辖服务范围内把相关信息发布给农民，指导农民进行合理安排，科学组织生产。

农产品信息发布服务。科技超市分店把本地区主要推广的农业品种、预期产量、上市时间、价格走势等情况进行统计，及时在网上进行发布。农民也可以通过"江苏农村科技服务超市"网站向分店或总店发布自己的产品信息，解决农民产后的销售问题。

开展"科技超市万村行"活动。大力开展"送科技下乡、促农民增收"活动，各级科技超市组织内容丰富、形式多样的"科技超市万村行"活动，开展针对性的咨询、培训等，切实帮助解决产业发展中的关键技术问题。同时，总店要适时开展科技超市运行与发展的经验总结与交流活动，不断提升服务成效。

（2）特色化运行模式

科技超市分店和便利店通常是围绕当地的农业优势特色产业服务。根据产业特色和规模，超市创新运行机制，建立起适应区域产业发展的高效运行模式。相关或类似产业发展借鉴这些较成功的发展模式，并不断创新，建立起适应性更强、更具特色化的运行模式。

"市场＋科技超市（企业）＋基地带动农民"运作模式。坚持以市场需求为导向，以农业产业化龙头企业为经营主体，以生产基地带动农民共同参与。科技超市（企业）通过合作社桥梁分产业把农户组织起来，并对市场、技术、信息、资金、资源等进行整合。首先，根据市场需要，科技超市通过基地组织农户生产，把农民的小生产带入大市场。然后，科技超市（企业）再用从流通加工环节获得的利润中拿出部分反哺给农民投入基地生产，提升基地产品的质量、产量和附加值，使农民不仅从种、养环节获益，还可分享流通、加工环节的利润，形成风险共担、利益共享的经济联合体。这种模式有利于提高农村科技服务的效率和实际效果，搭起科技与企业、农民相连接的桥梁。

提供"三服"、打造"三流"同台运作服务模式。为从事现代农业的农民提供"三服"，即服务产前、科学发展，服务产中、提高效率，服务产后、提高效益。"三流"，一是生产资料供应流，通过农业生产资料供应，超市产生效益；二是科技成果推广流，提供无偿科技服务，解决农民生产问题；三是优质产品销售流，帮助农产品产销顺利衔接，实现农业生产效益。通过产前、产中和产后服务，实现农业生产从田头到餐桌的全程系统产业化。

沐阳分店花卉苗木产业"龙头企业＋基地＋工程＋农户"服务模式。沐阳分店建设以沐阳县苏北花卉有限公司为主体，以南京林业大学、沐阳县苏北花木协会为依托，服务的重点是以花卉苗木产业为重点的高效农业产业。主要为沐阳县花卉苗木特色产业提供专业技术指导与咨询，为花木种植企业、农户在花卉苗木种植过程中遇到的技术难题提供权威的、专业的解答。沐阳分店发挥龙头企业带动作用，建立"龙头企业＋基地＋工程＋农户"的科技服务模式。通过对花卉苗木新品种引进、繁育、推广，改变沐阳花木产业品种陈旧、种植方法老套等现状，使得沐阳特色产业能够健康、稳定、快速发展。

射阳分店菊花产业"六个一"科技服务模式。射阳分店依托江苏天马菊花制品有限公司建设，公司是中国菊花之乡射阳县洋马镇最大的菊花种植、收购、加工、销售一体化的农业产业化龙头企业。根据菊花产业的特点，射阳分店和便利店在组织科技服务中，建立了"六个一"的科技服务模式。"六个一"的具体内容为：一份保护价种植、收购订单合同；一份农家致富科普资料，基地农户每户一册；一份菊花种植、管理、加工技术培训资料；一份科技处方，专家对症开方；一套科技技术展板，常年在基地展示；一块电子显示屏，根据菊花生长、管理需求更换播放信息内容。

灌南分店意杨种植及加工产业链全程服务模式。灌南分店以江苏省农业科技型企业连云港南方木业有限公司为建设载体建立，以意杨种植及板材加工为服务特色产业。超市运行中坚持以公益性、非营利、不增加农民负担为原则，开展产业创新服务与产业链全程服务。整合灌南木业城数百家板材加工企业的技术、人才资源，整体提升板材加工产业发展；与南京林业大学、中国林科院有机结合，依靠依托单位的先进检测设备，无偿为中小板材加工企业提供产品检测服务；在拉动板材加工业发展的同时，带动树农种植杨树的积极性，使产业进入"板材加工不乏原料，意杨种植不乏市场"的良性循环。

3. 激励机制

（1）利益联结机制

与农民的利益联结机制。科技超市基本的服务方式，主要是推广新成果、开展农民技术培训、提供农资服务等，解决农民生产过程中最关心、最现实的问题，强化农民科技使用意识。在此基础上，增强科技超市（或企业等）与农民利益联结紧密度的方式主要有：签订收购订单，统一产品销售；与农民分享加工、流通利润，提高农民生产收益；创办农民创业园，更新农民生产经营理念等。

与科技人员的利益联结机制。一方面，通过科技超市，可以促进科研单位的技术成果得到推广和转化；另一方面，科技超市的技术专家提供的技术、市场信息等构成超市的无形商品。部分科技超市采取技术入股的形式，涉农单位和个人以具有自主知识产权的技术入股、参股，与农村科技服务建立紧密的合作关系。

（2）考核和奖惩制度

科技超市的考核按照公开公正原则、形式与实效并济原则、优胜劣汰原则开展。省科技厅负责科技服务超市考核管理，制定考核办法，开展科技服务超市自查和年度检查工作。各市（县、区）科技局负责对所辖区内超市分店、便利店的日常管理和监督。考核采取定期检查与年度考评相结合、定量与定性考核相结合的方式进行。省科技厅和相关管理部门定期对分店、便利店考核，进行优、合格、基本合格、不合格四级定性评价。考核结果作为省科技厅相关科技计划支持的重要依据。考核优秀者，给予表彰奖励，相关科技计划优先考虑支持；考核基本合格者，指出问题、限期整改，再次考核仍为基本合格者，予以摘牌，不再允许建设；考核不合格者，直接摘牌，不再允许建设。对存在重大问题或经销假冒伪劣产品者，一经发现，直接摘牌，对已获相关省级科技计划支持的科技服务超市，按照科技计划项目相关管理办法处理。

四、优势特点

农村科技服务超市是江苏省结合全省农业基础和现代农业发展需求，在农村科技服务建设中进行的创新实践。科技超市在基本功能上集农资经销、科技推广和咨询服务于一体，在资源利用、经营理念和服务方式等方面具备较多优势特点，能缓解现存基层农技推广体系的不足，提高江苏省的农业科技服务能力。首先，以科技超市为平台，凝聚和整合全省农业科技资源，发挥合力作用。其次，在服务方式上注重覆盖全面的链式服务与突出特色重点环节服务相结合，强化发展区域产业优势。最后，在发挥政府引导作用的同时，积极探索市场化运作机制，促进农业科技公益性服务与经营性服务相结合，建立起农村科技服务稳定长效机制，实现可持续性发展。

1. 以超市为平台聚集和整合农业科技要素

江苏省的农村科技服务体系主要存在成果供求失衡、科技资源分散浪费、创新高新技术成果不能快速满足现代农业发展需要的问题。针对农业科技服务和活动资源相对分散的现状，通过科技超市建设，把高校和科研机构的技术要素、资源要素和社会团体的服务功能集成起来，将各种多元化服务形式和各自分散的服务活动聚集到一个平台上。切实将江苏省各级各类农村科技服务资源优化整合到科技超市服务平台上，并统筹科技成果技术转化、转移、咨询、培训、12396信息服务等各类科技活动。突出重点，集中优势资源，为产业创新发展服务，大力提高农村科技服务的效率和实际效果。

汇集省内外适用科技成果应用，服务于"三农"。科技超市总店征集省内外涉农高校院所成果，经专家遴选及试验示范，形成适应当地农业环境的成熟、适用技术成果；向分店、便利店提供农业科技新成果现场查询和网上查询服务，并面向省内外涉农高校院所，提供最新成果推介发布服务。总店还设立新成果展示区，目前主要展示农业新品种194个、新技术80项、新工艺61个和新模式44个，并建立农村科技超市的视频系统，可以实现超市间实时互动和交流。

整合科技队伍资源，提供专业服务。整合总店、分店、便利店上到专家教授，中到乡、镇、企的技术土专家，下到基地种植、养殖示范大户的科技队伍资源。组建不同层次的科技服务团队，针对各地特色产业及各层次的服务对象，提供专业化的农业技术服务，推动农业产业升级。

2. 围绕区域主导产业提供全产业链的综合服务

围绕区域主导产业开展有针对性的技术服务。科技超市根据我国农业生产的地域性强的特点，坚持因地制宜、以点带面，选择1~2个特色产业作为区域主导产业。每个科技超市分店都是围绕当地区域主导特色产业提供服务，利于提高服务的专业化程度，突出产业优势。如溧水经济林果产业分店主要依托省级重点傅家边农业科技园的特色经济林果产业资源优势，服务于地方特色经济林果产业；沭阳分店主要为花卉苗木特色产业提供专业技术服务，解决花木种植企业、农户花卉苗木种植的技术难题；东台桑蚕分店集蚕桑技术服务与蚕桑专用物资服务于一体，围绕蚕桑特色产业，大力推广新品种、新技术，构建全新的高效蚕桑生产科技示范园。在特定的主导特色产业上积累技术、经验和市场，提高农业经营的集约化、专业化和组织化程度，有利于打造高端农产品，拓展农产品市场，提高价格，从而实现农业经营的比较效益。

提供覆盖全产业链各环节的综合服务。立足地方主导产业，科技超市提供覆盖产前、产中、产后的综合服务，并注重科技成果转化服务的链式服务与重点环节相结合，突出产业优势。科技超市秉承服务贯彻全产业链的理念，集农业生产资料供应、种苗繁育、高效种养示范、农产品销售、流通网络建设为一体，提供从田头到餐桌的全程服务。首先，服务产前，提供生产资料供应。超市供应优质、高抗、高产的良种苗，提供免费的配套培训和相关技术服务，并一定程度上带动配套肥料和农药的销售。其次，服务产中，提供无偿的科技成果推广服务。超市将省科技专家、县农业科技人员与种养基地、种养大户有效对接，通过土洋结合的专家队伍，将现场解难和网络解难相结合，在解决生产过程实际问题的同时，也培育出一批懂技术的现代农民。最后，服务产后，促进农产品销售。通过中介组织、网络销售等方式，集中对接基地与农贸市场、超市等消费对象，以规模和品牌确保优质优价，使基地农户获得较高的比较收益。

3. 以市场机制为核心创新科技服务方式

科技超市坚持在政府的引导下、以市场机制为主体的建设理念。政府的高度重视和前期引导是科技超市顺利发展的前提。政府在建设规划、发展模式、规范标准等方面提供宏观性的指导、布局，并给予一定的资金支撑和出台相应的扶持政策，为科技超市发展提供良好的政治环境。在科技超市店面、基地建设和经营管理方面，则主要以农业龙头企业等为经营主体，按照市场机制运作。在强化公益性服务的同时，放开市场化经营，以服务带经营，以经营促服务。

（1）以企业等为主体建设，重视自我经营和发展

科技超市的建设，重点与农业科技型企业、现代农业科技园、科技型农业专业合作社等经营性实体相结合。便利店建在乡镇的农民经济合作组织、协会、示范园区（基地）、龙头企业等，为当地特色产业提供全天候直接的科技服务。通过前期的试点，各地已经探索了一些成功的建设模式，如灌云形成了以现代农业科技园＋龙头企业＋生产力促进中心为载体的分店建设模式，东台形成了以农业科技型企业为载体的分店建设模式，灌南花园镇形成了以专业合作社为载体的便利店建设模式。

科技超市以在发展农业和致富农民过程中发展自我为经营宗旨，通过合法经营和提高科技服务规模与水平，得到生存与发展。超市通过积极为群众提供优质价廉且科技含量高的种苗和农业生产资料、免费的技术服务和技术解难、统一品牌并接通销售渠道等服务，促进农业的增产增效，带动农民致富。而且，超市还能得到农民群众的充分认可，增强品牌影响力，拓宽服务市场，从而推动超市自身的发展壮大。

（2）商品化农业科技成果，提高科技转化服务的效率

目前我国的农业技术传播，主要是通过政府农业技术推广站、专家大院、科技特派员服务站等，为农业生产提供日常技术指导，以及各个部委、科协等社会组织都通过自己的渠道定期或不定期地开展农业技术下乡服务或培训活动。农村技术供给整体上缺乏持续、稳定的渠道和载体。科技超市则直接在农村进行展示、示范，推广农业新品种、新技术、新产品和开展各类科技服务，整合了目前传播方式中既有的专家、资源、科技成果、信息、技术等无形的科技要素。将超市作为科技植入

农村的物化载体，使农业科技成果成为可看能及的商品，提高农民等使用对象对科技的认知度与接受度，从而加快科技成果转化应用与新技术新产品的示范推广。同时，将科技服务以超市的形式链接到生产一线，以连锁经营的业态践行科技服务农村建设与发展，从而解决农业科技成果与农民面对面最后一公里的问题，形成新成果快速推广并形成生产力的通道，并建立起相对稳定和长效的技术服务机制。

（3）统一生产销售，提高农业经济效益

科技超市立足于当地的产业基础，实行统一进货渠道、统一购销价格、统一发布信息、统一配送农资。首先，超市引进和推广适应当地的良种苗，提供高质量的种子、肥料、农药、农机等相关生产资料，并免费提供相应的培训和技术指导，保证生产资料的质量。然后，在农产品销售上，通过科技服务超市组织基地内优质的农产品批量销售给消费者，并组织农贸、农超和农校对接，建立农产品产销衔接机制。与农贸市场联动，通过中介组织、网络销售的方式，对接南京、上海及寿光等大市场；通过签订订单实现基地直销超市，减少农产品流通中间环节；对接当地高校，建设适用于各高校定向需要的长期供应农产品生产基地。通过大规模统一进货、统一价格等提高农产品在市场中议价能力，解决农产品小规模生产中所无法克服的产品质量不高、连续供给能力弱以及整批发运供给量不足等诸多问题。从而实现"品种高质、产品高价、市场高效"，提高农业生产的经济效益，力求将农业培育成具有比较收益的产业。

（4）培育品牌优势，增强超市影响力

科技超市品牌建设，是实现科技超市在市场经济条件下长效运行机制的重要措施。市场品牌的建设将使得农民相信科技超市，能够有效识别科技超市和其他经营者的差异，成为忠诚的消费者。科技超市通过实行形象、经营模式、服务规范等统一，树立科技超市服务特色。以创建国内一流的科技服务品牌为目标，建立完善总店、分店、便利店三级一体化建设与运行模式；开展店面设计、店牌标记、店员服饰、服务规范的四统一，提升店面的形象。通过建立有效的管理体制，对科技服务产品和服务内容实行全程化监管和跟踪服务，保证服务质量，有效防止假冒伪劣和坑农害农行为。以科技入户为目标，将科技产品和科技服务直接面向基层，最大限度地为广大农民和农业企业用户提供超级便利。科技服务与科技示范、科技培训等辅助性服务相结合，服务到位，使农民对新技术易于接受，并坚持对产业创新的系统服务，不断扩大科技超市的品牌影响力。

4. 注重科技服务的公益性与可持续性发展

围绕政府政策引导，发挥公益性科技服务职能。科技超市是农业社会化服务组织的一种形式，主要提供农业科技服务，具有一定的公益性和非营利性，承担着为农业科技园、龙头企业、农民专业合作社和农户等农业科技使用对象提供公益性服务的责任。基本服务内容包括科技咨询、技术培训、新技术成果示范应用、信息查询和发布等。在此基础上，科技超市根据区域特色产业需要，提供特色服务，包括种苗繁育、农资供应、农业生产经营管理、组织销售等。

与完善的市场运营机制有机结合，形成可持续发展的业务模式。科技超市重视可持续发展体制机制研究，重点开展科技超市市场化运行机制，科技服务与经费保障平衡机制，考评与奖励机制，新成果转化与新技术、新产品应用机制，总店、分店和便利店协调与沟通机制，非营利组织运行机制等研究，为科技超市的健康可持续发展提供科学的依据。在实践中，科技超市注重利用市场化运作手段，实现自我经营和发展。

五、发展方向

科技超市是江苏农村科技服务体系建设的新抓手，具有引领示范作用，得到政府高度重视和大力支持。针对江苏农村科技服务超市运行中存在的问题，结合现代高效农业发展要求，将进一步扩大发展，完善运行机制，并建立高效的信息反馈和服务评价机制，了解科技服务的真实效果，促进不断改革完善，提高服务效率。

1. 逐步扩大科技超市覆盖范围

科技超市建设是一项系统工程。为扩大科技服务效果，科技超市的数量和服务内容都将逐步增大。在充分调研、试点积累经验的基础上，结合实际，开展顶层设计，制定科学的发展规划，提出具体实施计划，在优势特色产业领域和具备条件的地区先行试点建设科技超市，以点带面、分步推进，逐步完成农业领域和区域布局的全覆盖。

科技超市的建设目标是：到 2015 年基本形成覆盖全省的三级科技超市服务网络，服务农民达到 60%。先期以设施蔬菜、特色畜禽、特种水产、经济林果、意杨及深加工、大宗农作物等六大科技特色产业为服务重点。到 2015 年服务科技特色产业数量达到 30 个，对产业的贡献额每年增加 10%。到 2015 年，实现累计发布各类农业新成果、新技术1 万项，促成转化新成果、新技术 3000 项，提供各类农业信息 20 万条，培训农民 1000 万人次，带动大户 1 万户，农民累计增收 100 亿元。

2. 积极促进超市运行与市场机制结合，增强经营活力

（1）加强超市连锁经营市场管理机制，发挥其模式优势

科技超市通过统一店名、店面设计，统一宣传信息，统一建设标准和服务规范等，把分散的经营主体组织起来，实现了规模优势。并通过统一管理，统一进货渠道，直接定向供应等建立了一定的消费信任。然而存在的问题在于科技超市间的联系不够紧密，难以形成更规范和完善的连锁经营模式。连锁经营是一种紧密的组织形式，组织内部要形成一系列严格完备的制度规范各种行为和关系，以保障组织高效运转。超市可主要通过对经营管理模式的贯彻和对信息流的把握，实现对连锁经营的管理控制。

首先，加强超市连锁经营管理标准化、模式化管理。科技超市总店、分店和便利店进一步共享农业科技资源与能力，充分利用超市设立的视频系统保证店与店之间能便捷及时地进行实时沟通。严格规范经营管理过程中的工作程序，包括员工培训、员工工作安排、职责、服务标准、市场营销、突发事件处理等。形成标准化的日常经营工作模式，能够在店之间进行复制。其次，充分把握并利用信息流。随着科技超市数量逐步增多，分店和便利店会日趋分散。面对散处各地的超市分店和便利店，总店要保证实时地共享信息，实施"零距离"管理，实现对所有业务环节的实时监控，并对这些方面所涉信息予以实时记录和深度分析，发挥整体大于简单局部之和的连锁经营优势。

（2）引入市场竞争机制，促进超市优化发展

竞争机制是市场机制的内容之一，是商品经济活动中优胜劣汰的手段和方法，是商品经济最重要的经济机制。市场竞争的内在动因在于各个经济行为主体自身的物质利益驱动，以及为自己的物质利益被市场中同类经济行为主体所排挤的担心。农村科技服务超市把分店、便利店等依托农业龙头企业等市场主体建设，鼓励分店和便利店之间进行市场竞争，采取优胜劣汰竞争机制，促使超市改进技术，改善经营管理，提高劳动生产率；根据市场需求组织和安排生产经营活动，使其与服务对象的需求相适应，从而切实达到为"三农"提供强有力科技支撑的目的。

3. 完善科技转化服务评价和反馈机制，促进服务质量提高

建立科技服务的效益评价机制，落实服务效果。农村科技服务是一项社会公益性活动，其产出效益兼具社会、经济和生态效益，涉及灵活多样的科技服务活动，以及具体项目的组织实施。因此，对科技超市服务效益进行评价，需要在实践的基础上建立针对不同层级、不同科技服务活动形式的、多因素的评价指标体系，包括评价的形式、内容、方法、指标和标准。评价依据应主要来自于科技服务的使用对象，考察服务对象受益得惠的程度高低和切身的感受。通过定期开展问卷调查，建立科技服务定点跟踪追溯系统信息档案，对服务质量、服务成效进行随访调查，获取反馈信息，或不定期组织第三方社会咨询机构和民间组织

对科技服务的运作效益开展专题调查，进行评估，为评价服务成效提供依据。

完善信息反馈机制，督促超市提高服务质量。为适应现代高效农业的发展需求，科技超市的运营需要现代科学管理的支持。而管理是否有效，其关键在于管理信息系统是否完善，信息反馈是否灵敏正确、有力。首先，要通过信息收集，及时发现实际运行的服务内容、程序和效果与计划目的之间的矛盾。其次，通过组建专门的科技服务团队建立起高效能的分析系统，以过滤和加工收集的各种消息和数据等，分析出关键问题和核心环节。最后，分析整理后得到的关键信息要转化为行动，修正原来的运作问题，使之更符合实际情况，以期达到预期目的。科技超市分店与便利店直接与服务对象接触，有利于及时了解服务对象的需求，获得其对科技服务的反馈信息。科技超市总店、分店、便利店、专家、科技管理部门之间也要加强层层反馈，引导科技部门针对用户需求进行新品种、新技术、新产品开发。在此基础上，科技超市重点是要加强对反馈信息的分析研究，然后转化为管理行动，调整工作思路，改进工作方法，促进提高服务质量和科技转化的效果。

第八章
高校农业科技服务模式典型案例分析

一、我国高校农业科技服务推广概况

农业科技创新与推广、农业科技人才培育一直是我国农业类高校承担的重要使命，在农村科技服务中也发挥着重要作用。主要表现为：农业类高校拥有庞大的农业科研教育人才队伍、众多的教学科研基地、健全的农业学科体系，为农业科技创新奠定了扎实的基础，农业高校在农业科技创新中起到了主力军的作用；农业类高校一方面通过高等教育体系直接培养农业创新和人才，另一方面通过各种类型的教育培训方式承担农村科技培训的重任，农业类高校在"三农"人才培养中发挥了关键作用；农业类高校结合自身教学、实践的任务，在农业科技实践中有着明显的技术转化、推广、应用优势，在农业科技推广中积累了丰富的产学研合作经验，这些直接推动了农业科技的应用与扩散；农业类高校利用声誉威望、科研实力等搭建起的农业科技服务平台，既可吸收、整合社会各类资源共同参与农业科技推广，又可依托这一平台实现政府与企业农户、地方与中央、企业与农户等各方的交流沟通，提高了农业科技服务的成效。

高校在开展农村科技服务中，除了具有独特的优势外，还有着自身的内在动因。首先，高校肩负着农业科技创新和人才培养的重任，开展农村科技服务是其重要社会责任之一。国家每年为高校提供大量的财政资金，必然要求其为农村经济社会提供智力支援。其次，开展农村科技服务是高校推进教育科研工作的重要手段。通过开展农村科技服务，高校可以掌握科研成果的成效，提高科研工作的效率。高校在开展农村科技服务中，可以全面了解农村科技需求，把握科研工作的方向。高校开展农村科技服务本身也是将教学科研与生产实践紧密相连。最后，高校在农村科技服务中可以获得良好的经济效益与社会效益。从经济效益上讲，高校通过产学研合作，将最新的科研成果转化为现实生产力，在市场化运作中可以得到一定的经济利益。高校运用教学实践平台开展农村科技创新与推广，缩短了农业科技成果向生产力转变的周期，降低了农业科技创新的成本。从社会效益上讲，高校开展农村科技服务，推动了"三农"的发展，提高了高校的声誉，扩大了高校的影响力。科研成果转化为现实生产力，科研人员的价值得到体现，也是对其的肯定与鼓励。

目前，依托高校开展农村科技服务的形式备受政府重视。在近几年连续出台的中央一号文件中，"支持大中专院校参与农业技术推广"等表述一直贯穿其中。2012 年的中央一号文件明确提出"引导高等院校成为公益性农技推广的重要力量"，2013 年的中央一号文件表述为"支持高等院校、职业院校、科研院所通过建设新农村发展研究院、农业综合服务示范基地等方式，面向农村开展农业技术推广"，对高校参与农村科技服务提出了更加具体、细化的要求。政府对高校的职能定位从聚焦于农业科技创新、农业人才培养，到支持要求高校参与农村科技推广工作，体现了国家重视高校在农村科技供给中的角色与作用。而这一系列政策文件的出台，也为高校开展农村科技服务提供了法律政策依据。从这个角度来看，未来高校将在农村科技服务中扮演更加重要的角色。

从实践中来看，高校开展农村科技服务有着悠久的历史。新中国成立以前，我国的一些农业高校就开展了农业技术推广、农技推广人才培养、农业科技普及等工作；开展各类农村科技服务。新中国成立后，我国逐步建立起完备的农业高等教育学科体系，农业科技推广工作作为农业高校的一项使命也一直延续开展。改革开放之后，高校开展农村科技服务工作蓬勃发展，在形式、内容、手段都有了巨大的变化，形成了许多有效的探索。河北农业大学以山区综合开发为手段的"太行山道路"模式、西北农林科技大学与宝鸡市政府探索形成的"农业专家大院"模式、南京农业大学开展的"科技大篷车"行动、中国农业大学实施的"科技小院"模式等，都是这一时期高校结合各自教学科研实际形成的有效的农村科技服务工作探索与实践。

在这些探索中，"农业专家大院"模式是一个很有特色的探索，对现阶段高校开展农村科技服务产生了重要的影响。温家宝总理曾提到专家大院是科技服务三农的"一个壮举"。2003年科技部将农业专家大院在国家农村科技园区推广。而2013年的中央一号文件明确指出"发展专家大院……，促进农业先进适用技术到田到户"，在对高校参与农村科技服务的这种实践探索给予肯定的同时，更是将其作为一种重要的农业科技服务模式在全国推广。基于此，本部分将对"农业专家大院"模式进行全面的剖析，总结其成功的经验，分析其面临的问题，为新时期高校参与农村科技服务提供有效的启示与借鉴。

二、农业专家大院具体做法

农业专家大院最初是由陕西省宝鸡市政府与西北农林科技大学合作探索建立起来的，后在全国各地轰轰烈烈地展开。通过高校与政府共建的专家大院，将农村科技示范推广直接设置在田间地头，加速了农村科技的供给，是对以往农村科技推广模式的一种创新发展。

1999年，宝鸡市针对当地农业发展缓慢、传统的农技推广难以支撑农村经济发展的现状，决定创新农技推广模式，建设农业科技专家大院，使农户与专家直接"联姻"，充分利用杨凌科技城的人才优势和技术优势，促进当地农村经济的发展。根据当地产业发展需要，宝鸡市从西北农林科技大学聘请了37位专家为农业顾问，投资建立起布尔羊、秦川牛、莎能奶山羊等32所农业科技专家大院。这些专家大院分布在田间地头、龙头企业、星火产业带等农业生产第一线。在专家大院内，政府根据专业特征设立项目实验室、研究所、农技服务站和生活设施，在大院附近建立科技试验田和示范园。专家进了门能进行科研和技术培训，出了门就可以进行现场指导和大田示范。农业科技创新与转化推广在田间地头直接衔接，直接提高了农业科技推广的成效。

在农业专家大院的实施过程中，按照"政府引导、专家指导、企业主导"的原则运行，以"聘一位专家，建一处科技示范园，办一所培训学校，建一处科技示范园，带动一个产业，振兴一方经济"为实施方针。政府建立大院协调领导小组，制定大院建设发展规划，出台了一系列的管理办法①，形成一套完备的管理运行机制。在专家大院这个平台上，农业专家利用专业优势，因地制宜地将其打造成农业科技成果转化平台，促进农业科研、实验、示范培训、推广有机地结合，加快科技向现实生产力的转变。

在运行中，宝鸡的农业专家大院共形成五种有效的运作经营方式（如图8-1所示）。专家大院与企业、农户、农技推广机构、合作社等农业经济主体建立起合作运营关系，通过有偿服务与公益推广相结合，发挥市场机制的作用，取得了良好的成效。如秦川牛专家大院在昝林森教授的技术指导下，在扶风县发展千头肉牛养殖村3个、百头肉牛育肥场14个、养牛专业户2100户，肉牛业年产值达5800万元②。

---

① 宝鸡市人民政府市长姚引良，"创办农业科技专家大院，探索科技兴农新模式"，2003年4月，http://www.most.gov.cn/ztzl/qgxhkjgzh/hyjlcl/200304/t20030422_8130.htm

② 科技部办公厅科技工作情况. 创建农业科技专家大院，提升市县科技服务能力. 2004-10-22。

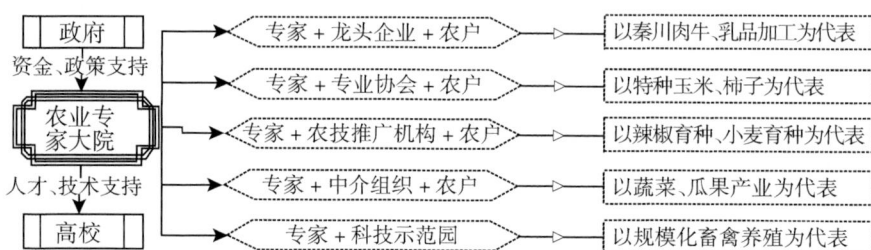

图 8-1 宝鸡市农业科技专家大院典型运行模式

宝鸡的农业专家大院通过创新农村科技服务模式，突出了高校在农村经济发展的科技支撑地位，依托专家大院加强了高校、政府、农户、企业的联系，实现了多方的互利共赢，取得了良好的经济与社会效益。一是创新了农村科技服务模式，加速了科技成果的扩散与推广。二是促进当地经济的发展，有效地将各地的农业资源优势转化为经济优势，促进了农民的增收。三是提升了农村科技文化素质，通过科技培训示范培育造就了一批新型农民。四是拓宽了农业高校的科研教育基地，为高校科研活动搭建起新的平台，增强了高校在农村的影响力。

宝鸡农业专家大院的成功探索对农业科技推广工作产生了重要的影响。科技部在 2003 年将农业科技专家大院列为农村科技服务体系建设的重要模式并在全国推广。各地纷纷借鉴其成功经验，因地制宜地探索适合本地的农业专家大院运行模式，演化出一批富有成效的运作经营形式，如国家农业科技园区农业专家大院形式、农业科技服务流动专家大院形式等。各地的探索与实践也进一步拓宽了农业专家大院的运行方式、类型，丰富了农业专家大院的内涵。

三、农业专家大院模式运行机制

农业专家大院是对传统的农村科技推广模式的创新，实现了科技与农民的高效对接，在实践中形成了特有的运行机制。

第一，创新了管理体制。农业科技专家大院突破了以往的科技管理体制，按照"政府引导，专家指导，企业主导"的原则进行项目管理。在实施中，政府组建起专家大院协调领导小组，制定大院建设发展规划，出台市聘专家管理办法和专家大院管理办法，围绕农业科技专家大院的发展建立制度法律基础，使得政府管理真正服务于农村产业发展。西北农林科技大学则积极与政府合作，探索建立起受聘专家的工作管理机制和激励机制，鼓励更多的科技人才投身专家大院建设中去。

第二，建立起有效的投入参与机制。在农业科技专家大院实施中，宝鸡市政府投资建立起专家大院，并给每个专家大院提供15万元"酵母"资金，给每位专家每年一万的活动经费和交通费。通过市场配置资源，围绕专家大院分布，引导企业参与特色农业产业开发，为农业专家大院发展引入外在支撑。西北农林科技大学组织遴选专家进入专家大院，并将专家大院作为教学实践平台，组织在校学生为农村开展相应的科技服务。这种政府、企业、高校共同参与的形式，保障了专家大院运行中的人力、物力、智力投入，这种投入机制上的多元合作创新，对保障农业专家大院的顺利实施起到了重要的作用。

第三，建立起有效的激励机制。农业专家大院引入了市场机制，鼓励专家通过成果和技术入股、带资入股、利润提成等形式，与大院结成利益共同体。由于大院与专家连心、联责、联利，形成了用利益留人、用感情留人、用事业留人，大院离不开专家，专家舍不得大院的双赢互利局面。专家大院吸引示范区域和产业辐射范围农户，以土地、劳力和资金等资源要素，广泛参与建园、承包或入股，尽力扩张专家大院的产业规模，提高科技企业的市场效益，增加示范区农民收入。农业专家大院真正实现了政府引导下的市场化运作，为农村科技服务的长期稳定奠定了基础，也赋予了这种模式在全国推广中旺盛的生命力。

第四，形成了完备的上下交流互动机制。一方面，专家大院的建立，让农业专家真正进入田间地头、企业单位，将农业科技从理论创

145

新、科技研发、成果转化、市场推广等环节结合在一起，专家可以把握农村科技成果的成效，在各个环节进行调整，实现农村科技服务供给的效用最大化。另一方面，专家大院建立在农村、企业，可以真正掌握农村科技的需求，科技贴近农村、专家贴近农民、技术贴近农业生产，形成了农村科技供需协调的沟通机制。

第五，探索出一种有效的运行方式。农村科技专家大院以专家大院为平台开展农村科技服务活动。专家大院内为项目实验室、研究所、农技服务站，院旁是科技试验田和示范园，一个专家大院真正成为农村科技创新平台、科技成果转化平台、高新技术创新中心、先进成果示范基地、涉农企业孵化器、农村科技培训讲台、现代农业科技园，成为农业科技供给的"航母"。同时，专家大院模式的固化、物化，也实现了农村科技服务供给的整合，让农村科技服务更加贴近生产实际，更加贴近农村现实，提升了农村科技推广的效率。此外，专家大院将农业科技创新与推广整合在一起，让农业专家与农户、企业直接面对面交流合作，加速了农业科技向现实生产力的转化，真正实现了产学研的精密合作，既搭建起农村科技进入生产实践的"高速公路"，又建立起农村科技供求有效对接的"桥梁"。

第六，建立起企业化的经营模式。农业科技专家大院运行中实行首席专家负责制。由专家组建自己的团队，然后与政府、企业、合作社等农业经营主体签订服务合同或协议，建立起市场化的利益分配机制。专家大院的运行，执行了"有科技专家、有培训场所、有食宿条件、有实验设备、有办公设施、有实验示范基地和明确的管理规章，实行规范化财务制度和全面经济独立核算制度"，成为法人实体，实行企业化管①。这种企业化的经营模式保障了专家大院的稳定运行与持续运转。

---

① 曾维忠，李镜. 农业科技专家大院建设的理论与实践探讨. 农业科技管理，2006（6）.

四、大学在农村科技服务中的作用及其成效

从上述分析中看到，西北农林科技大学在农业专家大院的建设运行中发挥了关键的作用，是开展农村科技服务的重要力量。通过农业专家大院的案例分析，高校在农村科技服务中的作用主要体现在以下几个方面。

1. 为农村科技推广提供了强大的智力支援

在农业科技专家大院的建设中，西北农林科技大学结合农村产业发展，遴选出 37 位首席专家，然后由他们组建自己的研究团队。这支强大的科研队伍为 32 个农业科技专家大院的运转提供了核心动力。在项目实施中，西北农林科技大学发挥自身的农业科研优势，先后建立了苗木、布尔羊、秦川牛、莎能奶山羊、高产奶牛、特种玉米、线辣椒、良种猪、草业、果业、食用菌等 11 个良种繁育中心，提升了宝鸡市农牧业良种繁育水平。各个大院的专家结合自身的专业优势，以大院为平台，将先进的新技术、新成果在农村示范推广，促进了区域特色产业的发展。辣椒专家大院在庄灿然教授的带领下，建成全国最大的线辣椒种植资源和育种基地，育成高生物钙线椒、叶用型辣椒、彩色观赏辣椒等五个新品种，推广 40 万亩，极大地带动了当地产业发展。此外，受聘专家也积极为当地经济产业发展献计献策。据统计，专家大院实施的前三年，专家围绕宝鸡市"三农"发展，提出了战略性对策建议 60 多份，对县域农村经济发展提供了关键性技术措施 160 多条，在全市抓点 20 多个，在推进宝鸡市农村经济发展中发挥了关键作用。开展农村科技服务的关键就是将先进实用的、"三农"发展所需的科技送入农村，而高校有着丰富的科技资源、强大的科研优势，可以为农村科技推广提供强大的智力支援。

2. 为基层农技推广人员的农技推广工作创新了方法

西北农林科技大学在农业专家大院的实施过程中，不断探索创新了

农村科技推广的新方法，为基层农技推广人员开展农技推广工作提供了新的思路与方式。一方面，西北农林科技大学除了为农村输入先进的技术，还以专家大院为基地积极开展农村科技培训，这其中也包括对基层农技推广人员的培训。各种技术、管理等内容的培训，为当地培养了一批科技骨干，提高了基层农技推广队伍的能力。通过与外界的沟通交流，基层农技推广工作被进一步激活，原来低效的农技推广体系被重新整合利用，迸发出新的活力。另一方面，西北农林科技大学在农村科技服务中引入了市场机制，引导农村科技推广走利益驱动、市场化运作之路，创新了基层农村推广的思路。如在专家大院运作中，岐山粮油加工大院农技站站长既是专家大院的负责人，又是公司经理，农技人员既是专家的助手和学生，又是实用技术的传播者，也是公司的技术支援。农技站与专家大院在农业科研和技术推广上发挥着整体服务功能，探索出一种基础农技推广的新路径。

3. 在农村科技服务中发挥了纽带作用

西北农林科技大学在农业专家大院的运行中发挥了重要的纽带作用，为这种新型的农村科技服务模式的顺利开展奠定了基础。首先，加强了政府与农业经营主体的沟通。项目实施中，受聘专家为政府提供区域经济发展的政策建议，为政府决策提供战略咨询。专家与农业经营主体直接对接，对农业产业的发展提供科技支撑。通过高校、专家这一纽带，政府可以更好地制定产业决策，增强政府支农、惠农的瞄准精度。农业经营主体可以更加准确地把握政府产业发展规划，更方便快捷地与政府沟通协商。其次，加强了科技与市场的融合。西北农林科技大学在农业专家大院这个平台上，鼓励引导专家通过成果、技术入股、利润提成的形式提供农村科技服务。在实际经营中，注重按照企业化的理念对专家大院的运行进行管理。这些体制上的创新，为科技与市场的衔接奠定了基础，也保障了农村科技服务的长效性。最后，加强了农村科技供需的衔接。在传统的农技推广体制下，"一方是农民增收缺市场、缺信息、缺技术、缺良种、缺服务，只能望天兴叹。一方是科技人员有成果、有知识、有信息、有技术，却无用武之地"[1]。而在农村专家大院这个平台上，西北农林科技大学的专家一方面深入农村，以专业的视角分析判断农村科技的需求，另一方面整合各类资源，在专家大院的平台上开展农村科技的创新推广与示范。这种工作方式直接增强了农村科技供需的对接，提高了农村科技服务供给的有效性。

4. 创新了产学研合作的新途径

推进产学研合作一直是高校科研工作的一个重要方向，通过借助政府的力量进行"官学产研"合作是一个重要的方式。西北农林科技大学在农业专家大院中进行的就是这样一种模式。在专家大院建设中，政府投资兴建硬件设施，同时出资聘请各大院首席专家。西北农林科技大学的专家将大学科研优势与地方主导产业结合起来，开展科技创新推广示范工作。在技术推广中，引入市场机制，将新品种、新技术、新成果进行市场开发，用市场效益反过来进一步推进科技创新示范，形成良性的产学研互动。在农业专家大院的实施中，形成了五种有效的产业运作模式（如图8-1所示），带动了宝鸡市农业产业的发展。如麟游县的布尔山羊产业，1998年政府在西北农林科技大学专家的建议下，投资300万元开展布尔山羊杂交科研项目，布尔山羊专家大院和胚胎移植专家大院开展细管冻精、胚胎移植和品种改良实验。到2002年，全县累计完成布尔山羊杂交改良4.65万只，原种羊和杂交改良羊已销往全国二十多个省。到2004年，通过养殖布尔山羊全县人均养羊收入达466元[2]。西北农林科技大学在农业专家大院中创新了产学研合作新机制，在推进专家大院稳步发展中起到了重要作用。

---

① 李玉成. 农业专家大院为啥这样红火. 科技日报，2002-12-6.
② 涂俊，吴贵生. 农业科技推广体系的"三重螺旋"制度创新. 研究与发展管理，2006（4）.

5. 通过科技示范培训创新了农村科技发展的环境

在实践中，专家积极开展各类科技示范培训，提升了农业产业经营主体的科技素质，创新了农村科技发展的环境。西北农林科技大学的专家在科技创新、示范推广中积极开展乡土人才培训，对农村技术员、农业大户等开展技术指导，为当地产业发展"造血"。2004年，宝鸡市的农业科技专家通过举办讲座、现场指导等形式，培训农技员、农民技术骨干6.8万人次。西北农林科技大学开展的科技示范，使广大农民体验了现代科技在农业经济发展中的巨大作用，增强了他们学科学、用科学的积极性。此外，西北农林科技大学积极参与星火培训工作，受到群众的欢迎，农业专家大院也被称为"田间课堂"、"地头学校"。从根本上讲，高校借助农业专家大院这一平台，通过科技示范培训创新了农村科技发展的环境。

五、农业专家大院模式的启示

1. 创新服务平台在农村科技服务工作中至关重要

农业专家大院构建起一个农村科技服务的平台，将政府、高校、农业经营主体有机地结合在一起，整合了各类资源，突破了传统农业技术体系困境，产生了较好的经济效益与社会效益，实现了多方主体的互利共赢。这种创新的服务平台在推进农村科技工作中发挥了重要的作用。一方面，其作为一种有形的工作场所、科研基地、推广平台等，将各种农村科技服务活动纳入其中，并在这个具体的场所内相互协调沟通，实现了资源的优化配置。在这个平台之上，农村科技的供、需双方直接对话，农村科技推广由以往单一的自上而下推动变成了多主体、多角度的交流互动开展。同时，这一平台也推进了农村科技创新与推广的融合，突破了传统农技推广体系创新与推广割裂的困境。另一方面，农业专家大院作为一种无形的平台形成品牌，凭借其影响吸引了外来资源注入农村经济发展之中。农业专家大院崭新的管理运作体制，激活了原来涣散的农技推广体系，为构建新型农村科技服务体系注入了活力。农业专家大院探索出的科技与其他生产要素相结合的经营模式，加速了科技向生产力的转变，影响与改变了农村的生产经营理念，促进了农村经济的发展。农业专家大院构建起的充满活力的运行机制，实现了真正意义上的农科教、产学研结合，为农村产业的发展、农村科技体制改革提供了有效的实践探索。农业专家大院的运作既增强了农村地区的科技发展意识，又刺激了市场化理念在农村扩散，创新了农村经济社会的发展环境。

2. 农业科技创新与推广相结合

传统的农技推广体系下，农业科技的创新与推广是割裂的，导致了农村科技需求与供给不协调。而在农业专家大院模式下，农业科技的供方（高校）主动到农村摸需求、找方法，围绕农村经济发展需求安排农业科技研究方向内容，根据农村实际情况开展农业科技推广，将农业科技创新与推广整合在专家大院内；同时将这一平台下移，贴近农村，贴近实际。创新与推广的结合促进了农村科技的供需匹配，提高了农业科技资源的使用效率。从农村科技推广体系来看，创新与推广相结合的方式，突破了以往的科技管理体制和工作机制，整合了农村科技创新资源，盘活了基层农技推广资源，在专家大院的平台上建立起互动、交流、协作机制，创造出一种崭新的农村科技服务模式。未来农业发展将走现代农业之路，农业经营主体也将实现专业化、职业化，这些都对农村科技服务提出更高的要求。从农业发展的需求入手安排农村科技的供给成为一个准则。农业专家大院在实践中将农业科技的创新与推广相结合，就是适应未来农村科技服务的一种探索。

3. 走市场化之路是保障农村科技服务长期稳定开展的关键

农业专家大院的运行实际上是搭建起一个平台，将各种资源汇集，共同开展农村科技服务。而吸引各种资源参与到农村科技服务中去的根本就是市场机制。在农业专家大院运行中，政府不再主导全部的项目投资，资本也不再是制约项目开展的关键，完整的农村科技服务链成为引导其发展的核心。通过农村科技的市场化开发，大量的资源汇集到这个平台上，在效益的驱动下促进了地区产业发展。这个过程中，政府依靠较小的投入，"四两拨千斤"，带动农村经济发展；高校通过有偿与公益相结合的方式开展农村科技服务，既产生了良好的经济、社会效益，又推进了科研工作的进展；企业抓住投资机遇，在获得经济利益的同时，也加强了与科研院所的合作，为进一步开展产学研合作奠定了基础；农户、合作社等获得了需要的农业科技支撑，增加了经营收入。在市场机制的作用下，各主体处在一个良性互动的体系内，相互依赖，相互促进，整个体系实现了帕累托最优。从这个角度来看，走市场化之路是保障农村科技服务长期稳定开展的关键。

4. 要加强政府、高校、企业等农村科技服务主体的衔接

在传统的农技推广体系下，农村科技服务主体间的交流、协商很少，这也是导致农村科技创新与推广脱节的关键因素。农业专家大院正是突破了这一体制弊病，以专家大院的平台加强了政府、高校、企业等主体的交流，建立起各方协商、互动的工作机制和管理模式，实现了科技与农户的对接，创新了农村科技服务的模式。多主体的农村科技服务将是农村经济发展的必然要求。对此，除了要逐步促进传统单一的政府主导型向多主体供给模式的转变，也要更加重视政府、高校、企业等农村科技服务主体的衔接，按照"权责清晰、利益联动"的机制对不同主体的功能与角色进行定位，激励各主体真正融入农村科技服务的队伍中去。

第九章
宁夏科技创业与服务体系建设的 探索与实践

近年来，宁夏结合本地实际，以科技特派员创业行动和农村信息化建设作为推进新农村建设的重要抓手，以促进科技特派员创业与农村信息化服务有机结合为突破口，在探索形成科技特派员创业行动和农村信息化建设"宁夏模式"的基础上，坚持农村科技创业与服务的主体多元化、模式多样化、内容融合化，突出政府引导，面向市场需求，深化体制机制创新，在推动建立以科技特派员创业行动为核心，以金融服务平台和信息服务平台为支撑的多元化、信息化、社会化农村科技创业与服务体系建设方面进行了有益的探索与实践，积累了宝贵经验，为进一步深化农村科技体制改革，加快构建公益性推广组织、社会化创业组织和多元化服务组织"三位一体"的农技推广服务体系提供了有益的借鉴。

一、发展历程

宁夏以科技特派员创业和农村信息化服务为主要特色的农村科技创业与服务体系建设大致经历了试点启动、全面实施与总结提高三个阶段。

（一）试点启动阶段（2002—2003 年）：科技特派员制度试点实施

2002 年 5 月，科技部要求学习福建南平经验，在西北地区试点推行科技特派员制度,这与宁夏推行科研院所改革、发展县域经济的思路不谋而合。在自治区领导的高度重视和指导策划下,宁夏科技厅着手启动了《宁夏科技特派员创业行动方案》的制定。7月,自治区党委常委会决定成立科技特派员创业行动领导小组,并成立科技创业协会、科技创业投资公司,建立创业行动专项资金,开始科技特派员创业行动试点工作。9月,科技特派员创业行动领导小组办公室结合宁夏农村实际,制定了《宁夏科技特派员创业行动方案》及《宁夏科技特派员创业行动试点办法》,并率先在平罗县、青铜峡市、中宁县、中卫市4个县(市)启动实施。2003年,自治区又出台了《关于结合科技特派员创业行动安排大中专毕业生就业的意见》、《关于有关部门资金支持科技特派员创业行动项目的意见》及《关于实施法人科技特派员创业行动的意见》等政策文件,开始探索完善科技特派员市场化的选择制度、管理考核制度等相关制度,着力推动制度创新。

(二)全面实施阶段(2004—2007年):科技特派员创业行动全面展开

2004年6月,科技特派员创业行动在全区所有市、县(区)全面推开。自治区先后印发了《〈宁夏中小企业信用担保贷款贴息暂行办法〉的通知》和《关于推广平罗县金融支持科技特派员创业行动经验的通知》,探索建立了科技特派员金银铜卡贷款制度,为科技特派员创业行动提供金融支持。经过几年的探索和实践,逐渐形成了"立足科技项目,突出科技创业;实施体制创新,注重金融推动;坚持市场导向,实行三线推进"的"宁夏模式"。2004年9月,科技部在银川市召开"全国科技特派员制度试点工作现场会",着重向全国推介了"宁夏模式"。2006年,宁夏被确定为科技部与联合国开发计划署(UNDP)科技特派员合作项目"中国农村科技扶贫创新与长效机制探索"的重点试点地区,并在全区推行金融推动工程。2007年,自治区人大常委会发布《关于科技特派员创业行动的审议意见和建议》，充分肯定了科技特派员行动的工作成绩，标志着宁夏科技特派员创业行动经过五年的创新实践，逐步走上了持续、健康、稳定的发展轨道，成为科技服务社会主义新农村建设的一项重要实践。

（三）总结提高阶段（2008 年至今）：科技特派员与农村信息化融合发展

为破解信息化差距带来的城乡数字鸿沟与农村发展滞后问题，2007 年初，宁夏回族自治区党委、政府做出了《关于集中信息资源建设信息中心平台的决定》，率先启动实施了新农村信息化建设工程。同年，宁夏被列为全国首个新农村信息化省域试点。2008 年，宁夏通过了工业和信息化部组织的新农村信息化省域试点工作验收，在全国率先突破了音频、视频、网络"三网融合"及信息化在农村的全覆盖，形成了农村信息化建设的"宁夏模式"。为推进农村信息化条件下的科技特派员创业行动，2008 年，宁夏出台了《关于深入开展科技特派员创业行动的意见》及《关于建立信息科技特派员队伍为农村信息化建设提供长效机制的意见》等文件，明确了科技特派员创业行动的新目标，并首次将科技特派员机制引入农村信息化建设，开始实行信息科技特派员制度，建立信息科技特派员队伍。与此同时，宁夏借助国家"星火科技 12396"省域试点的有利契机，推进科技特派员创业行动与三农呼叫中心、星火科技 12396 等服务体系建设相互对接与融合，使农村科技创业与服务模式得到不断丰富，运行机制得到不断完善，逐渐走出了一条科技特派员创业与农村信息化服务相互促进、共同发展的新路子。

二、体系构成

近年来，宁夏根据新农村建设中的科技创业与服务需求，从政策法规、组织机构、管理考核、财政金融、信息网络等方面不断加强对科技特派员创业行动和农村信息化建设的支持保障力度，农村科技创业与服务体系得到了进一步完善，见图9－1。

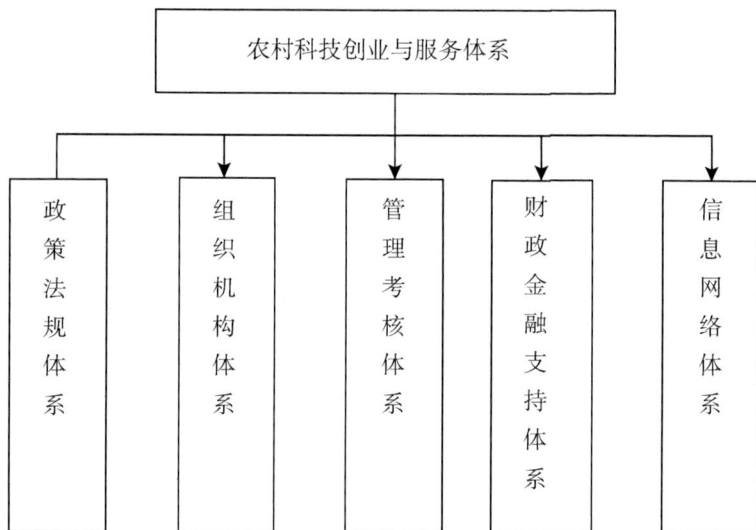

图9－1　农村科技创业与服务体系

（一）政策法规体系

鉴于农村科技创业与服务行动需要多种资源支撑和良好的环境，从2002年起，宁夏先后出台了一系列推进科技特派员创业行动和农村信息化建设的政策法规（见表9－1），从人员选派、财政投入、项目支持、资金保障等方面对科技特派员创业行动和农村信息化建设予以扶持，为农村科技创业与服务体系建设提供了强有力的法律保障和政策支撑。在《宁夏回族自治区实施〈中华人民共和国科学技术进步法〉办法》中明确规定了各级政府必须依法推动科技特派员创业，由此确定了科技特派员创业行动的法律地位。自治区党委、政府还先后出台了《宁夏科技特派员创业行动方案》、《关于加快社会主义新农村信息化建设的意见》、《关于集中信息资源建设信息中心平台的决定》、《关于深入开展科技特派员创业行动的意见》及《关于建立信息科技特派员队伍服务农村信息化建设的意见》等政策文件。在明确规定科技特派员任务、权利和责任及农村信息化建设目标任务的同时，制定了支持科技特派员创业和推进农村信息化建设的优惠政策，建立了信息科技特派员制度，推动了科技特派员创业行动和农村信息化建设的有机结合，营造了激励科技人员发挥才智、带领农民创业的良好氛围，有效地引导科技人员走出实验室，走向生产实践，走进村镇农户，领办企业，带头创业，促进科技资源与人力、金融、管理等新的生产力要素有效整合，加快了农业科研成果向农业现实生产力的转化。

表9-1　2002年以来宁夏出台的科技特派员创业行动及农村信息化建设的相关政策

序号	名称	发布机构	发布时间	主要内容
1	宁夏回族自治区科技特派员创业行动方案	自治区党委办公厅、政府办公厅	2002	提出要借鉴福建省南平市推行科技特派员的成功经验，结合宁夏实际，建立科技特派员制度，坚持市场导向和行政选派结合，每年精选一批科技人员作为科技特派员，开展科技创业服务。
2	宁夏回族自治区科技特派员创业行动试点办法	宁夏科技特派员创业行动协调领导小组	2002	自治区对科技特派员创业行动采取积极试点、加强引导，全面带动、逐步推开的方针，为科技特派员创业行动创造有利环境。
3	宁夏回族自治区科技特派员创业行动专项资金管理办法	宁夏科技特派员创业行动协调领导小组	2002	自治区财政每年安排专项资金支持科技特派员创业行动，科特派专项资金实行拨款资助方式，对于科技特派员实施的重点项目按项目管理的方式予以资助。
4	关于转发《宁夏科技创业基金管理暂行办法》的通知	宁夏科技特派员创业行动协调领导小组	2002	自治区设立科技创业基金用于支持在科技特派员创业行动中成绩显著、贡献突出的科技特派员以及其组织实施的创业项目。

序号	名称	发布机构	发布时间	主要内容
5	关于有关部门资金支持科技特派员创业行动项目的意见	宁夏科技特派员创业行动协调领导小组	2003	自治区科技资金、扶贫资金、农业综合开发资金、农业产业化资金每年都要安排一定量的资金，支持科技特派员创业行动。
6	关于结合科技特派员创业行动安排大中专毕业生就业的意见	宁夏科技特派员创业行动协调领导小组	2003	开展科技特派员创业行动的各试点县（市、区）和非试点（市、区），可选定10名大中专毕业生作为科技特派员安排就业。
7	关于实施法人科技特派员创业行动的意见	宁夏科技特派员创业行动协调领导小组办公室	2003	法人科技特派员是具有国家相关管理部门批准的法人资格，能围绕解决农业、农村、农民问题，从事科技成果转化、特色产业开发及农副产品流通的企事业法人。
8	关于印发《宁夏中小企业信用担保贷款贴息暂行办法》的通知	宁夏中小企业信用担保监督管理委员会办公室、宁夏科技特派员创业行动协调领导小组	2004	自治区设立中小企业贷款担保贴息资金，用于承担科技特派员企业部分担保费用，以此推动企业快速发展并且减轻其在发展初期的融资负担。
9	关于推广平罗县金融支持科技特派员创业行动经验的通知	宁夏科技特派员创业行动协调领导小组办公室、宁夏农村信用社联合社	2005	对在创业行动中实施创业项目申请贷款支持，经县农村信用联社会同县科特办考查论证，符合绿色通道贷款条件的科技特派员，县农村信用联社授予金、银、铜绿色通道信用贷款卡，开通绿色通道，按照特事特办、快捷便利的原则，提供优质服务，给予积极支持。
10	宁夏回族自治区党委 人民政府关于加快基层农业科技服务体系改革与建设的意见	自治区党委、政府	2006	加大科技特派员创业行动力度，促进科技特派员创业长效机制的形成，进一步整合社会各类资源，推进科技特派员创业行动向更高层次发展。搭建农业科技信息服务平台，积极探索农业信息与科技推广紧密结合的有效方法，不断完善农技"110"等行之有效的农业科技信息服务方式。

序号	名称	发布机构	发布时间	主要内容
11	宁夏回族自治区人民政府关于加快社会主义新农村信息化建设的意见	自治区人民政府	2006	以先进的通信、信息技术应用为先导，因地制宜，扎实推进，加快农村信息化进程，缩小城乡"数字鸿沟"，全面推进社会主义新农村建设，实现自治区经济社会跨越式发展。
12	关于集中信息资源建设信息中心平台的决定	自治区党委、政府	2007	提出要通过实施"信息中心平台"工程，有效地整合全区信息资源，建设宁夏信息高速公路（NXII），构建全区信息化发展的大格局。
13	宁夏回族自治区党委 人民政府关于深入开展科技特派员创业行动的意见	自治区党委、政府	2008	明确了开展科技特派员创业行动新的目标与重点工作，提出力争用 5 年时间，使科技特派员创业行动覆盖我区农业和农村工作的各个领域，形成一批带动作用强的农业产业化龙头企业，初步建成具有鲜明区域特色的科技特派员创业体系。
14	关于建立信息科技特派员队伍为农村信息化建设提供长效机制的意见	自治区党委、政府	2008	提出要引入科技特派员机制对信息员进行管理。借鉴开展科技特派员创业行动的成功经验，计划用 2～3 年时间，有计划、分步骤地引导农村信息员转变为信息科技特派员。
15	宁夏回族自治区党委办公厅 人民政府办公厅关于转发《自治区科技厅关于建立信息科技特派员队伍服务农村信息化建设的意见》的通知	自治区党委办公厅、政府办公厅	2008	信息科技特派员充分利用信息网络平台资源和贴近农村市场的便利条件，在提供公益性信息服务的同时，积极开展多种形式的经营活动，使信息服务站发展成为自主经营、自负盈亏的经营实体，实现自我发展。

序号	名称	发布机构	发布时间	主要内容
16	关于印发《〈关于建立信息科技特派员队伍服务农村信息化建设的意见〉的实施细则》的通知	宁夏科技厅、宁夏科特办、宁夏信息化领导小组办公室	2008	提出要用科技特派员制度,实现农村信息员向信息科技特派员的转变,建立一支高素质的农村信息化队伍,保障新农村信息化建设顺利推进。
17	宁夏回族自治区党委 人民政府关于加强农业和农村科技工作的意见	自治区党委、政府	2009	提出要把科技特派员创业行动作为科技要素引向农村的重要载体,促进技术、资金、劳动力等生产要素的有效结合。充分发挥"三农"呼叫中心和农业科技110等信息平台的作用,实现农村科技信息服务进村入园到户,推动形成新农村信息化发展的长效机制。到2013年,基本建成布局合理、功能完备、运转高效的农业农村科技创新与技术服务体系。
18	自治区级科技特派员创业链认定标准	宁夏科特办	2009	凡围绕我区战略性主导产业和区域优势特色产业开展创业的具有实力的创新主体,以及孵化和培育科技特派员创业企业的科技中介、高等院校、科研院所等可联合组成产业发展联合体作为"创业链"认定对象。凡认定为自治区级"创业链"的产业发展联合体相关主体,择优扶持,从科特派专项资金和项目方面给予倾斜,做大做强区域优势产业。
19	自治区人民政府办公厅关于转发宁夏回族自治区农村信息化建设规划与实施方案(2009—2012年)的通知	自治区人民政府	2009	提出了包括一个涉农信息资源和服务平台、三大支撑体系和五项建设重点的自治区农村信息化建设总体功能框架。

序号	名称	发布机构	发布时间	主要内容
20	宁夏科技特派员贷款贴息暂行办法	宁夏科特办	2010	科技特派员创业项目贷款贴息用于围绕区域优势特色产业，在种植、养殖、生产、加工、信息、流通等行业从事创业的科技特派员使用银行贷款的利息支出。贴息贷款方式为按年度，对科技特派员创业项目贷款给予一定额度的利息贴补。
21	宁夏科技特派员创业行动专项资金使用管理补充规定	宁夏科特办	2010	自治区科技特派员创业专项资金主要用于创业扶持项目、科技特派员创业能力培训项目、以奖代补工作管理及其他经费。项目经费支持额度从 5000 ~ 100 000 元不等。
22	自治区级法人科技特派员认定管理办法	宁夏科特办	2011	发挥法人科技特派员在技术、资金、市场等方面的已有优势，推动科技要素重心下移，加快实现农业科技成果转化，促进农业增产、农民增收，壮大农村经济发展基础。

（二）组织机构体系

宁夏在推进科技特派员创业行动和农村信息化建设中采取了"强势领导、多方推进"的方式，根据宏观指导和日常性管理的需要加强了组织机构建设，先后成立了由自治区党委、政府主要领导担任组长、副组长，多个部门共同参加的科技特派员创业行动协调领导小组与信息化工作领导小组。其下设办公室，具体从宏观、中观、微观等层面制定规划、组织项目、协调工作。各市县也相应成立了一把手为组长的科技特派员创业协调领导小组及信息化领导小组，主抓地方科技特派员创业行动和农村信息化建设的实施，形成了主要领导亲自抓、负总责，分管领导具体抓，其他部门积极参与、配合协作的组织机构体系（见

图9－2），为农村科技创业与服务行动提供了强有力的组织保障。特别是围绕科技特派员创业行动，自治区还成立了宁夏科特派创业指导服务中心及宁夏科技创业协会。一些地区还成立了科特派工作管理科或科技特派员服务站，为科技特派员开展创业与合作搭建服务平台。

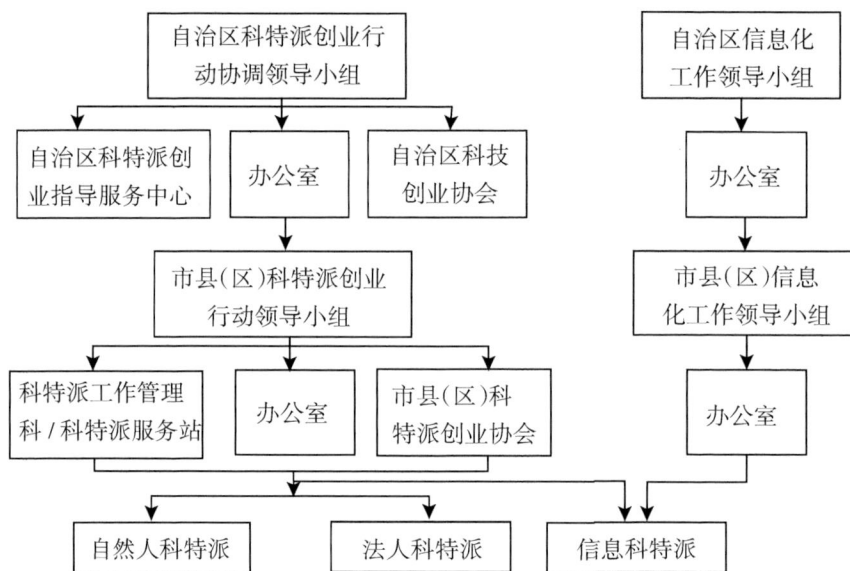

图9－2　宁夏农村科技创业与服务的组织机构体系

（三）管理考核体系

宁夏的科技特派员管理考核体系按考核对象可以划分为三个层次：第一层次是针对科技特派员个人的考核，各市、县（区）均出台了科技特派员管理考核办法，完善和规范了科技特派员日常动态管理和年终考核，将特派员的推荐选择权由基层科技部门根据创业实效每年考核，实行动态管理。第二层次是针对科技特派员管理组织的考核，实行自治区、市、县（区）三级考核，自治区、市联合考核。每年底，由县（市、区）科技特派员创业行动协调领导小组以书面形式，向自治区协调领导小组报告本地科技特派员创业行动目标任务完成情况。自治区协调领导小组进行综合考核、评比后，将考核结果通报全区，对工作突出的市、县（区）在项目支持上给予倾斜。自治区协调领导小组各成员单位将各市、县（区）开展科技特派员创业行动纳入本部门对市、县（区）工作的考核范围。第三层次是针对各级政府的考核，自治区人民政府将科技特派员考核工作纳入各级政府的效能目标考核内容，实形区、市、县、乡四级考核，见图9－3。

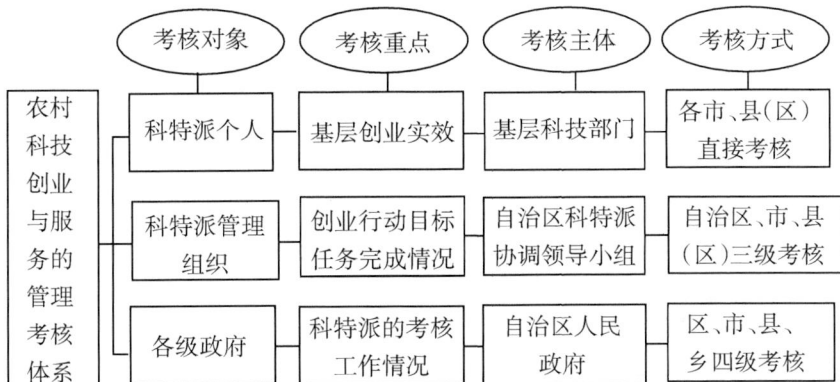

图9－3　宁夏农村科技创业与服务的管理考核体系

（四）财政金融支持体系

在自治区主要领导的高度重视下，宁夏在加强财政投入支持科技特派员创业行动与农村信息化建设的同时，积极探索金融支持科技特派员创业行动和农村信息化建设的新途径，通过整合和调动政府、市场、社会各方力量，运用市场运作手段，拓展多元化投资渠道，基本形成了国家相关部门投资、各级政府投资、帮扶单位及社会投资、金融机构贷款等多元化的投资体系（见图9－4），为推动农村科技创业与服务行动提供了资金保障。围绕科技特派员创业，宁夏充分发挥"金融助推科技特派员创业行动"的特色优势，加强了与金融机构的协调和联系，探索建立了"金银铜"卡、科技特派员创业基金和贷款担保等一系列融资支持方法，对科技特派员创业融资发挥了重要作用。围绕农村信息化建设，宁夏通过发挥财政资金的引导作用，带动了宁夏电信、西部电子商务等企业的投资，同时吸引各帮扶单位、其他企事业单位出资出力，参与全区信息中心平台基础设施建设和网络进村工程，支持新农村信息化建设。

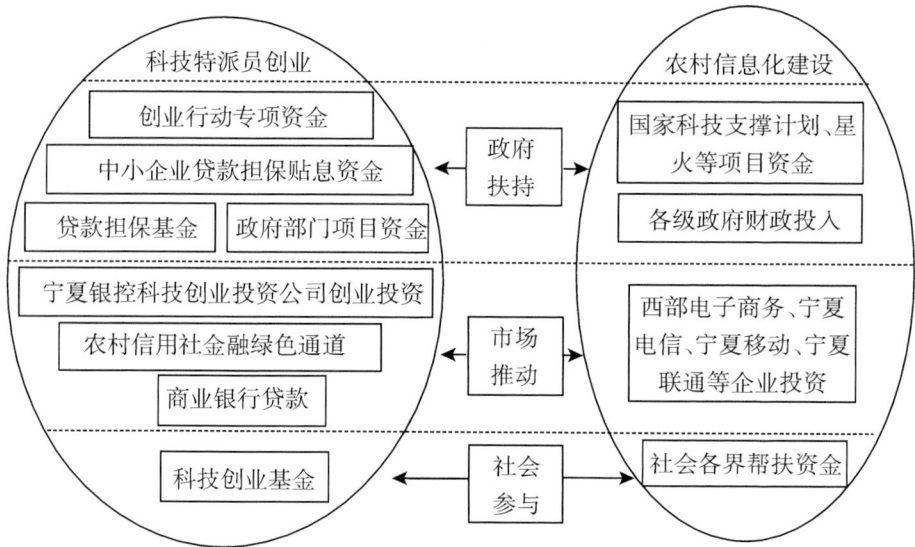

图9-4 宁夏农村科技创业与服务的财政金融支持体系

（五）信息网络体系

宁夏借助电话、电视、网络"三网融合"，通过农业科技服务、党员远程教育、文化信息资源共享、12315涉农维权、计划生育服务等体系的整合，完成了两站（农村综合信息网站与新农村信息服务站）、一系统（互联网电视IPTV系统）、一中心（"三农"呼叫中心）的建设，建成了涉农信息资源和服务平台，形成了覆盖全区的宁夏农村综合信息服务体系，见图9-5。在此基础上，引入科技特派员机制对信息员进行管理，并分步骤地引导农村信息员转变为信息科技特派员。通过搭建科技特派员创业技术服务平台，提高信息服务站创业能力，引导信息科技特派员面向市场，借助网络，开展农资、农产品营销活动，推进有条件的农村信息服务站向微型企业或自主经营的实体转变，促进了信息服务站作用的持续高效发挥，有力地推动了宁夏科技特派员创业行动和农村信息化建设的长效发展。

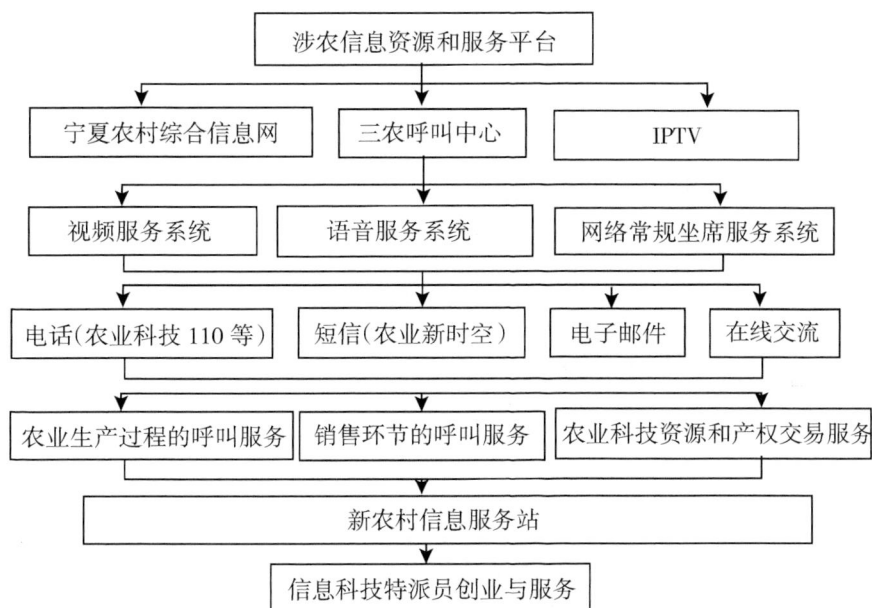

图 9 - 5   宁夏农村信息资源与服务网络体系

三、运行机制

为充分发挥和保护好科技特派员扎根实践、激情创业的积极性，宁夏在坚持政府、社会、市场三线推进的科技特派员创业模式基础上，大胆实践和创新，逐步探索建立了农业科技创业与服务的选人用人、政策扶持、利益导向、考核激励、项目带动、金融跟进及信息化推动等七大机制（见图 9 - 6），为农村科技创业与服务体系的长效运行奠定了坚实基础。

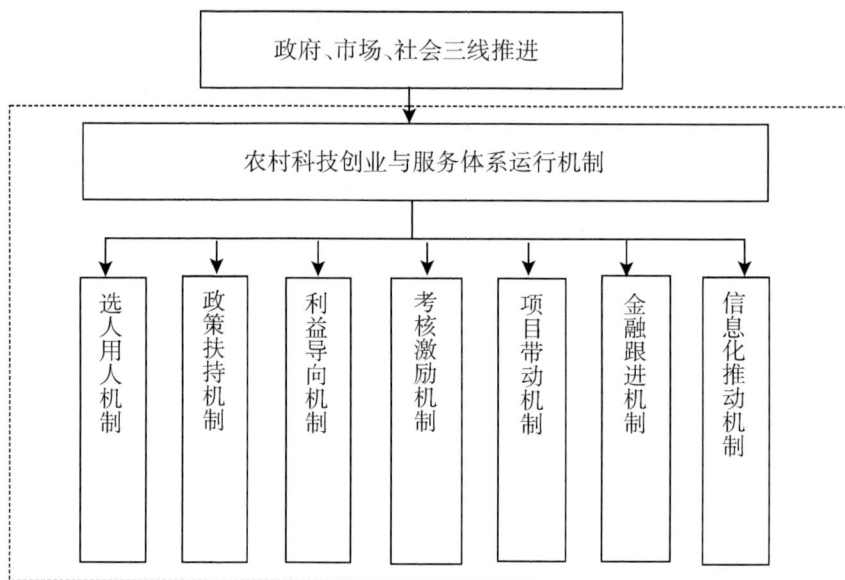

图9-6　宁夏农村科技创业与服务体系运行机制

（一）选人用人机制

科技特派员是创业行动的主体，其个人素质的高低对能否构建科学有效的操作平台、形成多边共赢的利益共同体并保持顺畅运行具有决定性的作用。在选人用人机制上，宁夏各地从本地实际出发建立健全了科技特派员的选派、考评和淘汰机制，除选派学有专长、有实践经验、有经营头脑的科技人员作特派员外，还结合科研院所改革，选派技术实力、资金实力雄厚的科研院所以法人特派员身份参与创业行动，使科技特派员队伍始终保持了活力。不论科技特派员是个人还是法人，其选用不是由政府硬性指派，而是按照双向选择的要求，一方面根据科技人员的技术专长和意愿确定选派方向，另一方面根据各地优势特色产业的实际需求或当地实际情况和项目建设需求选派科技人员，形成了项目选人和人选项目的双向选择机制，从而提高了科技与农业结合的效果。经过双选，具有"德、能、勤、绩"等基本素质且具有某方面特长的科技人员经确定成为特派员，在签订 3～5 年的创业合同或协议后，即可开展农村科技创业与服务。在合同或协议期满后，可以重新回到原单位上班，也可以续约继续开展创业活动。

（二）政策扶持机制

稳定的政策扶持机制是农村科技创业与服务行动长期、长效、长足发展的保证。为保证科技特派员安心创业，宁夏为科特派提供了三种有效的政策扶持：一是针对个人的政策。所选派的科技人员成为科技特派员后，实行"三保两优先"政策，即保证国家干部身份、编制、工资、福利待遇和工作岗位不变，在晋升职务和评优评先上优先考虑。二是针对创业的政策。科技特派员在创业中，优先给予相关项目支持，并按规定、按比例减免有关税费。三是针对融资的政策。为解决科技特派员创业过程中出现的融资难问题，自治区设立了科特派创业基金和担保中心，为提出申请的科技特派员和创业实体提供一定的担保和贴息服务。同时，政府积极协调帮助科技特派员开展创业资金借贷服务。

（三）利益导向机制

利益机制是推动农村科技创业与服务行动可持续运行的核心动力机制。为切实提高科技特派员农村科技创业与服务成效，宁夏实行了"三不三奖"[①] 等激励政策，从利益关系上强化对特派员的激励和约束，推动科技创业与服务业绩和利益报酬挂钩。政府除保证特派员的身份、编制、工资福利待遇不变，对特派员的创业行动在政策、融资上给予一

---

① "三不三奖"激励政策，即对于特派员创业行动分红、收入不查；技术入股所占比例的大小政府不管；特派员自愿创业的，原单位不阻留。特派员创业期间，有重大贡献者奖励 1～3 万元；成绩突出、效果明显的，工资提前晋档一级；指导农民增收幅度较大的，可评为优秀公务员。

定的支持外，还鼓励科技特派员以资金入股、技术参股、租赁经营、独资创办、技术承包等多种形式与农民、专业大户和龙头企业结成"利益共享、风险共担"的利益共同体，通过开展技术服务、经营管理获取合法收益。同时，主管部门将是否建立利益共同体作为考核特派员业绩的一个主要指标，而且具有较高的权重。在这种利益驱动机制下，科技特派员时时把新技术推广作为自己的"拳头产品"，积极为农民提供优质高效的科技服务，用含金量高的新技术，打造创业的核心竞争力。利益导向的明确使科技特派员创业行动达到了农民与科技人员双赢的效果。在调动科技人员创业积极性，坚定他们扎根基层、服务农村、激情创业信心的同时，也促使科技特派员主动与农民、金融机构结成利益共同体，构建起了将技术、服务、资金、知识等先进生产要素植入农村社会的良性运行机制。

（四）考核激励机制

为加强科技特派员创业行动目标和责任的落实，推进科技特派员创业行动深入发展，宁夏以激发农业科技人员创造性为突破口，不断完善考核激励机制。自治区科特办先后出台了《深入开展科技特派员创业行动考核办法（试行）》和《科技特派员考核细则》，规定：每两年一次对科技特派员工作先进集体和个人进行表彰奖励；每年与各市县区签订《科技特派员创业行动目标责任书》，将科特派创业工作纳入当地政府工作目标的管理考核范围。各市县也按照各自特点制定了一系列考核办法和优惠政策，通过严把科技特派员进口关、程序关、考核关、运行关和探索在创业链上建立科技特派员托管站等方式，完善了科技特派员考核管理办法。此外，自治区科特办还下发了《关于进一步做好自治区科技特派员专项验收工作的通知》，对科特派项目管理和验收工作提出了明确要求，加强了对县区项目管理工作的实地督促和检查，有效地保证了项目的规范有序实施。

（五）项目带动机制

项目支撑是宁夏农业科技创业与服务行动的有效载体，也是做大做强优势特色产业的重要抓手。为培育一大批"星星、月亮、太阳"型科技创业实体，进一步提高农村经济组织化程度，宁夏在推动科技创业行动中，通过项目整合、项目倾斜、项目扶持等措施，推动科技创业与服务行动持续开展。自治区集中农、林、水、牧、科等多部门项目资金，按照"捆绑使用、整体推进"的原则，集中农业综合开发项目资金、扶贫项目资金、科技创新项目资金、中小企业扶持资金、专项资金、高新技术企业担保资金等项目资金，通过整体推进方式加快科技成果转化。在项目捆绑使用过程中，结合产业发展和创业特点，要求科技特派员带着项目干、做给农民看、领着农民赚，既解决了科技人员创业中的"单打独斗"、难成气候的现象，同时也有效提高了项目利用率，使科技创业发挥出良好的辐射带动效应。

（六）金融跟进机制

科技创业与服务离不开金融的扶持与支撑。为解决科技特派员创业过程中出现的资金短缺问题，宁夏建立了金融跟进机制，及时为各类科技人员创业提供有效的资金信贷，摸索出了一条金融和科技相结合、小额贷款和创业行动相配套的新型金融服务机制。先是探索建立了"金银铜"卡制度，为初创期科技特派员创业提供金融支持，取得了较好的效果。随后又根据科技特派员创业行动深入开展的需要，探索在有条件的市、县（区）建立了科技特派员贷款担保基金，充分发挥了担保基金四两拨千斤的作用。此外，通过支持科技特派员领办或创办的合作社联合社，建立贷款抵押互助资金，以"三户联保"的方式向商业银行申请贷款。金融跟进使科技特派员与金融机构形成了利益共同体，拓宽了科技特派员创业的融资渠道，促进了科技创业与服务行动的持续、快速发展。

（七）信息化推动机制

农村信息化是促进农村和城市生产要素、经济要素、生活要素合理配置和双向流通的有效途径。为探索信息服务促进农村创业的发展模式，逐步建立可持续发展的农村科技创业与服务运行机制，宁夏积极推进国家"星火科技12396"省域试点，发挥科技项目在全区信息资源整合、技术集成和应用服务中的引领作用，结合科技特派员创业行动计划、三农呼叫中心、星火科技12396等服务体系建设开展工作，建立起"信息资源整合共享、生产管理智能化辅助决策、信息点自我创业的服务体系建设，多元化分类推进应用"的农村信息化模式。同时建立信息科技特派员制度，培养信息科技特派员队伍，尝试建立了信息服务站"公共服务＋企业经营"的长效机制。通过培育从事农村信息经营服务的信息科技特派员法人实体，推动信息科技特派员创业，把提供科技服务与开展网上查询、电子商务、党员远程教育、文化大片放映、农民实用技术培训和农村劳务培训等服务相结合，在实现自我发展的同时，为"三农"提供及时有效的服务。

四、典型模式

宁夏农村科技创业与服务行动用明确的利益导向机制，鼓励、支持、引导科技特派员以多种形式与农民、专业大户、农业园区、农村经济合作组织、农业（龙头）企业等结成利益共同体，把土地、劳动、资金、技术、管理、营销、信息等生产要素通过契约方式有机结合在一起，探索了一条以科技创业和信息化服务为主要特征的工作机制。通过不断地探索，一批以科技特派员为纽带、以农村信息化网络平台为依托的农村科技创业与服务模式应运而生，在宁夏现代农业与农业产业化的发展进程中发挥着积极的作用。

（一）"科技特派员 + 农业（龙头）企业 + 农户"模式

该模式以企业为依托，科技特派员团队集体深入农户服务，负责组织生产、加工，企业负责产品的回收与深加工，形成企业、科技特派员与农户相互联结的利益共同体。例如，永宁县小任果业由原来的果蔬流通企业通过延伸产业链，形成产供销一体化企业。企业通过流转方式租地 1300 余亩，建成塑料大棚、日光温棚、小拱棚 277 栋，组织 20 名科技特派员集体创业，建成示范园区，为农民提供就业岗位 200 多个，带动了 3000 余户农民发展绿色产业，取得了显著的经济、社会及生态效益。

（二）"科技特派员 + 示范园（基地） + 农户"模式

该模式以示范基地作为新品种、新技术、新成果的展示平台。科技特派员通过创建或入驻示范园，开展新品种、新技术的研究、示范和推广活动，推动具有地方特色的产业加速发展，辐射指导带动周边农户共同创业致富。如中卫市科技特派员利继东个人投资兴建了中卫绿源无公害设施蔬菜示范园区，又针对本地设施蔬菜的主导产品存在的问题，筹措资金 30 万元创办了中卫市新阳光农业科技有限责任公司，通过引进高产优质高效蔬菜新品种、新技术，从前期优质种子种苗供应、中期技术指导、后期产品销售等方面与日光温室种植户签订技术承包合同，建立利益共同体，指导农民进行无公害标准化生产，实行全方位的技术服务和无公害标准化生产质量监控，实现了公司与农户的双赢。

（三）"科技特派员 + 合作社（协会） + 农户"模式

该模式通过科技特派员组织成立农民专业技术合作社（协会），以土地流转等方式组织农民开展标准化生产和品牌化经营，促进农业科技成果的转化应用，在为农民提供科技服务的同时，实现互利共赢。如由平罗县科技特派员牵头组织的马铃薯产销协会，引进推广马铃薯优良品种和地膜覆盖种植新技术，在提高马铃薯产量、品质的同时，提前3个月上市，实现了反季节上市销售。马铃薯协会按最低保护价收购每家每户生产的马铃薯，亩均收入2000元，纯收入达1600元，远高于传统农作物的收入水平。中卫市科技特派员刘柏东个人投资10万元，建立了6座工厂化育苗中心，并成立了蔬菜流通协会，通过引进新品种，示范推广新技术，与农民建立了利益共同体，签订了订购合同，带领农民共同致富。

（四）"法人科技特派员"模式

该模式通过将农业科研院所、企业、农产品营销大户等单位、社团和各种所有制企业纳入法人科技特派员范畴参与农村创业，发挥企业的资金、技术、人才、管理、市场等综合优势，以企业的形式整合更多的资源到农业生产第一线，加速科技成果转化，促进特色优势产业发展，带动农民增收致富。如青铜峡市法人特派员"塞外香"面粉公司总经理胡学文组织13名特派员构建团队创业模式，建立了4个专业协会，带动了1.1万农户，发展12万亩订单农业，引进新技术11项，推广新品种35个，以高出市场价40%～300%的价格收购优质农产品，有效促进了农业增效和农民增收。宁夏的佳能煤业公司向法人科特派灵武果业开发公司注资2000万元，建立了300亩灵武长枣生产、加工科研示范基地和1660亩丰产示范园，使其成为全区枣业生产先进技术的辐射源。

（五）科技特派员创业与信息化结合模式

科技特派员利用信息网络平台资源和贴近农村市场的便利条件，通过开展信息查询服务、手机短信服务、特服号码专家服务、视频服务和科技人员现场服务等多种途径，为农民提供优质、高效的科技服务，促进农业增效和农民增收。具体包括以下5种模式。

（1）"科技特派员＋公司＋农资经销店＋农民培训学校＋110信息点"模式 该模式是科技特派员通过创办公司和农资经销店，开办农民培训学校，建立农业科技服务"110"信息服务点来提高科技服务水平和层次。如灵武市梧桐树乡科技特派员解军平，先是注册成立公司，代理中农集团农资产品，从事化肥、农药、种子、农资配套产品等技物结合服务。同时，开办农民科技培训学校，建设农业科技服务"110"信息服务点，为农户提供信息服务和远程教育服务。不仅为农户提供产前、产中、产后服务，而且结合经营领域为农户节本增效，有效地平抑了当地的农资经销价格。目前，此种模式的科技特派员服务类型在灵武市已增至11家，成为该市农业科技创业与服务体系中的生力军。

（2）"合作社（协会）＋信息服务平台＋基地＋市场"模式 该模式是通过支持、指导科技特派员创办、领办专业合作社、协会等合作组织，依托信息服务站点，建立信息化创业服务平台，结合区域特色产业发展进行双向服务指导，对内在引进新技术新品种、提高农产品品质和效益、创立农产品品牌等方面为会员和农户提供全方位的科技信息服务，对外通过开拓市场以特色产品网上签约、打地域牌、招时间差等引导市场消费，并根据市场变化调整产业结构，增加农民收益。如青铜峡市科技特派员叶小云、尚学虎等信息科技特派员围绕果品产业，依托信息服务站点和合作社，连接基地和市场开展全程信息化服务，提升了科技水平，理顺了农商关系，实现了产销对接，综合效益大幅提高。2011年，青铜峡市信息科技特派员建立合作组织29个，发布信息1.4万余条，农产品交易额达3亿元，会员人均纯收入超过万元。

（3）"区域公益信息服务＋信息特派员创业"信息化网络发展模式 该模式是信息特派员依托行政村信息服务点，在履行党员教育、文化资源共享、"三农"呼叫等公益性服务的同时，通过开展网上农资和农产品营销服务，使信息站逐步发展为自主经营、自负盈亏的经营实体。如青铜峡市信息特派员依托83个行政村信息服务点，通过安装和应用"语音朗读"、"远程培训"等软件，建立信息特派员 QQ 群、微博等互通交流，不断加快各信息点的区域联合，实现了跨区域信息共享。信息特派员在重点开展党员远程教育、文化与科技资源共享等公益性活动的同时，通过开办农资店等微型企业，延长了服务链，探索出了一条自我发展之路。

（4）"科研院所 + 企业网站 + 优质基地 + 高端产品 + 名优品牌"的龙头企业信息化服务模式　该模式是通过在龙头企业特色网站安装数据库和信息处理系统，利用网络链接功能，上联科研院所转化科技成果，下联基地农户进行技术指导服务，终端链接营销网络跟踪延伸服务，与基地科技特派员组成创业团队，不断提升原料品质，加大新产品研发，建立质量溯源系统，创立各类名优品牌和扩张专业连锁店，以此带动优势特色产业发展。如青铜峡市围绕优质粮食和酿酒葡萄等优势特色产业发展，在龙头企业的示范带动下，全市有 9 家农业企业建立信息化管理系统，链接大型生产基地 20 个，形成了 4 个科技特派员创业链，获国家驰名商标 3 个，宁夏著名商标 10 个。企业信息化技术的应用提高了企业生产管理水平和产品质量效益，有效增加了农民收入。

（5）"科技特派员 + 示范园区 + 信息化"的服务模式　该模式是通过科技特派员创建和进驻现代农业科技示范园区，利用装备先进的智能化管理系统，引进、示范、推广新技术新品种，建立现代仓储冷链物流体系，以信息化推进现代农业示范园区建设和发展，提升现代农业精细化、信息化、科学化建设能力和水平。如青铜峡市李万成等 11 名信息科技特派员植根园区，在优质水稻、设施葡萄等科技示范园区应用智能化控制系统对生产全过程进行精细控制和管理，将新技术、新品种、新成果源源不断地引入园区，并将基地与龙头企业连接，通过信息化管理、规模化经营、集约化生产、机械化作业、高端化加工，实现了"一优三高"多方共赢的现代农业发展新目标。同时，利用创业示范基地、园区科技培训中心，培训农民 3.86 万人次，示范带动 1.5 万户，全市 2 个国家级、5 个自治区级园区示范带动了 7 个万亩示范基地、160 多个各类园区的发展。

五、基本经验

宁夏以科技特派员创业与农村信息化服务为代表的农业科技创业与服务工作开展 10 年以来，立足"三农"，以农业增效、农民增收和推进农业产业化为目标，以市场为导向，以创业与服务为手段，以实现多赢为目的，积极探索，勇于创新，有效地推动了科技与经济、科技与农业、科技人员与农民的有机结合，取得了显著成效。

（一）加强协调领导，优化政策环境

宁夏科技特派员制度启动之初，宁夏就成立了政府主要领导主抓，组织、宣传、科技、农牧、财政、人事、农信社等 20 个部门为成员单位的创业行动协调领导小组；先后制定了《宁夏科技特派员创业行动方案》、《关于深入开展科技特派员创业行动的意见》等 20 多个规范性文件，在选人用人上，提出了坚持"自愿报名，双向选择"的原则，鼓励、引导各行各业的实用人才积极投身农村生产一线开展科技创业；在政策扶持上，实行"三保两优先"，保证来自行政事业单位的科技特派员国家公务员身份，编制、工资、福利待遇和工作岗位不变，在晋升职务、职称评聘上优先考虑，解除科技特派员的后顾之忧；在项目带动上，自治区财政每年安排 1000 万元专项经费对创业行动予以支持；在组织管理上，坚持区、市、县相结合，以县（区）为主，逐步延伸到乡镇一级；在考核激励上，每两年一次对科技特派员工作先进集体和个人进行表彰奖励，每年与各市县区签订《科技特派员创业行动目标责任书》，将科特派创业工作纳入当地政府工作目标的管理考核范围，促进科技特派员创业政策的落实，营造良好的创业氛围。

（二）坚持市场导向，建立长效机制

通过政府引导和市场运作相结合，实行政府、社会、市场三线推进，建立利益导向的长效机制。在政府线上，区、市、县成立创业行动协调领导小组，整合各类行政资源，实施创业项目，开展创业培训，优化创业环境；在社会线上，成立科技创业协会和科技创业基金会，建立人才库、项目库，为优秀特派员提供支持；在市场线上，组建科技创业投资公司等，支持创业行动项目，促进科技特派员企业发展壮大。同时，鼓励、支持特派员以创办经济实体、资金技术参股、有偿服务等多种形式与农民、专业大户、农村合作组织和农业企业结成利益共同体，提高农村社会分工的专业化水平和农民的组织化程度，促进科技人才、科技成果、管理、土地、资金等生产要素在农村的有机结合与合理流动，探索形成了以"突出创业、政府引导、市场运作、政策扶持、机制创新、项目带动、金融跟进、风险共担、利益共享、多方共赢"为主要特征的科技特派员创业与服务工作机制。

（三）培育法人科特派，壮大创业与服务力量

宁夏科技特派员创业行动工作始终把培育市场主体作为衡量创业行动工作成效的一项最重要的指标之一。通过政策引导、项目支持，积极鼓励来自于乡土、企业、未就业大学生和事业单位的各类创业人员加入到科技特派员队伍，深入农村一线与农民结成各种形式的利益共同体开展科技创业，以创办领办农业企业、经济合作组织和协会等形式开展农业社会化科技服务，法人科技特派员队伍和规模迅速扩大。2011 年全区自治区级法人科技特派员数量达到了 311 家，科技特派员企业和农村经济合作组织达 1212 家。通过这些法人科技特派员的带动，将农村分散生产经营变为相互联结、共同行动的合作生产、联合经营，实现了小规模经营与大市场的有效对接，促进了农民增收和农业增效，极大地提

升了宁夏农业生产的组织化程度，推动了宁夏现代农业的发展。法人科技特派员已经成为宁夏农业科技创业与服务体系中最活跃的一支力量。

（四）培育科特派创业链，推动农业产业化发展

近年来，宁夏将培育科技特派员创业链做为推进农业产业化发展的重要抓手，通过加大对科技特派员创业链项目的支持力度，探索建立科技特派员产业联盟和科技特派员创业协会，进一步提升科技特派员在创业链上的创业能力，鼓励科技特派员在产业链上开展跨区域的产、加、销合作，努力打造和培育科技特派员品牌。目前宁夏全区 80% 以上的科技特派员分布在县域优势特色产业链各环节创业，在科技部认定的 3 个国家级创业链的基础上，自治区又分两批认定了 24 个科技特派员创业链，涵盖了全区 12 个主导产业和地方优势特色产业。在自治区重点扶持的 12 个科技特派员创业链上，每个创业链至少有 3 个节点，每个节点有 2 个以上法人科技特派员企业创业，实现了分散创业向集群创业转变，有效带动了技术、项目、资金、管理、信息等生产要素向产业链聚集，提高了农业生产效益，促进了农业产业化发展。

（五）注重金融推动，促进科技创业与金融创新

金融推动是创业行动市场运行机制的重要内容之一。宁夏在开展科技特派员创业之初，就把推进科技创业与金融结合作为一项重要工作，通过不断的金融创新，探索从政府层面和社会层面多渠道、多角度解决科技特派员创业过程中的融资瓶颈问题，先后建立了金银铜卡金融授信贷款制度、科特派创业担保基金、农村资金互助合作社等金融支持模式。在政府层面，主要以科技特派员贷款担保基金为主要手段支持科特派创业，在彭阳、中宁、灵武和平罗等四个县（市）成立由自治区科特办、地方政府和社会共同出资建立的科技特派员贷款担保基金，通过将基金交由金融企业按照一定比例放大贷款，解决科技特派员企业融资

的问题，目前基金总额已达 560 万元。在社会层面，主要借助创业协会和合作社的力量获得银行贷款，主要采取三种方式：一是创业协会和合作社内组织的合作贷款，由创业联盟性质的合作社联合社和创业协会，科技特派员可以通过"三户联保"方式向银行申请贷款；二是科特派个体间的资金互助，在宁夏特色优势产业中，部分法人科技特派员企业之间根据生产季节的要求互相流转和拆借资金，而且不收取利息，解决了部分资金问题；三是科特派个体与银行间的转贷协议，部分科技特派员在市场运作过程中，形成了自己特有的品牌和信誉，与银行达成协议，将自己的资金等抵押给银行，由银行再贷款给与科特派形成利益共同体的农户。通过上述各种形式，仅 2011 年科技特派员就获得各类贷款4.7 亿元，不仅缓解了企业发展对资金的需求，也扩大了产业和服务规模。

（六）推进农村信息化，提升创业与服务能力

近年来，宁夏坚持把加强农村信息化建设作为推动科技特派员创业行动的重点之一，在信息服务平台构建、专业服务、基层站点建设和信息员培养等主要环节，与全区农业产业发展和科技特派员创业工作紧密结合，积极开展信息科技特派员创业工作，不断探索信息服务促进农村创业的发展模式。借助国家级新农村信息化试点省域，宁夏建立了"三农呼叫中心"，整合科技"12396"、农牧"12316"、卫生"12320"等信息服务资源，建立后台 380 多名专家服务队伍，完成语音、视频、网络三大服务系统建设，建成了 2802 个覆盖所有行政村的新农村信息服务站，实现呼叫中心为农民服务的"一站多用、一网打天下"目标。为加强信息科技特派员队伍建设，从 2010 年起每年从"三支一扶"大学生中争取了 100 名左右从事农村信息化工作，全区各行政村信息员通过培训等方式，逐步转变为信息科技特派员。通过重点支持以农村信息化为主业的区域性信息服务公司，促进县域优势产业与农村信息化融

合，目前宁夏已建立起 6 家区域性信息科技特派员企业，为农民销售农产品产值达 3 亿元。

（七）创新农业经营机制，探索农业产业化发展长效机制

现代农业的发展及农业产业化经营，对传统的以一家一户为主的小规模分散经营的农业生产经营模式提出了新的要求。近年来宁夏科技特派员在与农民合作中开展了土地银行、粮食银行等多种流转形式的探索，为保障农民长远利益和农村土地规模化经营进行了有益的尝试。平罗县在坚持土地承包政策、土地用途和农民承包经营权不变的前提下，对土地承包经营权流转和土地适度集中规模经营进行了探索和创新，试行了以集体土地和资产为资本，以存贷、托管、代耕种土地和发展二、三产业为业务的农村土地信用合作社试点及农民以土地作价入股、参与利润分红的土地股份制农场试点。青铜峡市法人科技特派员企业宁夏塞外香公司建立了"粮食银行"的新型粮食经营业态，在粮农自愿参与的基础上，以资金实力作保证，帮粮农存粮，按照落价保底、涨价顺价的原则发放"粮食存折"，并随时提供现金结算或粮食等物资兑换，在粮食产业化经营上进行了积极的尝试。据不完全统计，全区科技特派员流转土地已达 25 万亩。科技特派员已成为推动农业生产经营机制创新，助推农业产业化发展的一支重要力量。

六、发展方向

宁夏农业科技创业与服务体系建设虽然取得了显著成效，但也面临一些困难和问题：一是现有的一些支持农业科技创业与服务的政策措施已不能适应当前发展的需求，亟须制定新的优惠政策；二是融资难依然是制约农业科技创业与服务发展的主要瓶颈；三是信息科技特派员推动农村信息化发展的长效运行机制仍有待完善。

为此，今后宁夏农村科技创业与服务体系发展的重点和方向应以建

立布局合理、功能完备、运转高效、具有鲜明区域特色的科技特派员创业与服务体系为目标，继续把科技特派员创业行动与农村信息化建设有机融合作为农村科技创业与服务体系建设的主线，重点在优化科技特派员创业与服务的环境条件，完善科技特派员创业与服务的长效运行机制，加强科技特派员创业与服务队伍建设等方面实现突破，加大科技特派员创业生产要素的整合力度，不断扩大科技特派员创业与服务行动的成效，促进农业稳定发展、农民持续增收，推进社会主义新农村建设。

1. 进一步加快科技特派员创业链的培育

把培育科技特派员创业链作为促进农业产业化发展的重要抓手，鼓励科技特派员带领农民创办、领办、协办科技型企业、科技服务实体、合作组织，深入产业链各环节开展创业和服务，将现代种业和农产品流通作为产业发展的突破口，提升产业链科技含量和附加值。通过实施一批科技特派员创业项目，集成转化应用一批先进科研成果，通过利益机制推进农业成果"最后一公里"转化问题，有效带动现代生产要素向产业链聚集。加快国家和自治区 27 个科技特派员创业链培育工作，延长产业链，提高农业生产效益，促进农民增收，推动自治区农业产业化发展。

2. 进一步增强科技特派员队伍的创新创业能力

加强科技特派员队伍建设、优化队伍结构，重点加强法人科技特派员和农村实用人才队伍建设，吸引区内外人才到宁夏农村创新创业，积极引导更多的大学生、企业人才加入科技特派员队伍，壮大农村科技创业群体；加大科技特派员培训工作力度，进一步提升科技特派员自身科技素质和开拓市场服务"三农"的能力；提高科特派管理人员的工作水平，更好地服务科技特派员创业工作，将科技特派员队伍打造成宁夏社会化农技推广服务体系的主力军。

3. 进一步完善和落实科技特派员农村科技创业服务优惠政策

以中央一号文件的出台为契机，进一步完善科技特派员各项优惠政策；整合各方资源，加大科技特派员农村创业财政资金支持力度，以项目为依托，鼓励科技特派员带着技术、成果到基层创业，办实体；推广科技特派员职称评审方面好的经验和做法，把科技特派员农村科技创业实绩与专业技术职务评聘相结合；进一步落实自治区全民创业、科技特派员创业各项优惠政策，积极鼓励各市、县（区）开展体制机制和政策方面的创新，为科技特派员创业营造良好的政策环境。

4. 进一步推进科技特派员创业服务平台建设

在遵循市场经济规律的前提下，进一步探索科技特派员担保基金、小额授信贷款、风险投资及农资银行、粮食银行等融资方式，逐步建立起多元化、多渠道、高效率的科技特派员创业金融服务平台。积极探索科技特派员服务站和产业联盟的运行模式，发挥服务站和联盟的中介服务作用，鼓励科技特派员开展中非、中南亚地区国际农业科技合作。继续完善创业孵化、产权交易、成果展示平台，逐步完善宁夏科技特派员创业的服务机制，更好地为科技特派员开展服务。

5. 进一步发挥农村信息化在农村科技创业与服务体系建设中的重要作用

进一步把科技特派员创业长效机制引入农村信息点，鼓励一批信息员通过自办、联办农产品和农资经营网点，在网上发布生产、经营供求信息，逐步形成自主经营、自我供养、自我发展的经济实体，确保信息点长期为"三农"开展信息服务。支持一批创业的科技特派员充分利用自治区农村信息化平台，在为周边农民开展信息服务的同时，不断提升自身生产技术水平和创业规模。积极探索发展创业基金和科技特派员创业协会等有效形式，完善创业孵化、产权交易、成果展示平台，逐步完善科技特派员创业的服务机制，更好地为科技特派员开展服务。

第十章
湖北院县共建模式

湖北省农业科学院与县（市、区）开展科技合作共建专家大院，是科研院所利用其自身在品种、技术、信息和人才等方面的优势与基层农业共同搭建的合作平台。自 2006 年以来，湖北省院县共建专家大院基本实现了科技人员直接服务到户、良种良法直接服务到田、技术要领直接服务到人，能够有力促进了湖北省农业科技成果的转化与地方农业农村经济的发展，有效满足了湖北"三农"发展对科技的强烈需求。

一、发展历程

湖北省是科教大省、农业大省，但省内的农业科技转化率并不高，成果转化和推广存在滞后问题。在"十五"计划末期，湖北省政府要求湖北农业科学院，不但要培育出产量高、品质好、抗性强的农作物新品种，更要着眼于探究新的科技服务方式、综合生产新技术、新模式和新产品，为湖北省的农业发展和经济发展提供支撑。

湖北省农科院原先已有的 4 种成果转化模式，包括：将成熟的科技成果带到生产一线，选派科技人员在农村驻点，与企业联合转化科技成果，配合政府部门进行推广。虽然这些转化模式在湖北科技成果转化发展过程中发挥了积极的作用，但是这些模式并没有形成规模，成果转化的速度较慢。

2004 年开始，湖北省农业科学院开始探索新的成果转化应用模式。2005 年 9 月，湖北省农科院与襄樊市人民政府签订联合开发协议书，将政府、科研院所、企业和推广单位进行有效结合，显著提高了"鄂麦18"等新品种在省内的影响力和转化率。这一合作模式在成果转化与推广方面表现出明显的优势。

2007 年 7 月，湖北省首个专家大院建成，湖北省农科院与湖北曾都区人民政府科技共建专家大院正式投入使用，拉开了全省"院县共建"活动的序幕。之后，湖北省农业科学院先后与省内的广水、南漳、宜城、枣阳、襄阳、安陆、英山、鹤峰、潜江、恩施、老河口、丹江口、襄樊和利川等 20 个县（市、区）签订了"院县科技共建"的合作协议，旨在通过这种"院县共建"的模式，将专家的一流科技成果、农业新品种送到田间土地，推动现代农业和新农村建设的发展。

二、体系构成与运行机制

湖北农科院针对农业科技成果转化方面存在的突出问题，探索出一条以"院县科技共建"为载体，以"专家大院"为主要模式的农业科技成果转化之路。这种"院县科技共建专家大院"的农村科技服务模式，加快了科研单位科技成果转化的步伐，为解决"三农"问题发展提供了有力的科技支撑。其体系构成与运行机制如下。

（一）政府、科技人员和农民共同参与的院县合作运行体系

湖北省的院县共建专家大院，以满足农民增收、农业增效和农村发展为出发点，充分调动了农民、科技人员参与的积极性，在共同利益导向的目标下，推动各参与主体努力开展农业生产、提高经济效益。

其一，按照"自愿互利、共建共管"的原则，与省内县政府签订共建协议，由地方政府和省农科院负责人构成工作专班，负责活动的组织与协调。同时，由知名专家、学科带头人组成技术专班，负责实施方案的修订、关键技术指导、技术培训等工作。此外，通过院县专家共同领办的示范基地，为农民提供了良好的示范作用，有助于提升农民的技

术水平及其经济效益。

其二，在共建县（市、区）建立职责明确的领导工作责任制，院县双方共同分工负责，做到"任务到片、责任到人、协同实施、整体推进"。并通过专家咨询、信息发布、指挥调度、平台建设中心，保证共建工作的推进与落实。

（二）搭建"十岗五室一基地的"服务平台运行体系

湖北省农业科学院通过开展院县共建专家大院建设，设立转化岗位，建立农技服务平台和成果示范基地，有效解决实际农业生产中的技术难题，为农民提供及时有效的技术指导与服务。

首先，专门设置成果转化的专家岗位。院县共建充分利用当地优势及资源，在每个专家大院设立 10 个农业科技成果转化岗位，每个岗位津贴 1 万元，支持专家将湖北省农业科学院研发的新品种和新技术在当地进行示范推广。推广员由当地示范推广经验丰富的农技人员担任，负责将新品种和新技术进行示范和推广。

其次，建立"五室"科技服务的平台，为专家开展科技服务创造条件，同时也为农民咨询、熟悉相关技术成果提供场所。主要包括：农技 110 值班室，农民能够 24 小时在线咨询和服务；专家咨询室，为农民解答相关技术难题；分析诊断室，现场为农民提供技术诊断；图书资料室，提供农业科技书籍、新技术、新品种资料，方便农民及农技人员学习阅读；电教培训室，通过现代化的电教设备，随时对农民进行技术培训。

再次，通过试验示范基地，促进农民了解新技术、新产品的实际应用过程，实现科技人员"讲给农民听、做给农民看、指导农民干"，进一步促进成果的推广与应用。

（三） 项目评审制度与奖励考评体系

湖北省农科院的院县共建专家大院，通过项目评审制度与奖励考评体系，建立了完备的立项评审、岗位聘用、目标考核、年度报告和实地检查等制度。

其中，项目评审制度要求对于科技合作示范的项目，由牵头单位提出具体方案，主管部门严格按照征集、对接、协商、评审、核准执行等工作程序，对项目进行评审，签订专家大院的联合实施协议书，实行合同管理。

奖励考评体系将绩效作为科技人员、农技人员评定职称等方面的重要考核指标，建立农业科技成果转化岗位聘用和工作考核制，并实行年度报告制度和实地检查与考核制度，每年对专家大院进行检查考核。根据所在县（市、区）农业局的共建任务，对于进入转化岗位的农技人员按照《农业科技成果转化岗位管理暂行办法》择优选聘，以"分年计划、因事设岗、按岗聘用、合同管理、岗酬一致、岗变酬变"的原则，制定相应的考核和奖惩办法。同时，专家大院的专家要求每年度提交工作计划与工作总结，每年组织考核小组对专家大院的工作进行考评。此外，为了激发科技人员的积极性，"院地"双方都将工作业绩作为考核成员单位、科技人员的重要指标，将绩效作为科技人员和地方农技人员评先、晋级和评定职称等方面的重要依据。

三、工作成效

湖北省农业科学院按照"以成果转化为主"的要求，将工作重心由过去以科研为中心转变到为现代农业提供科技支撑，将成果转化作为创新工作的出发点与落脚点，将专家大院作为成果转化与科技服务的重要方式，有效解决了科学研究与成果转化之间脱节的问题，为科研成果的快速转化提供相应的平台与机制。

（一）农村社会经济效益显著提升

湖北省院县共建专家大院，以地方特色作物或主导产业为主线，整合相关的技术与品种，经过试验与综合评估之后，进行示范、展示与推广应用，促使成果转化由单项、分散的推广应用模式向多学科、集中运用的模式转变，有效提升了科研成果的集成效应，促进了当地农业农村的经济发展与农民增收。通过院县共建科技专家大院建设，组织实施了"优质稻板块基地建设"、"农作物新品种展示"、"水稻、小麦、棉花高产创建"等项目100多个，直接投入项目经费590万元。示范推广稻麦棉等新品种30多个，推广"轻简化栽培技术"、"茶叶标准化栽培技术"等先进实用技术60余项，创社会经济效益54.62亿元，为农民增收400多亿元。

以湖北省10个试点县（市、区）为例，统计数据表明"院县科技共建专家大院"活动的开展，有力地带动了10个试点县（市、区）农业科技水平全面提高，农业实现全面增产增收。同2007年相比，英山县水稻平均增产5.6%，油菜增产4.3%，小麦增产2.5%，茶叶产值增加3.5%，药材产值增加8.7%。宜城市水稻平均增产1.02%，总产达增幅3.56%。

（二）科技成果转化体系不断健全

院县共建的合作模式充分利用科研院所的品种、技术、信息和人才等资源优势，发挥地方政府行政主导作用，以及县（市、区）农业局、农技中心乃至基层站的推广人力与设施，建立了"省级农科院、地方政府—县（市、区）农业局—县（市、区）农技中心、乡镇农技站—科技示范户、农户"的新型农技推广服务体系，将科研项目和技术专家直接与农村、农户的实际需求对接，将科技成果直接输送给基层，促进农业科技成果向现实生产力的转化和地方经济的发展。目前，湖北省院县共建专家大院的成果转化率已经达到 90% 以上。通过专家大院的示范展示,高产优质品种的种植面积明显提升,每公顷产量增加,产值显著提升。以 2010 年,南漳县板桥镇晏山村为例,该村示范推广湖北省农业科学院高山蔬菜新品种及其高产高效栽培技术 13.86 hm²,每公顷产量 111 450 kg,产值 707 400 元,纯收入 125 325 元。高产优质中稻品种"培两优3076",通过专家大院示范展示,种植面积由 2006 年的几公顷发展到 49.6 万 hm²。

同时,专门为基层农技推广员设置成果转化岗位的津贴,提高了基层工作人员的收入,有效解决基层农技推广资金不足的问题,充分调动了地方政府和农技推广部门的工作积极性,提升服务"三农"的效果。

(三) 农技人员和农民科技文化素质得到提高

院县合作共建专家大院的突出特点之一是,选派农业技术专家进驻地方,与当地农技人员中选聘的成果转化岗位专家一起,通过举办培训班,开设农业技术业务培训,对基层农技人员传、帮、带,为农业技术推广培养高素质高水平的实用技术骨干。

专家利用电视、互联网、"农技 110"热线、手机短信等方式,采用集中培训与分散指导、共性技术与个性化需求相结合的手段,为农民讲解和传授先进实用技术,有效提升了农户的科技文化素质。2007 年以来,湖北省农业科学院共组织专家 8000 多人次,采取集中培训与分散指导、共性技术与个性化需求相结合的手段教授先进实用技术,共指导服务农民 100 多万人次,提供各类信息 600 多万条,培育科技示范户 29589 户,辐射农户 510 250 户,每公顷平均增收 120~150 元。

同时,农技人员的综合素质也明显提升。通过院县共建专家大院的形式,湖北省农业科学院科技人员的工作作风明显转变,一改往日热衷于在办公室、实验室搞科研的现象,更多投入试验田、示范基地;同时不再一味追求成果论文,缺乏实际考察,而是在加强科研工作的同时,开展成果转化与三农服务；此外，与基层单位之间的科技合作交流次数明显增加。

四、启示与展望

实践证明，湖北省农业科学院的院县合作共建是新型成果转化方式，能够有效推进农村地区的科技成果转化与技术转移，显著提升科学技术对新农村建设的支撑效果，为农业增效和农民增收做出了新的贡献。因此，认真总结湖北省院县共建科技专家大院的模式有利于在更大范围内进行推广，促进农业科技创新和成果转化。

（一）农业科研院所是支撑农业科技创新的重要主体

湖北省院县共建专家大院的实践表明，农业科研院所在农业科技创新体系中的重要地位与作用，具有科技、信息、人才等方面的诸多优势，能够切实解决基层农业发展过程中的难题，促进农村地区的技术引进，提升整体的技术水平。围绕当地的特色产业与支柱产业，能够有效引导创新要素向一线聚集，增强基层获取和扩散科技成果的能力，支持具有自主知识产权、技术水平较高、产业化前景好、成长潜力较大的科技成果在基层转化应用，促进传统产业技术改造与升级，为当地社会经济发展提供技术支撑。

同时，农业科研院所在与当地农技推广的合作过程中，还能有效解决研究与实际脱节的问题，使得科研院所的研究计划更加强调需求导向，以解决生产一线的实际问题为出发点；联合开展相关问题的科技攻关，引导和鼓励科研机构的工作人员走向前沿，增强农业科研院所与基层农技推广机构之间的合作，提升基层农技推广机构在技术引进、试验示范方面的能力。

（二）合理的合作机制与制度是支撑农业科技创新的重要保障

湖北省农业科学院与湖北省境内的共建县（市、区），成立了由地方政府和农科院负责人共同组建的工作专班，成立了由院地双方学术带头人及技术骨干组成的技术专班，严格实行目标责任制管理，有效促进共建工作的落实。

同时，为了保障院县共建专家大院的发展，双方还建立了完备的立项对接、岗位聘用、实地检查、项目考核验收和年度报告等制度，出台相应的奖惩措施，激发基层单位与科技人员的积极性。因此，应积极推动农业科研单位与基层农技推广机构的合作，增强地方农技推广机构在技术引进、试验、示范等方面的能力。

（三）多元化的投入机制为加快农业科技成果转化提供资金支持

建立多元化的支持院县共建专家大院建设的投入机制，能够有效促进农业科技成果转化。如今单一的政府资金渠道很难有效适应基层农村技术成果推广应用的需要，多元化的投入机制能够有效缓解资金不足的问题，推动基层农技推广与发展。

一方面，继续加大财政支持的力度，支持科技人员、科研院所深入农业农村一线开展科技服务，以项目、贴息或补助等手段，为农业科技转化提供资金支持，并带动相关领域的项目、资金等各类科技资源向科技成果转化工作倾斜。另一方面，还应通过政策的引导，使得社会力量和资金投入农村科技成果转化工作，引导社会金融机构、风险投资注入农技推广体系的建设，解决资金有限的问题，加大对农业科技成果转化的投入力度。

第十一章
"农业科技创新产业链示范工程"的四川实践

四川省是我国的生猪、蚕桑、泡菜等农业大省,近年来面对日益多样化的产品需求与农产品安全形势,需解决如何突破传统农业领域,探索从优良品种繁育、标准化种养殖、精深加工、副产物综合利用到现代物流等全产业链的系统角度,实现有限的科技创新资源高效配置,突破地区特色农业发展中的一批关键技术及其转化应用,培育特色产品,壮大龙头企业,带动产业链发展。自2009年5月以来,四川省先后启动实施了生猪、泡菜等6批19个农业领域的重大科技创新产业链示范工程。该工程重点针对农业产业链各环节需求,依托优势产学研单位组建多学科科技特派团,面向农业产业化龙头企业和产业基地,通过创新体制机制,促进技术、人才、资本、信息等创新要素与全产业链有机融合,着力完善技术链,支撑延长产业链,有力促进了技术链与产业链深度融合。示范工程实施四年来,在引导、支持龙头企业,整合产前、产中、产后科研院所,建立产业链创新团队,主导生产环节共性关键技术研发与成果转化推广等方面富有成效,推动了产业技术升级与壮大,带动了农户增收致富。科技创新产业链示范工程的实施在探索科技与经济结合的工作方式、研发重点、创业服务等方面富有特色,本文重点以泡菜创新示范工程为例对此进行总结和初步思考。

一、科技创新示范工程的主要做法

科技创新示范工程从一开始就按照"攻克核心技术,培育特色产品,壮大龙头企业,带动产业链发展"的思路,立足产业需求,从打造现代农业技术体系的角度出发,注重从良种育繁、标准化种殖、精深加工、副产物综合利用到物流配送等环节的关键核心技术,集成转化一批先进适用科技成果,从而真正做到技术链支撑延长产业链、打造地区产业的战略产品和重点产品,培育壮大优势特色产业链,推动地区现代农业产业发展的目的。

1. 面向行业企业需求,着力完善技术链

从现代泡菜产业的发展来看,泡菜产业涉及新品种繁育—专用品种标准化种植—优质安全泡菜加工—功能菌研发—发酵装备—新品种开发—副产品综合利用—营养健康研究—包装物流等多学科、多领域。工程实施的首要目的就是通过对上述产业链重点环节的逐个关键共性技术突破,完善和构建完整的现代泡菜产业技术链条。

因此,泡菜现代产业科技创新链示范工程在实施中,最重要的一点就是立足企业与行业技术需求,针对制约泡菜产业发展各环节的技术瓶颈问题,重点对企业与行业迫切需求的泡菜安全优质与清洁生产加工控制技术、直投式功能菌发酵泡菜生产技术、连续式直投式功能菌泡菜发酵设备、高活性高稳定性直投式功能菌制备技术、泡菜新产品开发、泡菜专用加工品种等进行了重点攻关,开发出了一系列切实符合企业发展和行业进步需要的关键共性技术,研究开发出一批新技术、新产品、新设备、新品种,建立了健全泡菜产业成果转化平台,提升了泡菜产业的整体技术水平。

从中我们可以看出,面向企业需求明确全产业链各环节上的研发重点,再由政府引导企业、科研院所组织研发的局面,改变了过去由专家出题,技术需求来源于专家,研发任务由专家完成的工作组织模式,推动了专家与企业的结合,解决了科技与经济脱节问题。实践中,通过实施泡菜现代产业链关键技术集成与示范工程项目,突破了四川传统发酵泡菜核心技术。其中"直投式乳酸菌发酵泡菜关键技术"获四川省科技进步一等奖，完善了技术链，对于促进四川泡菜产业做强和发展方式的转变，为四川泡菜远销30多个国家，年产值突破200亿元提供了坚实的科技支撑。

2. 遴选龙头企业牵头整合创新资源，推动全产业链集群发展

行业技术创新能力的提升需要整合和发挥行业创新资源优势。但是如何整合产业技术创新资源，引导项目创新要素向全产业链融合，打通了全产业链，真正实现技术链支撑产业链是示范工程设计初衷，也是示范工程成败的关键。例如，针对四川泡菜产业创新链关键技术创新不局限于一家或几家单位的现状，首先利用四川省食品发酵工业研究设计院、四川农业大学、四川大学、四川省农科院、西华大学等多家科研单位的科技创新资源优势，发挥四川吉香居食品有限公司、四川李记酱菜调味有限公司等泡菜龙头生产企业的市场与产品优势，共同成立"优质中国泡菜现代化产业技术创新联盟"；然后，依托泡菜产业技术联盟优势资源，择优遴选实力强、有基础的四川吉香居食品有限公司等龙头企业牵头承担项目，吸纳产业链上下游的中小企业参与，推动企业在产业链上抱团发展和形成产业集群。

目前，通过应用现代发酵生物技术，实现了泡菜产业的标准化、现代化，推动了泡菜产业结构优化升级，把"小泡菜"做成了"大产业"。四川省已经成为中国泡菜第一大省，传统短小单一的产业链被拉长，成为一个极富活力的产业链。"十一五"末期，四川泡菜产量达到150万吨，产值120亿元，居全国首位；2011年，全省泡菜产量已达180万吨，产值150亿元，2012年泡菜产量突破230万吨，产值200亿元，科技创新已经成为四川泡菜产业做大做强的重要支撑。

3. 加强创业服务体系建设，提升创业服务水平

通过完善从品种繁育、种植、加工工艺、装备、包装物流等全产业发展过程中的创业服务平台与服务体系，进一步整合城乡相关科技资源向现代农业全产业链各环节聚集，大大推动了创业服务与产业链环环

相扣。

在实践中,一方面,加强服务于全产业链的服务基地(站点)建设,包括着力加强农村科技信息服务站、农业科技专家大院、科技特派员工作站等创业服务平台建设。从全省统计来看,目前已建成跨市(州)、互连互通、全省性统筹城乡发展综合信息服务平台,开辟了"科技兴农"、"网上买卖"等一批城乡互动的栏目,建立村级科技信息服务站 93 个,网站访问人次已达到 18.79 万。已建立农业科技专家大院 265 个,常驻科技特派员 1200 多人,覆盖了 21 个市州、142 个县的 1418 个乡镇。另一方面,实施泡菜产业科技特派员创业链建设。通过组建一支科特派团队,以产业链为载体,通过多学科的科特派团队深入龙头企业和产业基地,提供产前、产中、产后的全程技术支持与服务,提高农业产品科技含量和附加值;同时,鼓励科技特派员围绕产业链的关键环节领办、创办、协办经济实体和专业合作组织,推进农业领域产学研用深入结合。

二、科技创新产业链示范工程的基本经验

1. 理念创新是科技创新工程系统设计的根本

从四川省实施科技创新产业链示范工程以来,以工业化的理念发展农业是该创新工程进行系统设计的一个重要思想。所谓工业化理念,就是借鉴工业发展商品生产、市场营销、经营管理等方面的成功经验,从发展现代农业的产业特点和发展趋势来看,推进泡菜品种繁育及基地建设、泡菜加工、副产品利用、包装物流等一二三次全产业链的科技创新支撑,大力推进专业化、标准化、规模化和集约化的农业生产经营,不仅注重了支撑产业链纵深发展,更注重突破了传统泡菜种植领域,把泡菜产业由原初级生产资料提供与后端精深加工、物流配送、品牌创建、市场营销及网络管理等有机结合起来,推进了产业升级,实现了从一二三次产业的全产业链角度实施科技创新工程的理念创新。

2. 注重龙头企业在成果转化中的作用，高效推动传统产业升级

作为科技管理部门，四川省科技厅首先提出了"三分研发、七分转化"的理念，因此在项目实施过程中坚持"两手抓"，一手抓产业发展急需关键技术和共性技术的协同攻关，一手抓先进适用科技成果的转化应用推广。为此，针对泡菜产业创新链的实施，加快泡菜研发成果转化平台建设，组建了国内首个四川泡菜产业技术研究院，并发挥已有的四川泡菜研究所、四川泡菜工程技术研究中心、四川泡菜菌种资源库等机构优势，为科技成果转化奠定良好基础。

由此推动了泡菜产业领域一批重大科技成果得以在企业转化，并取得巨大的经济和社会效益。吉香居公司承担的四川省农业科技成果转化资金项目"直投式乳酸菌发酵泡菜新产品标准化生产"，应用直投式功能菌取代传统发酵，加快泡菜产业的标准化、规模化生产，目前已经初步建成500吨/年的直投式乳酸菌剂制备线1条和1500吨/年的直投式乳酸菌发酵泡菜生产线1条，累计生产直投式乳酸菌发酵泡菜产品1600吨，新增产值3200万元。四川李记有限公司承担的四川省重大农业科技成果转化资金项目"泡菜标准生产关键单元智能自控技术集成及应用"项目，旨在提升传统泡菜生产的机械化、智能化、自动化程度，已完成了1.2万吨/年泡菜自动化单元集成生产线部分配套设备的研发、生产和安装，初步建成了1.2万吨/年泡菜自动化单元集成生产线，累计生产相关产品13500吨，产值1.35亿元。

3. 体制机制创新是科技特派员创业制度的灵魂

以农业园区或基地为创业载体，以科技特派员为最具活力的创新要素，通过体制机制创新带动多个创新要素聚焦于创业活动，是推动一个地区、一个产业领域真正实现科技与经济结合的有效途径。从这个意义上来说，科技特派员农村科技创业是提高农村基层科技能力的重要途径，是健全新型农村科技服务体系的重要载体。

四川省在组织实施科技特派员农村科技创业行动中，积极探索创业

服务模式，曾先后出台《关于加强四川省科技特派员工作的若干意见》等文件，成立协调指导小组，加强统筹协调和宏观指导。各市、县积极探索，大胆创新，涌现出一批符合市场经济规律、具有生命力的科技特派员创业服务新模式。如：巴中探索出"一主双股"的科技特派员创业服务模式，引入龙头企业做农业园区业主，科技特派员用技术入股，农民用土地参股。德阳市总结出"三位一体"的科技特派员创业服务模式，科技特派员既是首席专家，又是经济实体投资人，还是专业合作社组织理事长，自带技术、自带资金、自主经营、自负盈亏。

4. 找准产学研利益联结点是保证工程持续性的前提

找准企业、科技人员与农民的利益联结点，推动构建了以利益为纽带、以解决产业和企业发展需求为目标的产学研联合机制。这其中，企业通过急需关键技术成果的运用，提升了产品的科技含量和附加值，增强了市场核心竞争力；科技人员通过有偿咨询、技术转让、效益提成等方式获取了相应利益；农民通过参加技术培训和应用先进适用技术成果，提高了自身素质、生产效率和生产组织化程度。多种创新要素的应用促进了生产力提高，带动了特色优势现代农业产业发展。因此，在将各种创新要素与产业链融合的过程中，通过土地入股、技术入股、订单种植、项目委托研发等方式，建立企业—农民—科研人员等利益共同体，推动建立协同创新的产学研利益机制，可有效保证成果产业化与创业活动的可持续性。

三、几点思考

1. 试点部门联动，整合多方力量加大创新链投入

从科技创新产业链示范工程的组织实施来看，产业链项目设计方式对项目组织管理、项目设计和组织协调都提出了更高要求。从目前的组织方式开看，主要是以科技管理部门为主导的产业技术创新工程，主要是集成了科技管理部门、科研院所、企业等多方的科技投入，与地方其

他涉农部门、市州的支持与联动不足。因此，为更进一步做到统筹资源、集成经费、突出重点，需要科技与产业等多部门全方位联动，建议选择某些地区探索科技管理体制、科技计划管理改革的试点，按照国家对科技管理部门的职能定位，以科技管理部门为主体，建立涉农科技项目信息管理平台，进一步统筹各部门间的资金、人才等研发力量，进而采取面向企业需求、整合优势力量等措施，推动产业链创新项目，更进一步提升工程的系统设计能力，实现科技与产业在组织实施体制层面的真正结合。

2. 因地制宜探索产学研联动模式，推动协同创新

全产业链的构建依赖于产学研协同创新。目前以利益为核心的产学研联合机制有待进一步完善，企业与科研单位、科研单位自身间的沟通协调合作还不够流畅，不同学科、不同领域、不同部门科技人员联合攻关机制也需进一步磨合，协同创新能力与产业发展需求存在一定差距。因此，需要进一步在目前"三位一体"、"一主双股"等创新创业模式基础上，因地制宜探索产学研联合多种模式，推动产业、企业、科研单位在规划设计、产品开发、品牌创建等多方面、深层次的战略合作，构建完善以利益为纽带的产学研深度融合机制，推动产学研稳定持久合作。同时，要注重加强省区间在人才、成果应用等领域的合作，深化省区间科研院所、企业间的成果应用力度，同时依托项目载体，推进人才引进、人才联合培养、人才培训等，保证项目实施有专业的人才队伍支撑。

3. 继续完善多层级、全覆盖的创业服务体系

省市县三级互动、现代农业产业链全覆盖的创业服务体系是推进示范工程落到实处的基本保障。因此，一方面，持续推动创新服务平台建设。在已有特色产业科技创新服务平台基础上，对优势资源进一步整合、集成，加强企业牵头、产学研联合、协同创新服务产业发展的现代产业技术研究院建设，在泡菜主产区、加工区、副产品综合利用等地

区，组建一批形式多样、扎根基层、服务产业的新型农村产业技术服务中心。另一方面，围绕面向企业需求的研发及产业化等创新活动，进一步夯实服务于科技特派员创业的农业产业化基地、专家大院和农业科技园区等载体建设，推动有利于科技特派员创业、创业带动就业、就业带动增收的创业服务体系与成果转化信息服务体系建设。

第十二章
福建省南平市"科技特派员制度"的启示

"科技特派员制度"1999 年首创于南平,它的产生和不断完善,为新时期我国农村,特别是市场经济欠发达农村的经济发展找到了一个新的突破点。在当时的中国农村,它可以当之无愧地被称为一次真正意义上的农村制度创新,并对后来的农村科技制度的完善产生了深远影响。

一、南平的"科技特派员制度"特在哪里

1. 对政府在新时期农村工作中的作用予以重新定位,将技术引进作为新时期破解"三农"问题的切入点

资金、土地、劳动力是经济增长的三大基本要素。1978 年家庭生产责任制对生产队体制的替代,仅仅是使农民获得了土地的经营权,就极大地解决了当时农业生产上激励不足的问题,使农业经济得以迅速增长。然而,自此之后的 30 年间,中国农村发展就再也没有出现过如此有影响力和震撼力的新的变革。在现阶段的大多数欠发达农村,农业生产投入产出比值的偏低,资本不仅缺乏进入农村的动力,而且每年还有数以千亿计的资本流出农村。同时,考虑农村目前的实际情况,土地制度在短期内也不会发生根本性的改变。而南平的"科技特派员"制度,恰恰是在现行体制框架下对农村中劳动力要素的一种充分开发。它通过技术与农村中充裕劳动力资源的有效结合,使劳动力要素真正成为活跃农村经济的一项基本要素,而不是传统意义上作为剩余劳动力被转移出

去的对象。

2. 依靠双向选择机制，将农村基层最富有创造性的力量调动起来

与传统扶贫方式下强调资本注入完全不同的是，"科技特派员"制度中，资本不再是最为重要的外部变量，服务的对象也不再单单是最贫困的人群，而是转而将技术作为引进的重点，将农村中最先进的生产力和最先进的人群，作为瞄准的主要目标和服务的主要对象，以发挥更大范围内的示范和带动作用。同时，农民对科技人员的选择也是直接的和无障碍的，一方面，南平已经建立了"科技特派员之窗"信息网站，将科技人员的有关情况在网上和布告栏发布；另一方面，政府在选派技术人员时，是根据全市农村产业结构调整的需要和各村特色农业开发中农民的实际需求来进行的，而不是行政命令式的"拉郎配"，这样，农业科技人员与村子、农业企业、农业大户直接见面，双方在自愿磋商的基础上达成服务契约关系。科特派们的工作业绩和工作成效与农民的评价和需要息息相关，一些科特派将这一现象形象地概括为"原来我听领导的、现在我听农民的"。科技人员和农民的这种双向选择机制，在实践中提高了科技与农业结合的效果。

3. 建立利益机制，将大批优秀人才引入农村建设，激活农村经济

"科技特派员"制度与我们以往所熟悉的"科技干部下基层"、"送科技下乡"等活动有着本质上的区别。因为过去的科技活动往往带有临时性和随机性，而南平市科技特派员制度，除了采取一些"贴身短打"式的为农民提供直接和基础性技术服务的行政措施外，还按照市场经济规律来解决科技成果与农民结合问题，大力鼓励科技人员以资金入股、技术参股等形式，与农民群众，尤其与专业大户、龙头企业结成经济利益共同体，实行风险共担、利益共享，形成了农业科技推广的投入回报机制。而且，政府对科特派们的管理非常灵活，在保证一个村需求的前提下，只要农民需要，他们就可以扩大自己的服务面，负责多个村的技术指导，获得更大的利润。共同的利益目标和自由的活动空间，

使科技特派员们能够切身从农民的实际需求出发去选定项目，谋求发展。同时，农民也通过科特派的活动看到了蕴藏于农业发展中的潜力，得到了从事农业生产的实惠，也激发了他们学习科学技术的极大热情。这样，不仅普及了实用科学技术，提高了农民的科技素质，还培育了一大批乡土科技人才，这些乡土人才会成为继科技特派员之后的，又一批农民致富的领路人。回顾中国农村发展的 30 年，可以说，它是中国农村经济发展较快的时期，同时，也是农村大量人才流失的阶段，科技特派员制度的实行，恰恰是通过利益机制，将大量优秀人才引入农村建设，并加速了乡土人才培育的一种有效机制。

4. 整合现有资源，改革和完善现有的农村技术推广体系

当前，我国政府农业技术推广体系的中坚力量是政府兴办的分工详细的五大专业技术推广体系。这一形成于计划经济体制下的科技推广体系在现阶段的农业发展中面临着种种问题。南平市自实行科技特派员制度以来，对全市的人才状况进行了全面梳理，把科技人员按专业进行整合，组建了畜牧兽医、果树、水产、茶叶、木竹等 19 个行业科技服务组和 760 多个科技服务小组，所有科技特派员都加入到各个行业服务组。在此基础上，结合乡镇机构改革，将原有的农村科技推广机构进行了整合。在武夷山市兴田镇，我们看到，镇政府将原来的农技站、农机站、畜牧站、经作站、水产站、供销社、镇科委、镇科协的机构和人员整合成镇科技特派员站。这里的科技特派员全部挂牌上岗，一部分科特派长期留守在工作站，分成四个产业组，负责免费解答农民问题，农民所需要的化肥、良种和农药就可以在这里购买，同时，室内的电子显示屏还会不断地将最新的农产品供求信息提供给农民；另一部分科特派则长期驻扎在村里通过项目或利益共同体为农民提供直接服务。它彻底打破了农业技术推广中的行业界限，为农民提供了全方位的及时服务，形成了新型的农村科技社会化服务体系。

5. 进行了从单纯技术引入到综合技术引进转变的不断探索，架构

了农村市场经济发展的新体系

在我国大多数的落后农村，农业总体上一直是处于自然经济或亚自然经济状态下运转的，而自然经济或亚自然经济状态具有突出的惰性经济特征，可以说，没有市场经济的引入，贫困地区就不可能有大的发展和进步。南平科技特派员的一个突出特色，就在于它不是单纯农业技术的引进和推广，随着农技推广向产前、产后延伸，由单一的技术服务向综合技术服务转变，包括生产资料的供应、信息服务、市场销售储运和加工服务等。它在不断地探索和发展过程中，在派出技术特派员的同时，还派出了流通助理和金融助理，将整个农村经济纳入市场化运作的体系。它通过不断地引导广大农民熟悉市场参与市场活动，将他们培育成为市场的主体。可见，南平的"科特派"所强调的，不再是单独的、孤立的农业技术的推广，而是将其扩散到农业推广的大范围中，这就远超出了传统计划经济下农业技术推广的范畴，从而具备了综合性农业推广平台的雏形。

6. 实现了对农村基层民主建设的有益尝试，从根本上密切了党群、干群关系

南平在建立科技特派员制度后，逐渐认识到，单单的一个科技导入并不能解决所有的问题，不足以撬动农村整个资源向资本的转化，于是在 2000 年下派了村党支部书记。它改变了村民选举自下而上产生民主权威的做法，实践表明，下派村支书避免了村里强势人群对村务的把持，有助于解决宗族势力的矛盾，也可以避免以往基层政权存在的矛盾对今后工作的影响，对科特派工作的开展创造了良好的环境。长期以来，理论界认为农村问题应该通过基层民主自上而下地不断发育，积极力量不断地去解决。南平的经验使理论界长期争论的问题被下派干部有效地推动基层民主的行为化解了，这不失为对相对落后农村基层政权建设的一种有益尝试。

二、南平的"科技特派员制度"给我们的启示

1. 科技在农村经济发展中大有可为

现阶段中国农业所面对的，是千家万户的小生产和千变万化的大市场之间的突出矛盾。在既有体制下，农民在小面积土地上采用新技术的客观风险加大，农民由于自身知识能力和素质限制所造成的主观风险也不容忽视，这在一定程度上导致了农民技术有效需求不足的状况，也使一些人对依靠技术进步解决农村问题的思路产生了怀疑。而南平通过科技特派员的实践，第二年的当地农业总产值增幅就达到了 6.9%，农民增收幅度为 8.2%，都分别高于福建省 2.7% 和 4.2% 的平均增长水平。当然，农业发展是一个综合的结果，我们不能将其完全视为科技特派员制度的贡献，但是，它最起码表明，通过适宜的引入方式，科技在农村经济发展中还是大有用武之地的。

2. 最伟大的创造来自于基层，来自于民间

与二十多年前的土地家庭经营制度类似，科技特派员制度同样首创于基层，来自于民间。它是在我国农村经济发展到特定时期，一些基层干部面对农业生产形势的新变化，考虑农民的切实需要而萌生并发展起来的一项制度创新。它的最伟大之处就在于，在既有的体制框架下为解决"三农"问题寻找到了一条切实可行的、最有助于利用农村现有资源的发展道路。

3. 政府对科技工作的高度重视，是发挥科技在地区经济增长中作用的关键

南平市政府在推行科特派制度的过程中，从政治上、经济上给予了科特派员们特殊的优惠政策。比如，干部下派期间原有编制、职务、工资福利和技术职称保留；机构改革时优先占用编制、职务（岗位）工资上浮一档，优先安排年度考核优秀名额，优先予以提拔重用。同时，各级财政都从紧张的经费中切出一块专项经费用于科技特派员的工作，

相关职能部门和派出单位也对科技特派员工作提供一定的经费支持。新闻媒体也不断地宣传报道科特派的先进事迹，不断推出典型，在全社会营造良好的舆论氛围。这些，都是南平市领导对科技工作高度重视的结果。此外，离开了政府的高度重视，对现有农技推广部门的整合也几乎是不可能的。过去的"太行山之路"和今天南平的"科特派制度"都表明，政府的高度重视，是发挥科技在农村经济增长中作用，实现有利于农民和农村经济发展的制度创新的根本和关键。

4. 以科技为切入点，将农业培育成新兴的、活跃的经济增长部门是完全可能的

半个世纪以来，我国农业的基本定位集中在保障国家食物安全、为工业发展提供原材料和维持社会稳定等方面，农业一直被置于被动、辅助甚至是被剥夺的地位。南平的实践表明，只要寻找到适宜的推广方式，农业完全可以依靠现代科学技术，来尽可能地拓展生产空间，加深农业及农村其他产业的分工和产业关联，增加农业生产及农产品加工深度，延长农业的产业链条，拓展农村经济活动领域，从而围绕农业极大地创造新的就业机会和经济增长机会。

三、几点建议

1. 南平的"科技特派员"制度是适用于一定时期、一定阶段和一定区域的农村科技政策

科技特派员制度在南平的成功实践，为新时期农村经济发展找到了新的切入点。但是，这并不是一个放之四海而皆准的政策。在市场化程度不同、经济发展程度不同的地区，科特派的具体做法会有所不同。大体上看，科特派制度可能更多地适用于那些农业产值在 GDP 总额中所占比重较高、农民收入水平较低、地方市场化程度较差的相对落后的中西部地区。而且，随着宏观环境的不断变化，科特派的具体内涵和表现形式也要发生相应的调整。

2. 政府应为一切有助于农村经济发展的制度建设提供宽松和开明的政策环境

目前南平的科技特派员制度的发展需要一个更加稳定的、相对开明的政策环境。公务员可以在农村创业投资、政府事业单位工作人员可以在农村创业的同时拿国家的工资，这些措施，对优秀专业技术人才产生了巨大的吸引力，但对长期处于计划经济体制下的行政体制来说，很多人对这一现象可能是难以接受的。这也是为目前南平市基层政府所忧虑的地方。但是，既然我们将农村作为新时期工作的重点，希冀尽快实现经济的腾飞，政府就应该摒弃过去沿袭于计划经济的一些想法和做法，对那些有利于促进农村要素潜力发挥的地方政策，在考虑成本收益的基础上，大开绿灯，为农村创业者提供一个更加宽松的环境。

3. 逐步对技术进行分类提供，明确政府公共物品或准公共物品提供的职能

南平科特派的具体形式是多种多样的，大体上可分为无偿和有偿两种。从目前来看，无偿的技术提供者，其激励来自于社会的认可以及自身的责任感和使命感。但是，随着市场经济的发育和完善，这种单纯依靠荣誉来激励的做法可能会出现一定的问题。我们主张，现阶段，在宣传和鼓励这种做法的同时，应进一步积极探索市场机制下的新的技术提供方式，把那些属于公共物品或准公共物品范畴的技术纳入政府无偿服务的内容，而把可以按照市场机制运作的技术逐步转化为有偿服务的形式，以维持其持久性和可持续性。

4. 积极引导农村专业技术协会的发展，将更多的市场机制引入农村

南平的专业技术协会是在现有正式组织的制度空缺中产生和发展起来的。与其他地区的专业技术协会有所不同的是，科特派制度的建立是促使其产生的一个主要原因。在南平，科特派制度所推动的农民对产前、产中，特别是产后环节服务的迫切需求，使农村专业技术协会成为

满足现实需要的一种经济技术合作组织。它适应了农民单家独户难以与拥有科学技术的大专院校和科研机构打交道的现实，为解决引进和推广新技术与农户分散经营之间的矛盾提供了可能；它顺应了商品农产品生产中农户需要得到各类农业技术和产品加工、销售等方面服务的愿望，为农民新品种、新技术获得，生产能力提高，以及产前、产中、产后的农业生产全程提供服务；它为从事相似农产品生产的农民提供了一个相互交流技术和信息的场所，有利于缓解农民在商品生产中的风险，从而使专业生产得到稳步发展，防止和克服生产大起大落的现象出现。将来，它还会有助于改变市场经济条件下农民的弱势地位，提高他们与龙头企业、公司和其他组织的谈判地位。虽然它的职能和运作方式还需在市场经济条件下不断规范和完善，但从南平的实践看来，专业技术协会的发展是科技促进农村经济发展过程中一个必不可少的载体。

5. 大力加强农村基础教育

南平科技特派员的实践表明，农村中文化程度较高的农民，其对新技术的接受和吸纳能力越强。而我国目前农村的基础教育相对薄弱，农村劳动力素质与农村社会经济发展的要求相去甚远——国家统计局2001年的农村住户调查年鉴显示，在农村中，还有40%的农村劳动力的教育水平在小学或小学以下的程度。随着科技推广内涵的不断扩大和市场化程度的不断提高，劳动力素质将成为制约农村经济发展的不可避免的瓶颈因素。现代人力资本理论认为，区域的经济实力取决于区域拥有的物质资本存量的数量和质量以及人力资本存量的数量和质量；在信息时代，区域的经济竞争能力更是主要取决于区域的人力资本存量的质量，即劳动者的素质。因此，加强农村基础教育，是未来中国农村实现较高层次上的可持续发展目标的关键之所在。

第十三章
对广西柳州市柳城县村级科技特派员试点工作的调查分析

当前，科技特派员制度在建立新型农村技术服务体系中正发挥着越来越重要的作用。但是，在实施过程中也面临着一些问题，其中，科技人员如何有效地和农民结合成为利益共同体，培育稳定的科技特派员队伍，成为亟待解决的关键问题之一。现实中从城里来的科技人员常常面临无法适应农村环境的窘境，从而导致队伍的不稳定。而事实上，一些地区依靠农村特有的"土专家"、"田秀才"，在农业技术推广和成果转化过程中发挥了很大作用。但是，这些"土专家"、"田秀才"的工作大多是在自愿的前提下，凭借对农村的感情以及各种亲缘、血缘、友缘关系自发地完成，因而依旧缺乏稳定性。

针对以上问题，广西柳州市通过采取村级科技特派员制度，充分发挥了一批包括"土专家"、"田秀才"等技术能人在内的各种农村能人的作用，将个人自发的行为制度化，提高了农村科技成果转化的速度和效率，在这些农村能人的带领下，技术成果的转化应用迅速扩展，形成一村甚至一乡（镇）的特色产业区，带动了县域特色优势产业的发展。

一、村级科技特派员试点的基本情况

为构建起"科技人员直接到户、良种良法直接到田、技术要领直接到人"的农业科技推广机制，加快农业科技成果转化，增强农民依靠科技脱贫致富能力，柳州市科技局在实地调研的基础上，于2009年

5 月联合农业局印发了《2009 年柳州市村级科技特派员试点工作方案的通知》，在柳州市下属的柳城、三江两县选择了 8 个乡镇 16 个村委进行试点示范，推行村级科技特派员制度。经过层层筛选，在太平镇黄宜、近潭、老堡乡让口等 16 个村委会各选定一名文化程度高、懂技术的科技示范大户聘为科技特派员，并签订了柳州市村级科技特派员目标管理责任状。为了确保试点工作的顺利开展，所需试点经费从柳州市科技特派员项目资金专项列支，由市科技特派员工作领导小组办公室将经费拨到试点县科技局，主要用于村级科技特派员的培训资料书籍费、差旅费、工作生活补助、表彰奖励和村级科技特派员工作的日常工作经费。

一年多的试点工作表明，通过这样一批"懂技术、会经营、有能力、乐奉献"的村级科技特派员的参与，较好地解决了当地产业发展技术"缺位"难题，促进了科技服务与经济发展的有机结合。据统计，2009 年村级科技特派员共开展各类知识培训 150 期，培训农民 5000 多人次，发放技术资料 20 000 份；开展入户指导达 2294 人次；建立水果、食用菌、桑蚕、蔬菜、茶叶示范基地 15 个；创建各类经济专业合作组织、协会 16 个；提供信息 300 多条，提供技术服务 3500 多人次；推广新技术 25 项，引进新品种 18 个。

二、主要做法与成效

（一）建立具有当地产业优势的科技示范基地，积极引导群众发展特色优势产业

每个村级科技特派员围绕当地的甘蔗生产、水果种植、食用菌栽培、蔬菜种植等优势特色产业，结合自己特长，重点抓一个产业科技示范基地建设，引进新品种、新技术，优化经营结构，做好技术指导、咨询服务和示范带头作用，从而加快了农业技术推广，促进了农业科技成果转化。在科技特派员的引导下，大力发展水果种植业，逐渐改变单一

品种的经营状况，根据季节和农民需要，在保花保果、病虫害防治等重要环节，结合水果出口检疫的要求，指导果农合理用药，增强市场竞争力，增加了农民收入。

（二）组织完善农村专业合作组织，共建产业发展的利益共同体

为了更好地发挥示范带头作用并且通过组织结成相对稳定的利益共同体，村级科技特派员积极组织成立各类农村专业合作组织，仅 2009 年一年，由村级科技特派员组织新成立的专业技术合作社就有 3 个。目前，柳城县 8 名村级科技特派员中有 6 名分别为各协会或合作社的会长、理事，他们在组建并完善协会（或合作社）的产业生产服务载体功能中发挥了重要作用。比如，冲脉镇"顺兴食用菌专业合作社"的理事（科技特派员），负责斗村食用菌示范场的生产技术工作，该场 2009 年利用桑杆栽培姬菇、木耳、香菇、秀珍菇等品种 20 多万袋，在田间地头建立了 8 个大棚食用菌基地，带动周边 40 多户农户种植食用菌；为了更好地促进冲脉镇水果业的发展，2009 年 8 月由科技特派员牵头组织了"冲脉镇安顺水果专业合作社"并担任理事长，合作社成立后，为果农提供生产物资，举办技术培训，开展技术指导及产品营销工作。

（三）积极组织技术培训和入户指导，把科技送到农户家中

开展农业技术、信息服务是村级科技特派员的主要职责之一。试点以来，围绕当地的甘蔗和柑橘等主导产业，一些村级特派员积极组织技术培训和入户指导，每月均免费培训村民一次以上，共组织技术培训 61 期，参加人数 3430 人次，为群众解决了很多生产难题，收到了较好的效果。还有的村级科技特派员多次自筹资金组织村民代表或示范户到外县或者外省市（如海南等地）考察学习，取人之长，补己之短，开阔视野，增强了发展生产的信心和决心。由于都是同村或者是邻村人，村级科技特派员能够做到"手把手"地入户指导，言传身教，技术推

广效果好，效率高。比如，在冲脉镇食用菌栽培方面，科技特派员经常利用晚上时间到斗村、米村、后全、瑞村等村屯，举办技术培训，推广桑杆栽培食用菌技术。通过技术培训，参加学习的农户均掌握了生产技术，试种了桑杆食用菌并取得了高效益。

三、村级科技特派员制度构建了以农村能人为核心的农技推广模式

科技特派员制度从"南平实验"到现在已经经过了十多年的发展历程。目前，我国科技特派员队伍正不断壮大，科技特派员总人数已达7.2万余名。从其人员的组成情况看，已由最初的农业科技人员逐渐扩展到各个行业、各个领域中有志于农村科技推广的人员。根据科技部等八部委出台的《关于深入开展科技特派员农村科技创业行动的意见》，这种科技特派员队伍拓展的趋势将进一步扩大，国家不但鼓励科研院所、高等院校、农林科技人员深入农村开展创业服务，而且支持鼓励高校毕业生、返乡农民工、农村青年致富带头人、大学生村官、离退休人员及企业人员等参与科技特派员农村科技创业行动。

广西柳州市柳城县从2009年开始试点的村级科技特派员制度在拓展队伍、创新选派方式上做出了有益的尝试。这种制度的最大特征是，将农村能人纳入科技特派员队伍，在科技特派员制度框架下更好地发挥农村能人效应，一方面克服了科技特派员制度中存在的人员不稳定的缺陷，另一方面充分发挥了农村能人的作用。

（一）农村能人在我国农业和农村经济发展中发挥着不可替代的重要作用

所谓农村能人，是指那些在农村组织并开展生产和交易等各种经营活动、以劳动或投资致富的群体。他们大多勤俭持家，吃苦耐劳，头脑灵活，精打细算，敢冒风险，自强自立。事实证明，农村能人在我国农

村经济发展中发挥着不可替代的重要作用，他们以特有的胆识和气魄，创办出各具特色的能人经济，带动了农村经济的全面发展；他们依靠科技创出了业绩，言教身授传播科技，引发了农村学科技、用科技的热潮，促进了科教兴农发展战略的实施；他们以勇于闯荡市场的行为和实效，引导更多的农民进入市场，加快了农村市场经济的发育；他们率先致富又帮助别人致富，为实现扶贫攻坚计划做出了不可磨灭的贡献。

（二）村级科技特派员制度将农村能人和科技特派员有效连接在一起

为了能更充分有效地发挥农村能人的示范带动作用，村级科技特派员通过一系列制度安排，将农村能人有机地纳入科技特派员制度之中，使之成为科技特派员队伍新的有生力量。

1. 选拔标准

村级科技特派员的选派范围主要包括农村实用人才和专业大户。具体的选拔条件包括：①有适度的产业规模（从事种植的，基地规模不少于15亩；从事养殖的，畜类不少于100头，禽类不少于1000羽）；②效益好（种养年收入不低于2万元）；③有传授技术的热情和壮大自身规模的愿望；④具备初中以上的文化程度，有较好的表达能力和协调能力；⑤有政治素养；⑥有从事技术指导和培训的时间。可以看出，村级科技特派员在选人标准上突出示范和带动要求，即一方面每个特派员都要是这一产业领域中的能人，另一方面他们还必须有带领周边农户共同致富的意愿和能力。

2. 主要职责

政府对选派的村级科技特派员所赋予的主要职责包括：第一，选准项目抓好示范，建立科、农结合的利益共同体，因地制宜，引进推广适合当地产业的优良品种，加大科技成果转化力度，培育特色产业，增强农村经济发展后劲；第二，开展形式多样的农业技术、信息服务，帮助组建、完善农村专业合作组织，引导农民跑市场、捕信息，组织农产品流通，积极解决农产品销售问题；第三，开展科普宣传和先进实用技术培训，帮助农民提高科学文化素质，增强科技意识，提高致富本领；第四，定期反馈当地农村工作信息，反映当地农村政策的贯彻执行情况，提出发展当地经济的建议和措施。

3. 待遇和权益

在对职责做出明确规定的同时，有关村级科技特派员的待遇和权益也有相应的保障，目的是能形成一种正向的激励效应。具体来说，主要包括两大方面：一是相关"社会待遇"。村级科技特派员，每季度至少免费培训两次，免费发放技术资料，免费食宿。凡是上级安排的相关培训，优先安排特派员参训，并承担所有的费用。有条件的地方不定期组织科技特派员到周边产业建设先进地区参观考察，以开阔眼界，取长补短。二是相关"经济待遇"。村级科技特派员每月能够得到工作经费300元，在柳州市科技特派员项目专项经费中开支。

4. 选派程序

村级科技特派员有一套严格的选派程序。首先，试点村的确定由柳城县根据需要提出申请，报柳州市科技特派员工作领导小组办公室批准。其次，由柳城县提出需求计划和人选，市科技特派员工作领导小组办公室实地考察，了解其基地规模、管理情况、家庭经济实力以及在村党支部、村委会和群众中的口碑。考察后，在村公示一周后确定。人员确定后，市科技特派员工作领导小组办公室与各村科技特派员签订责任状（柳城县科技局作为委托管理方丙方），明确其应享受的各种权利和应尽的义务。

（三）积极推动村级科技特派员制度建设是我国县域特色优势产业发展的有效途径之一

县域经济是我国国民经济的基础单元。新时期加快县域经济持续健康发展的根本在于提升县（市）创新能力，而创新能力建设的重要载体是各具特色的县域优势特色产业。和城市不同，由于自身禀赋的差别，县域产业不能贪大求全，其产业发展应该立足于特色，突出比较优势，重点是延长特色产业链，最终形成一定规模的产业集群。

柳城县村级科技特派员试点虽然只进行了一年多的时间，但是作为一项新的制度创新，其在促进地方优势特色产业发展方面取得了显著成效。作为各个村的产业发展带头人，每个村级特派员依靠他们多年来在市场中闯荡积累的经验，吸收借鉴政府提供的有益信息，通过建立产业科技示范基地，以农村专业合作组织为载体，带领同村群众共同发展具有当地特色的优势产业。虽然每个特派员发挥作用的区域主要集中在一个村或几个村，但是整个村级科技特派员队伍共同作用所带来的示范带动效应已经在整个县域范围内产生了显著影响，对发展县域特色优势产业意义重大。

四、启示与政策建议

（一）启示

广西柳州市柳城县把培育农村能人队伍、发展农民专业技术合作组织作为促进农业技术成果转化的有效途径，使一头连着农民、一头连着市场的农村能人成为科技特派员队伍中的重要新生力量。这一制度创新在实施过程中取得了较好的成效，为农业技术推广和成果转化以及发展县域特色产业探索出了一种新的模式。

这种新的模式带给我们的最大启示是：在分析解决我国农业和农村经济中面临的相关问题时，要学会重视和利用乡土资源，尝试从农村内部解决农村自身的问题。最初的科技特派员制度目标是让城里的科技资源由那些愿意在农村创业的科技人员带入村庄，并通过市场机制手段完成科技资源的导入。而村级科技特派员则是充分发挥农村内部的能人效应，依靠这些农村能人将科技要素植入村庄，并通过组织化的方式将科技要素与资源要素有机结合，带动优势特色产业发展，延长农业产业链，从而形成一定规模的优势特色产业区，最终带动农民增收、农村发展。与通过外部要素导入引发的发展相比，由农村内部资源带来的经济增长显然成本更小，同时，考虑到我国乡村社会是一个典型的熟人社会，农村能人对周边群众的示范带动作用会非常显著，因此，村级科技特派员在减小农业成果转化成本的同时也确保了转化规模和效果。

（二）政策建议

村级科技特派员制度目前还处于试点阶段，为了能更好地发挥其政策作用，使之成为一种在更大区域范围内有推广价值的制度创新，需要政府相关部门根据试点情况不断总结经验，建立长效发展机制。因此，提出如下政策建议，希望能对村级科技特派员下一步工作的开展有所帮助。

1. 进一步组建并完善以村级科技特派员为核心的农村专业合作组织

以村级科技特派员为核心的农村专业合作组织是这些农村能人发挥示范带动作用的重要载体。从试点开展情况看，村级科技特派员大多是这些合作组织的组建者和带头人。在今后工作中，政府有关部门应加大对以村级科特派为核心的农村专业合作组织的政策扶持力度，使之真正成为将村级科技特派员和普通农民群众联系在一起的利益共同体。要继续培育以村级科技特派员为主的专业合作社，因地制宜，引进推广适合当地产业发展的优良品种，建立农业科技示范基地，培育特色产业。要引导村级特派员对合作社会员的产品实行统一技术管理、统一包装、统一推介，逐步形成拥有成熟基地、先进技术、产销一体的产业"龙头"。同时，要开展形式多样的信息服务，引导特派员组织农产品流通，积极解决农产品销售问题。在条件成熟的时候通过对村级科技特派员队伍进行资源整合，成立经纪人协会组织，扩大村级科技特派员队伍的影响力。

2. 进一步为村级科技特派员发挥其能人效应创造条件

村级科技特派员制度能够发挥作用的核心在于有效利用了农村能人效应。通过这些能人的实地示范，鼓励并带动普通农户采用新技术，发展新产品。因此，政府应进一步为村级科技特派员发挥能人效应创造条件。要鼓励村级科技特派员承包租赁村庄内闲置的无力管护的基地，扩大规模，滚动发展，做好个人基地的规模示范作用。要支持村级科技特派员以技术指导或技术参股的方式，联合技术力量差的农户共同发展。要促进村级科技特派员开展农村科技创业，鼓励建立一批科技特派员创业链，促进农村特色产业发展，带动农民增收致富。

3. 进一步加强对村级科技特派员的培训力度

村级科技特派员是在农村土生土长的各类能人。虽然他们在各自所从事的行业中已经取得了一定成绩，但是这些成绩主要来自于他们多年经验的积累，所获得的有用的知识多是自己总结而得，缺乏理论上的指导。作为个体，这些经验知识能够在他们身上发挥持续作用，但是，作为农村技术推广和产业发展的领头人，仅仅凭借个体经验来带动其他农户则无法满足产业发展的要求。因此，在今后开展村级科技特派员工作过程中，基层政府应下大力气加大对其的培训力度。在已经实行的免费培训和组织考察的基础上，聘请有经验的农村创业专家，为特派员开展有针对性的创业培训。根据村级科技特派员各自的特点与志愿，注重针对性和操作性，对善于钻研技术的侧重种植养殖技术培训；对经营意识强的侧重市场营销培训。通过逐步实行分类培训，让一部分人成为种养大户和技术带头人，一部分人成为中介人和营销大户，培养同一产业链中不同环节上的"土专家"、"土能人"，使产销有机结合，为打造今后农村产业经纪人奠定基础。

第十四章
海南农业科技 110 的发展研究

推进农业现代化，科技创新是根本出路。农业现代化与信息化深度融合需要依靠现代科技。加快农村信息化步伐，可以有效促进农村和城市生产要素、经济要素、生活要素的合理配置和双向流通，带动现代农业发展和新农村建设（万钢，2012）[①]。而在农业信息化与农业科技结合的过程中，海南省农业科技 110 服务体系是一个典型范例。

一、发展历程

（一）起步：琼海市农业科技服务 110 试点

建立农业科技服务 110 体系的想法，源自琼海市农民谢维信的一封求助信。农技专家提供的技术供给如何更为有效地对接农民的技术需求？信息匮乏的小农户如何了解最新的农业科技？在这样的思路的引领下，2001 年 12 月 14 日，琼海市启动了农业科技服务 110。最初的琼海市农业科技服务 110 主要是成立农业技术服务站，农民通过电话与附近的农业技术服务站联系，服务站的技术人员及时向农民提供技术指导和服务（如图 14 - 1 所示）。

---

① 科技部部长万钢 在第 19 届中国杨凌农业高新科技成果博览会上的讲话。http://www.chinadaily.com.cn/hqgj/jryw/2012 - 11 - 20/content_ 7554315. html.

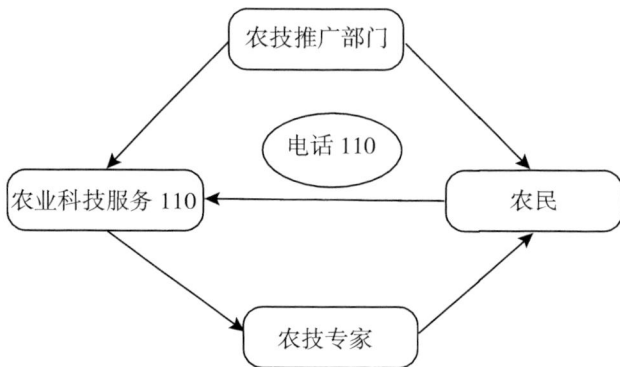

图 14 – 1 农业技术服务 110 的琼海模式

2002 年，琼海模式逐渐完善，并取得了良好的实施效果。2002 年底，海南省召开农业科技服务 110 现场工作会，将琼海作为海南农业科技服务 110 的试点，在全省大力推广琼海经验。

（二）发展：海南省农业科技 110 服务网络全面覆盖

2004 年海南省将农业科技服务 110 作为海南重点改革的内容，正式启用农业科技服务 110 统一徽标，并开通了全省统一号码"963110"，建立农业科技服务 110 指挥中心。2005 年进一步开通了海南省农业科技服务 110 视频系统，使得农业科技服务排除了时间空间的障碍，农民能够更加便利地与相关领域的技术专家沟通交流。

如图 14 – 2 所示，依托乡镇农技站、农资企业、专业技术协会或科研机构等，2009 年海南省农业科技服务网络在全省乡镇全面覆盖，2010 年将农垦系统也纳入服务体系，实现了农业科技服务网络在海南省 100% 覆盖。2011 年海南省农业科技服务网络开始由乡镇向行政村延伸，在村一级设立专门的农业科技 110 服务站。截至 2011 年年底，海南省农业科技 110 服务站总数 307 个，比"十五"增长 313% ，新建农业科技 110 标准（行政村）服务点 100 个①。

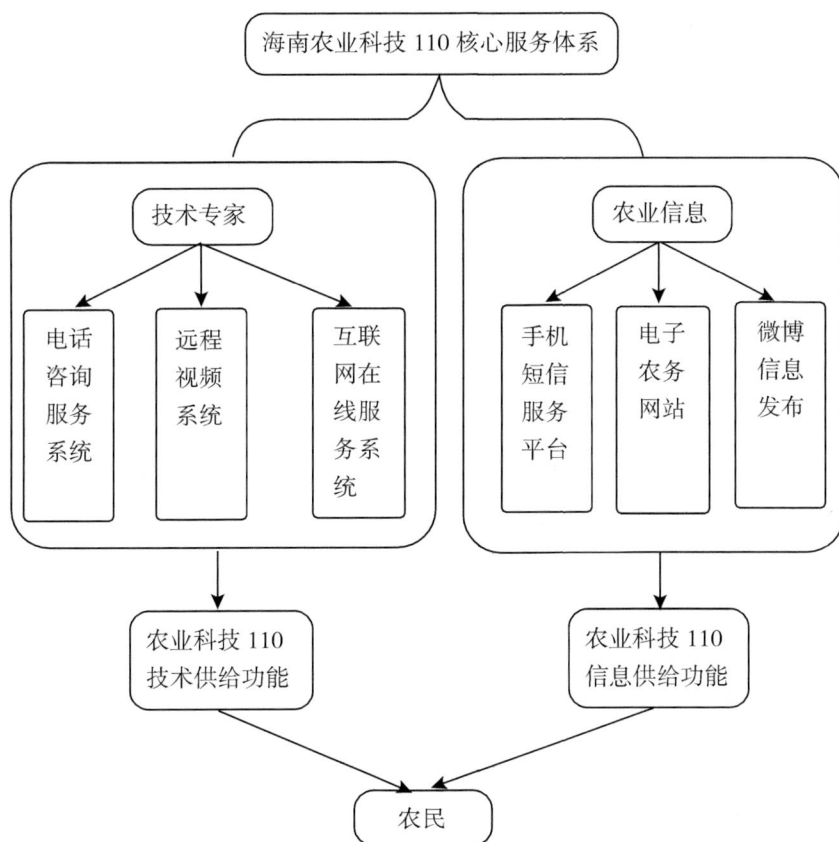

海南农业科技 110 核心服务体系

技术专家

电话咨询服务系统 | 远程视频系统 | 互联网在线服务系统

农业信息

手机短信服务平台 | 电子农务网站 | 微博信息发布

农业科技 110 技术供给功能

农业科技 110 信息供给功能

农民

图 14-2 当前海南农业科技 110 核心服务体系

1. 农业科技 110 服务手段多样化

目前，海南省农业科技 110 服务网络基本建成，趋于完善。海南省农业科技 110 服务网络采取多种技术手段为农民提供及时便捷的涉农服务。首先，建立了多种通道的电话服务系统，包括最早的服务热线963110，在此基础上进一步开通了全国星火科技服务热线 12396 和号码

① 人民网南海视窗［OL］.［2012－8－30］. http：//www. hinews. cn/news/system/2012/08/30/014885818. shtml.

百事通 114 热线等电话服务系统，在这些系统中都可以进行农业科技服务的相关资讯。其次，大力开发在线远程服务，开发了远程视频系统、智能化农业专家系统等，使得农户与技术专家的信息沟通更加便捷；第三，充分利用互联网，建立农业科技 110 网和电子农务网站系统，与联通公司合作开发手机微博科技服务软件，推广应用农业科技 110 手机微博服务系统，并有效结合农村党员远程教育系统，形成海南农业信息共享平台，为农民提供真实有效的技术信息和市场信息，极大地降低了农民的信息成本。

2010 年以来，通过农业科技 110 热线电话系统、远程视频系统、户外电子显示屏信息系统、手机微博科技信息系统、智能化农业专家系统、农业科技 110 网站、电子农务网站等信息化服务平台，海南省共为农民发布了科技、气象、农资、农产品销售和小额信贷等信息 1.5 万多条，海南农业科技 110 服务站共接受农民电话求助 180 多万人次。

2. 农业科技推广力度进一步加强

除了为农民提供有效的信息沟通渠道，使得农民的技术需求能够有效对接农技专家的技术供给之外，另一方面，海南省农业科技服务仍高度重视传统形式的农业科技推广和普及。2010 年以来，全省农业科技 110 系统共举办科技下乡活动 9000 多场次，举办了农业技术培训 13 500 多期，培训农业科技 110 系统技术人员和农民 150 万人次。受益人数 500 多万人次，比"十五"大幅度提高，同时也利用海南省户外电子显示屏远程信息发布系统为农民提供农业科技相关的知识。

3. 大力培养农业科技人才

海南省农业科技 110 服务网络的正常运转离不开农业科技专家和农技推广人才。在服务网络的建设过程中，海南省注重培养农业科技人才。农业科技 110 服务系统的人才队伍主要包括信息联络员、基层技术操作指导人员、乡土科技人才、大学毕业生、省内外农业院所的专家教授等。随着海南农业科技服务 110 网络的逐步完善，也产生了一定的品牌效应，吸引了越来越多的企业和农业科技人才加入体系。截至 2011 年年底，海南省农业科技 110 的省级专家团已有专家 610 名，市县（区）级专家团已有专家 760 名，分别比"十五"增长了 1050% 和 329%。服务站专职技术人员已达到 1060 名，兼职技术人员 2700 多名，科技特派员 1 万多人，比"十五"有了显著增长。每个指挥中心都拥有固定专家团，包括科研院所、高等院校和农技推广机构的专家。

（三）壮大：海南省成立农业科技 110 股份公司，采用公司化模式运作

在海南省科技厅的主导下，2009 年 9 月海南省部分农业科技 110 服务站、省农业科技 110 联合会主要理事成员和浙江省台州市农资公司，共同发起成立了省农业科技 110 股份有限公司，第一期募集资金 2500 万元，成为海南省首家规模化、规范化运作的农业科技股份制企业。

海南省农业科技 110 股份有限公司股权结构分两部分，在省农业科技 110 联合会内部成立持股理事会，募集 51% 的资金，在联合会以外的优势企业中募集 49% 的资金。海南省农业科技 110 股份有限公司的主要业务包括农资连锁经营、农业科技开发、农产品运销、农业信用担保、小额信贷等。

1. 大力推进海南农业产业化发展

2010 年以来，海南省农业科技 110 安排经费 450 万元，支持建设农业科技 110 示范基地 90 个，面积 4.02 万多亩，推广面积 56.67 万亩，推广新技术、新品种 110 多项；安排经费 150 万元，支持建设集科技推广、科技示范、休闲体验、科普旅游、产业开发为一体的科技示范园 5 个，面积 1710 亩，推广新技术、新品种 56 项。这些项目加速了农业科技成果的转化和应用，提高农产品的科技含量，打造一批高质量的农产品品牌。

2. 为海南农民种植销售提供市场营销服务

海南省农业科技 110 建立健全了农资连锁化经营网络。农业科技 110 系统农资销售额为 6 亿多元。在海南的豇豆事件中，海南省农业科技 110 股份公司和服务站发挥了农资销售主渠道作用，为农民提供优质的农资，保障农产品安全。建设的农业科技 110 农产品物流信息服务系统，提供海南省主要农产品国内营销信息，推动农产品销售服务。

3. 为海南农民自主创业提供金融服务

海南省农业科技 110 股份有限公司与海南省农村信用社联合社合作为农民提供小额贷款。农村信用社每年将向省农业科技 110 股份有限公司授信 5 亿元，作为海南农业科技 110 信用贷款资金，为科技示范户提供金额在 2000 元以上 3 万元以下的小额创业贷款，在海南省扶持 2 万个科技示范户种养致富；给农业科技 110 服务站提供 5 万以上 50 万元以下的经营贷款，支持 250 个农业科技 110 服务站开展连锁化经营。同时，鼓励农村成立资金互助社，为农民提供贷款。三亚市崖城、万宁市和乐两个服务站率先开展农村资金互助社试点，采取社员入股、政府贴息的形式，累计为农民提供贷款 1360 多万元。

二、体系构成和运行机制

海南省农业科技 110 经过 10 年的建设已经逐渐形成了一个立体的农业科技推广体系，包括"三网融合"的有效信息通道、专业负责的技术人才队伍及贯穿产前产中产后的全产业链技术服务。这三个层面互相作用，有效融合使得海南农技 110 正常运作，取得了良好的效果。与此同时，海南农技 110 服务体系的可持续发展，则离不开其相应的激励机制和市场化运作机制。

（一）"三网融合"的有效信息通道

海南农业是我国小农经济的一个缩影，农民受教育程度偏低，海南依岛而建，农民的信息渠道相对闭塞。随着信息沟通技术的不断发展，手机、网络等新型的沟通工具开始进入农民的日常生活。海南省利用这些新型的信息化工具，逐步为农民构建起了"三网融合"的有效信息通道，通过专家咨询指导、远程视频诊断、信息及时发布和现场联络指导等方式为农民提供及时、有效、有用的农业技术信息和市场信息，提高农民福利，改善农民的市场地位。

从海南省农业科技 110 服务网络的发展历程可以看到，海南农业科技 110 的服务手段也伴随着信息技术的不断发展而不断创新，从最开始的单一电话求助逐步发展为当前的电话、电视、互联网"三网融合"，形成了以智能化农业专家、远程视频和远程信息发布等技术支撑的立体信息服务体系。

当前，海南农业科技 110 的服务主要方式有：一是电话服务，只要拨打全省统一服务电话 963110，电话就会自动接入就近的服务站，由技术人员针对农民提出的问题进行解答或到实地现场服务，技术人员一时解决不了的问题，还可以通过专家智能化网络系统，向指挥中心求助，由专家进行会诊；二是服务站式技术服务，服务站还提供当地主要农产品销售价格、种子种苗、病虫害防治等信息；三是指挥中心服务，服务站或农民可以直接拨打电话向各级指挥中心求助；四是视频系统服务，海南省农业科技服务 110 建设了视频系统，目前已开设 77 个终端，配备了终端设备的服务站（点）都可以进入视频系统，技术人员遇到无法解决的问题，可以通过视频系统向上级指挥中心、专家团专家或其他服务站（点）求助，实现远程诊断、指导、培训和交流；五是互联网服务，农民可以在就近的服务站里免费上网，通过智能化农业专家系统，了解和学习农村适用技术，查询农业生产信息等。

（二）专业负责的技术人才队伍

专业的人才队伍是海南农业科技 110 服务网络成功运作的基础。海南省科技厅和各市县（区）建立了农业科技 110 指挥中心，每个指挥中心都拥有固定专家团，包括科研院所、高等院校和农技推广机构的专家。在海南省农业科技 110 网站所提供的专家库中，共有来自海南大学、海南林科院、海南农科院、南繁院、农业学校、热农院、省植保站、水产所等单位的 367 位相关领域专家。各位专家的联系方式和研究领域都公开显示，农民可以直接电话联系各位专家请教问题。据统计，农业科技服务 110 服务站已吸纳农业技术人员 600 多人。他们的服务范围不断拓展，从传统的种植技术指导逐步扩展到新型的优良品种示范推广、复杂的设施农业技术指导。

2009 年，海南农业科技 110 服务网络进一步创新工作思路，将科技特派员工作与农业科技 110 工作紧密结合，主要做法有三个方面。首先，将科特派工作由试点推向全省，在农业科技 110 服务站和部分企业、科研院所建立科特派工作站 259 个、科特派企业 78 个，服务范围覆盖全省。二是由农业领域拓展到工业和旅游业领域。重点围绕旅游产品开发、农产品深加工，选派科技特派员帮助企业研究开发科技产品，进行技术改造。三是拓宽选派科技特派员的渠道。在培育科技特派员方面，海南省打破常规，不讲身份，不讲学历，不讲职称，只要符合条件，本人自愿，都可以选派为科技特派员，全省现有科技特派员近万人。庞大的科技特派员队伍进一步壮大了农业科技 110 服务的人才队伍，通过系统性、创新性、可持续性和灵活性的科技特派员制度能充分调动科技人员的积极性和创造性，使之成为农业产业化中一支重要的组织力量，促进了海南农业科技 110 服务网络的进一步扩大。海南农业科技 110 与海南科技特派员两种机制的有机融合，更加有利于海南省科技成果的转化及推广。

（三）贯穿全链条的全程化农技服务

当前，海南农业科技 110 服务网络已经形成了省市县（区）乡镇三级、纵向联通、横向协调的服务体系。服务形式从单一的产中服务扩展到产前、产中和产后的全程化服务。农技服务系统是海南农业科技 110 服务的核心部分，无论是"三网融合"的有效信息渠道还是专业负责的技术人才队伍，最终都是为农民提供全程化的农技服务。

最初的海南省农业科技 110 服务主要是为农民提供产中技术咨询服务。经过多年的探索，海南省秉持"政府搭台、企业唱戏、市场运作、多方参与"的理念，逐步整合涉农科技资源，为农民提供产前、产中、产后的全产业链服务，将技术、信息、农资、农产品销售和信贷担保等服务整合为一体，形成全方位的农技服务网络，为海南热带特色农业发展提供了强大的技术支撑和快捷有效的服务，促进了农业增效、农民增收、农村繁荣。

在海南省全程化农业技术服务模式中，突出的特点是"技物结合，多方共赢"。当前海南省农业科技 110 服务站提供三个方面的服务：技术咨询服、农情信息服务和农资经营服务。一方面为解答农民提出的农技问题，另一方面根据农民的生产需求为其提供合理有效的农资信息，销售正规农资给农民，同时为农民提供免费的技术指导和农业市场信息服务。从目前的情况来看，海南农技 110 服务站，40% 是由依托涉农企业建立的，10% 是依托技术协会建立的，20% 是依托科研院所建立的，30% 是依托农技部门建立的。依托涉农企业建立的服务站在技物结合方面表现更加出色。服务站通过经营农资，获得合理利润，还可借助农村信息化和智能化专家决策系统不断提高服务手段，在服务中得以发展。技物结合服务一方面弥补了政府在农技推广服务方面资金投入的不足，使农民得到了快速周到的技术服务，另一方面通过农资销售，技术人员增加了收入，增强了服务的积极性。同时从政府角度来看，也达到服务"三农"的目的，实现了"多方共赢"。

（四）有效激励实现农技服务的可持续发展

农业科技创新成果转化为现实生产力的关键在农技推广。良好的农技推广体系的运行，一方面依靠完善的信息沟通通道，另一方面则依靠专业的农技推广队伍。乡镇农业技术推广队伍是农业科技成果转化为现实生产力的"二传手"，是打通农业技术推广"最后一公里"的主力军。

但是，长期以来，我国农技推广工作存在激励不足的难题。一方面，我国农业技术推广投入不足，农业技术推广基础设施建设和工作条件落后，县以下的工作经费严重缺乏。另一方面，乡镇农技推广人员的待遇普遍偏低，医疗保险、养老保险等缺乏保障。基层农技推广机构专业人员流失、人员老化、推广能力不强的问题一直没有得到根本解决。农技推广人员缺乏工作动力，基层农业技术推广体系的发展不具有持续性，难以长期维系。2012年中央1号文件中提出，要进一步强化基层公益性农技推广服务，切实提高农技推广人员待遇水平，实现在岗人员工资收入与基层事业单位人员工资收入平均水平相衔接。不过，相关政策的出台仍存在种种困难。在这样的背景下，如何实现农技服务的可持续发展，成为影响海南农业科技110持续发展的重要问题。

为此，海南省大力推动促进农业技术推广主体多元化发展，多种模式构建农技服务站，形成有效激励，促进农技服务可持续发展。海南省农业科技110服务网络整合了国家农业技术推广机构、村级农业技术服务站点、农民技术人员等农业科技服务机构和人员，农民专业合作社、供销社及涉农企业等农业经营性组织，农民专业技术协会等群众性科技组织，以及农业科研单位和农业院校等不同的单位，将处于不同层次和位置、具有不同功能的农技推广主体根据推广功能加以区分和整合，依托涉农企业、技术协会、科研院所及农技部门分别建立了不同模式的农业科技服务110站点。允许各个站点在为农民提供及时有效的信息的同时，销售相应的生产资料（包括化肥、农药等）获取一定的收入，鼓励服务站对农户提供追踪服务，优化服务效果，稳定客户群。灵活的富有激励的分配制度使得农业科技服务 110 服务体系可持续运行。

（五）市场化运作机制

农业信息的供给模式大致可以分为 4 种，私人物品、俱乐部物品、公共池塘资源、公共物品（Aker，2010）。海南省农业科技 110 服务体系并不仅仅是一般意义上的政府农技推广组织，而是整合了私人物品特性和公共池塘资源特点的新型农技推广机制，当前海南农业科技 110 服务体系大力引进市场化运作模式，给农技推广注入了新的活力。这一部分我们对海南农业科技 110 服务体系中所出现的三种市场化模式进行总结。

（1）农业科技 110 服务站点的市场化运作。在农村地区，与农民生产联系最紧密的是农资商店里的经营者。他们并不是农技推广员，但是他们却承担着所在区域的农民的技术咨询和技术指导的重要任务。而同时，在农村地区，由于农民与农资经营商之间的信息不对称，假冒伪劣农资商品常常充斥着农村市场，农民利益受损。因此，为了加强农资商店与农户之间的信息联系，支持农资商店在农资销售的同时进行有效的技术服务，整顿海南农资市场，为农民提供有效的信息和产品，海南省整合了一部分农资商店将其作为农业科技 110 服务站点，并与农资公司合作，为站点提供优质农资产品。这些成为农业科技 110 服务站点的农资商店，在正式挂牌之后，海南省政府为每一个站点安装农业科技 110 服务终端网络，同时提供技术培训提高其技术服务能力，为该站点提供相应的补助，鼓励农业科技 110 服务站在销售产品的同时为农民提供有效的技术服务，改善农民福利。

（2）农业信息服务的市场化运作。农技服务是农业推广工作的重要方面，但是同时农业信息的有效供给也是农业推广工作的重点内容。

在信息相对闭塞的海南农村地区，农业信息显得尤为重要。海南省农业科技 110 服务网络逐渐重视农业信息的收集和传递工作。2012 年海南联通与海南省科技厅合作推出海南农业科技 110 手机服务系统。该项目也是国家科技重大专项项目"新型移动业务控制网络的架构及关键技术"的典型示范应用。通过搭建农业科技 110 移动应用平台，开发基于移动终端的应用软件，将农业科技 110 服务从原有的固定桌面电脑终端延伸到移动智能终端上，实现了农业科技 110 在手机终端上的充分应用，使农业科技 110 服务使用更便捷、更智能。农业科技 110 移动应用平台充分地集合了微博互动、信息查询、知识浏览、短信推送、语音提示等现代通信功能，能够实现随时随地、方便快捷地搜索、查询和获取农业科技信息服务，将成为农技人员和广大农民获取农技知识、农技信息交流的重要工具。该项目农业信息的整理和收集、短信推送工作将由专业的农业信息公司承接，向农民收取极少的使用费，其余费用由政府进行补贴，充分体现农业信息服务的市场化运作模式。

（3）农业产业化发展的市场化运作。2009 年海南省成立了农业科技 110 股份有限公司，在市场化机制下进行农业产业化运作。第一，海南农业科技 110 股份有限公司建设农业科技 110 示范基地 90 个，支持建设科技示范园 5 个，大力推动海南现代农业发展，打造农产品品牌。第二，海南农业科技 110 股份有限公司与农资公司签订合约，建立贯穿全省的农资连锁化经营网络，为农民提供优质的农资产品，保障农产品安全。第三，海南省农业科技 110 股份有限公司建立农产品物流信息服务系统，为海南农民及农业中间商提供海南农产品的营销和物流信息，建设通畅的海南农产品销售渠道，为农民提供销售便利。第四，海南省农业科技 110 有限公司尝试服务站与金融结合的模式，采取社员入股、政府贴息的模式为小农户提供农业生产及创业的小额贷款，解决农民的金融难题。

三、基本经验

海南省农业科技 110 服务体系是我国当前由政府主导的农业科技推广项目中较为成功的一种创新服务模式。海南省农业科技 110 服务之所以取得了较好的政策效果，其基本经验可总结为以下三个方面。

（一）创新服务思路，紧密结合农民需求提供相应的农技推广服务

长期以来，农业推广的工作思路都是按照政府（推广者）主导，通过自上而下的渠道进行被动式推广。主要的推广方式为项目计划推动，是指政府有计划、有组织地以项目的形式开展农技培训讲座、录制农技节目等对农民进行培训、示范和指导，向农民推广先进的农业科技成果。自上而下的农技推广其突出优点在于组织难度较小，农技推广针对性强，但是其推广效果往往并不理想。政府的农技推广项目常常并不是农民当前最需要的技术服务，因此很多地方政府组织的农业技术培训难以开展，农民认为农技讲座用处不大。调研中有农技推广人员指出，现在为农民举办农业技术讲座或培训班都必须发放一定的劳务费给农民或者准备礼品发放，否则根本没有农民愿意参加。

海南省农业科技 110 服务体系则紧紧抓住了传统农技推广的缺点，创新服务思路，从农民需求角度出发，有效对接农民的农业技术需求，本着"农民需要什么，服务站就提供什么"的原则，提供更具针对性的农技推广工作。如果农民在生产中遇到技术难题，可以随时拨打 963110 电话向农技专家咨询；有关农业生产资料的问题，农民也可以随时前往农技 110 服务站进行了解；有关农产品销售的问题，农民则可以通过手机短信以及 110 服务站获得最新资讯。通过创新服务思路，海南农技推广从单一的推广者主导变推广者与应用者二元主导，采用"参与式"农技推广，农民从被动接受转为主动咨询，农技推广取得了良

好的效果。

（二）创新服务手段，利用新型 ICTs 提高农业科技信息传递效率

当前随着信息技术的迅速发展，我国农村地区手机普及率和互联网普及率都迅速增长。截至 2011 年年初，中国手机用户已达 8.7 亿户（工信部，2011），我国成为世界第一大手机使用国。从 2011 年开始互联网在我国农村常住人口中的普及速度开始小幅超过城镇，农村地区成为中国互联网重要的增长动力来源（CNNIC，2012）[①]。新型信息沟通技术（ICTs）极大地改善了人们在信息交流过程中的时间和空间障碍，为信息传递提供了更便捷的手段。海南省农业科技 110 系统充分利用新型信息沟通技术，为农民提供及时可靠的技术信息，解决农民的燃眉之急。

当前，海南省不断挖掘信息沟通技术在农技推广工作中的利用价值。除了最早推出的 110 电话服务，海南省利用先进的信息技术建设了海南农业科技服务 110 视频系统，已为 77 个服务站开设视频系统终端。当服务站的技术人员遇到无法解决的问题，可以通过视频系统向上级指挥中心、专家团专家或其他服务站（点）求助，实现远程诊断、指导、培训和交流。近两年来，海南省也逐步认识到互联网在信息传递中的重要性，大力建设农业信息网站，支持农技推广员使用微博等在线社交网络进行技术信息的传播和互动。同时利用电子农务网站等信息化服务平台为农民发布农产品销售信息、气象信息、农业科技信息等。同时，由于电脑购置成本高、操作要求高等进入障碍，因此大多数农民不能使用 PC 端连接互联网，而手机则成为农民上网的主要终端工具。有数据显示，由于我国手机网民数量迅速增长，农村地区手机网民的数量远高于

---

① 中国互联网信息中心（CNNIC）《第 31 次中国互联网络发展状况统计报告》。http：//www.cnnic.cn/gywm/shzr/shzrdt/201301/t20130115_ 38518. htm.

农村 PC 网民（CNNIC，2012）①，因此，海南省近年来也充分利用手机的信息传递功能和上网功能，与联通公司合作开展手机微博科技服务软件开发，推广应用农业科技 110 手机微博服务系统，也为农民提供基于短信的农业信息服务（包括气象信息、市场信息和技术信息等）。网络系统的建设和新型信息沟通技术的使用，打破了农技服务行政区划的界线，服务范围已经不受行政区划的限制，不少服务站的服务已经跨越所在的市县、乡镇。在专业化远程服务中，一些农技 110 服务站创出专业品牌，如东方市板桥服务站、澄迈县美亭服务站，都以提供香蕉种植技术而闻名。新型信息技术在农技推广工作中的广泛应用，提高了信息传递的效率，较好地解决了农业科技信息进村入户的"最后一公里"的问题。

（三）创新服务模式，利用市场化机制激励农技推广可持续发展

当前，海南省农技 110 服务站点主要有 3 种模式：一是由政府出资，改造原来的市县农技推广站；二是农技部门与公司合作，成立既提供农业技术，又销售农药、化肥等农业生产资料的农技 110 服务站；三是由公司或者具有丰富农业生产知识的科技人员独立建设。这三种模式，均实行市场化运作。服务站的主要工作内容包括两个部分：一是技术咨询服务，二是农资销售经营。创新服务模式的农技 110 服务站，既为农户生产提供信息技术咨询服务，又供应农药和各种农资，通过合理的利润维持服务站的经营和发展。

市场化的运作机制，使农业科技 110 服务站显示出强大的生命力，为农技推广的可持续发展提供了一条典型路径。海南省科技厅制定了农业科技服务 110 服务站（点）建设的标准和认定办法，实行统一标志、

---

① 2012 年我国手机网民数量为 4.2 亿，年增长率达 18.1%，远超网民整体增幅。2011 年我国农村手机网民占比 27.3%，农村网民占比 26.5%。

统一授牌，并对服务站（点）提出技术装备、人员数量和技术服务等规范性要求，形成了一种品牌效应，对企业的发展有很大的促进作用。同时，加入农业科技服务110，便代表了要为农民履行一种责任，要接受一种为农民提供技术服务的制度的约束，需要技术人员勇于担当，解决农业生产技术难题，去赢得群众的信任。例如，海南琼海市塔洋服务站依托原来镇农技站设立，目前农资农药的销售量是2001年成立服务站前的10倍。当前该服务站的硬件设备比以前明显增强，服务内容更为广泛，服务手段多样化，受到农民的普遍欢迎。与此同时，技术人员通过服务站销售农资，能获得一定的利益回报，也提高了技术人员服务农民的积极性。

四、实施效果与存在问题

传统的农业科技推广服务体系难以适应我国农村经济的迅速发展，呈现出"网破、线断、人散"的状况。然而，不仅是海南，也不仅仅是中国，根据 Anderson & Feder（2007）所述，全球的农业推广工作的效果都不理想。Rivera、Qamara、Crowder（2001）的研究表明大多数农业推广系统处于无序状态，或者说一点也起不到预期的作用。我国海南省农业科技110服务站作为海南省科技厅推出的一项惠农信息服务，从政策角度来看，能够对改善农民的信息获取和利用状况起到了很大的作用，同时也能够为农民的生产和销售带来较大帮助。但是，从实地调查的结果来看，海南农民在生产经营相关信息的获取中，农技110的实施效果不够理想，存在一定的问题。

一般而言，农户在农业生产的过程中的信息需求主要有以下五个方面：一是品种选购决策环节；二是种养过程中的技术支持；三是种养过程中的农资选购信息；四是销售前的销售价格信息；五是销售时的销售渠道信息。具体如表14-1所示。

表 14－1　农户农业生产销售不同阶段的信息需求

阶段	信息需求	典型的信息需求举例
准备阶段	√ 种养类型选择 √ 种子（苗）选择	√ 种什么合适？养什么合适？瓜菜还是粮食作物？养猪还是养鸡？ √ 怎样的品种合适？老品种更好还是新品种更好？
种养阶段	√ 天气情况 √ 种养技术 √ 农资购买	√ 根据自家土壤情况和当地天气情况，什么时候播种？什么时候收获？ √ 根据自家土壤情况和当地天气情况，怎样耕作最合理？ √ 应该用什么化肥、农药？什么品牌的化肥、农药效果好？如何施用？去哪里购买？
销售阶段	√ 市场价格 √ 销售渠道	√ 市场上这种农产品的价格如何？需求怎样？ √ 去哪里卖能卖到好价钱？ √ 如何减少销售过程中的成本？如运输成本。

项目组利用中国人民大学 2011 年对海南省澄迈县和儋州市的调研数据，对农民的信息获取和利用现状进行分析。根据此次调研的 634 份问卷的调查结果，从表 14－2 中可以看出，我国农户获取信息的主要方式还是通过与其他农户交流，其次是通过各类经销商获得相关信息，经销商在农民生产销售方面起到了不可替代的重要作用。农技 110 服务站是农民主要利用的第三种信息提供方式，在品种选择、技术服务提供、农资信息方面起到了一些作用，但是通过农业科技 110 服务站获取相关信息的农户却不足总样本量的 30%。由此可见，海南农户在农业生产过程中的信息搜寻仍处于一个"初级阶段"，主要方式仍是依靠其他农户、依靠经销商。尽管海南省近年来大力发展农业科技 110 服务体系，已经在品种信息、技术信息和农资信息方面为农民提供了较大便利，然而从销售渠道、价格信息等来看，仍有缺陷。因此，当前海南省农业科技 110 服务体系的效果的体现仍不够完全。同时，现代化的信息沟通技术如农信通、网络、电视、广播等均未能在农业信息服务方面起到其应

有的作用。农民的农业生产信息来源仍依赖于传统的信息传递模式。

表14-2　农户农业生产销售不同阶段的信息利用情况　　单位：人

	品种信息	技术信息	农资信息	销售渠道信息	价格信息
农信通	4	3	3	2	17
农业科技110服务站	120	164	159	9	8
政府、村委	53	63	35	60	60
其他农户	276	280	221	349	327
网络	2	2	1	5	5
电视广播	23	17	11	4	7
报纸杂志	3	2	0	0	0
经销商	129	74	171	200	208
自己摸索	21	26	19	5	19

从品种信息来源来看，农信通作为农户及时便捷的信息来源，在品种信息方面并没有提供很大帮助。绝大多数农户的品种信息来源于其他农户，来源于在劳动过程中的学习。其次，120位农户通过海南省所特有的农业科技110服务站来获取品种信息，129位农户通过种子农药经销商获得相关的品种信息。从技术信息来源来看，大部分农户的技术信息和知识来自于其他农户，海南省农业科技110也显然是当地农业技术信息的主要提供者，164位农民的技术信息来源于农业科技110服务站。村委会、经销商也在其中起到了一点作用。从农资信息来源来看，在农资购买的过程中，221位农户的农资信息主要来源于其他农户，农户之间会互相交流哪一种化肥好用、哪一种农药好用等信息。171位农户的农资信息主要来源于农资经销商，即卖化肥农药等农资的店老板。另有159位农户的农资信息主要来自于农业科技110服务站。从销售渠道信息来源来看，目前，大部分农民的销售渠道信息来源于其他农户，占总样本量的55.05%。另有31.55%的农户其销售渠道的信息来源则

来自于中间商，这两部分形成了农户最重要的销售渠道。从销售价格信息来源来看，主要信息来源依然是其他农户和中间商，价格信息主要来源于其他农户的占总样本的 51.58%，来源于瓜菜经销商的占 32.81%。村委会或合作社在价格信息提供方面也起到了较小的作用，网络、电视广播、报纸杂志则几乎未能起到什么作用。农业科技 110 服务站在价格信息的提供方面也体现出了一些弱势。

另外，问卷中也设计了这样的问题，让农户从 1～5 为农业科技 110 服务站打分，5 分为非常有用。结果，295 位被访者选择了 1，即没有什么用。仅有 66 位被访者选择了 5，非常有用。59 位被访者选择了 2。99 位被访者选择了 3。115 位被访者选择了 4。这一结果再次印证了上面的分析结论，即农业科技 110 服务站并没有完全发挥出应有的农业信息供给功能。

究其原因，农民认为海南农业科技 110 服务站仍存在一定的问题。根据 634 份调查问卷数据结果显示（见表 14-3），拨打过农业科技 110 热线的农户很少，仅有 32 人，占总样本量的 5.05%。仅有 12 人认为农业科技 110 服务站的各项服务没有什么问题，表示满意，占总样本量的 1.89%。根据调研结果，农业科技 110 服务在提供农业技术信息以及农产品销售信息方面的作用仍没有较大的发挥出来。主要原因有三个方面。第一，农技 110 服务站品牌宣传不到位，仍有很多农民并不知道有农业科技 110 服务站，占总样本量的 23.19%，尽管农业科技 110 是海南农机推广的一个响亮的"招牌"。胡锦涛总书记 2011 年 4 月在海南考察的过程中也赞赏了海南农业科技 110 服务体系。然而，在海南仍有大量的农民根本不知道有农业科技 110 服务站，农业科技 110 的品牌推广仍不够广泛，缺乏深入农户的宣传。

表 14-3　农业科技 110 所存在的问题

所存在的问题	选择该项的农户数量（人）	占总体样本的比重（%）
服务站太远	92	14.51
拨打热线电话常无法接通	32	5.05
反应的问题常得不到及时的解答	70	11.04
服务站就是卖化肥农药的，对农户生产销售并无多大帮助	184	29.02
服务站卖的东西质量不好价格又高	52	8.20
服务站的技术员业务能力不够高	61	9.62
根本不知道农业科技 110 服务站	147	23.19
满意，没什么问题	12	1.89

　　第二，农技 110 服务站缺乏合理有效的监督管理机制，使得技术员的公益性技术服务功能有所弱化。由于大部分农技 110 服务站采用与农资公司合作的模式，下设一个镇分店销售农资公司的产品，并兼为农民提供技术服务，采用市场化运作，但是由于技术员考核和监督管理制度不够完善，服务站就有了"打着农业科技服务的旗号卖化肥农药之嫌"，从表 14-3 来看，大部分农民（占总样本量的 29.02%）认为以卖化肥农药作为主业、不提供相应的生产销售服务是其最大的问题。

　　第三，农技 110 服务站站点主要下设在乡镇一级，村里缺乏必要的站点联系，并不方便信息咨询。从调研结果可以看出，有 14.51% 的农民认为农业科技 110 服务站的问题在于，服务站离村里太远，并不方便前去咨询，因此基本不去服务站。从调查结果来看，农户经常通过农业科技 110 服务站获取相关信息的并不多（不超过总样本量的 26%），而且主要是从中获取农业技术信息以及农资购买的相关信息，如化肥农药等。从销售渠道和价格信息方面，农业科技 110 并没有提供更多。

五、未来展望

从 2002 年开始，海南省农业科技 110 服务体系在海南省政府的不断摸索和创新中已走过了十年时间。农技 110 服务作为海南省农业科技推广服务体制和机制创新的重要成果，确实在整合农技资源，为农民提供技术、信息、农资、农产品销售和信贷担保等方面起到了一定的作用，为海南热带特色农业发展提供了强大的技术支撑和快捷有效的服务。总体而言，海南省农业科技 110 服务体系的特色机制在于"政府搭台、企业唱戏、市场运作、多方参与"，但从农民角度的调查来看，仍存在一定的问题，需要进一步创新，使之在更大的平台上为所有农户提供更好的服务。因此，未来海南省农业科技 110 服务体系建设应进一步做好以下几个方面的工作。

（一）深度挖掘新型信息沟通技术在农业科技 110 服务体系中的重要作用

海南省农技 110 服务已经在利用信息沟通技术为农民提供农业生产信息方面采取了诸多措施，不断创新服务手段。海南省建立海南农技 110 网站。乡镇信息员开通农业信息微博。提供手机短信服务。采用即时视频通信技术实现农技专家在线指导等。同时海南省近年来也充分利用手机的信息传递功能和上网功能，与联通公司合作开展手机微博科技服务软件开发，推广应用农业科技 110 手机微博服务系统，也为农民提供基于短信的农业信息服务（包括气象信息、市场信息和技术信息等）。但是很多政策措施在实施过程中并没有得到很好的贯彻落实，例如网站更新慢，信息员农业微博形式化，手机农情短信内容滞后等。未来海南农业科技 110 服务应进一步深度挖掘新型信息沟通技术在为农民提供农业信息过程中的作用，充分利用目前所形成的农业科技 110 服务体系的各类平台，将惠农技术推广落到实处。

（二）加强政府在农业科技 110 服务体系中的监督和管理作用，完善信息员的考核机制

海南的农业科技 110 服务站，并不是政府一管到底的直接机构，而是政府搭台、多方参与的多元化农技信息供给平台。自海南农业科技 110 有限公司成立以来，更是体现出市场化运作的特点，对农技工作者产生了良好的激励，促进农技推广工作的可持续运作。但是，也正是由于服务站参与各方过于多元化，农技 110 服务站的服务效果和质量往往缺乏监管，使得大多数项目功能流于形式，并不能为农民提供及时有效的信息。而且不少服务站的实际经营者（信息员）是开农资店的小老板，依靠农资店收入赚钱，因而服务站经营多数主要侧重于其农资销售功能，而弱化了农技信息提供的公益性性质，因此不能尽其所能地实现项目设立当初的技术服务目标。未来海南省应进一步加强政府在农业科技 110 服务体系中的监督和管理作用，完善信息员的考核机制，使得农业科技 110 服务体系能够更好地发挥其农技推广和农业资讯供给的作用，进一步增加农民的福利。

（三）扩大农业科技 110 服务站点的覆盖范围，做到农技 110 下乡入村使得更多的农民享受到及时有效的农技服务和其他农业经营信息服务

当前海南省农业科技 110 服务站点已经在乡镇一级广泛覆盖，但是从农户调研的结果来看，大部分农户仍不了解农业科技 110 服务站。不少农户认为服务站在镇上，一般都不去。为了广泛地宣传农业科技 110 服务站，实现为更多的农民提供相应服务，海南省应该开始研究农技服务在村一级的服务模式，结合村委会的工作，在村里设立农技信息联系员，安装相应的仪器设备，使得农户在村里就能够及时地联系农技专家，咨询农业生产过程中遇到的难题，为农户提供更大的便利。

（四）进一步拓展农业科技 110 服务站的服务功能，使其兼备生产技术和市场经营两方面的信息供给作用

当前海南省农业科技 110 服务站的主要服务内容是农业生产技术。实际上从农户需求角度来看，农产品经营及市场信息则是农民关注更多的农业信息内容。海南省近年来也开始重视农技 110 服务站在市场信息的供给方面的作用，例如鼓励农技员开通微博提供市场信息，鼓励农民通过农技 110 服务站的相关设备发布农产品销售信息等，但是这些方式所产生的实际效果甚微。因此未来海南农业科技 110 服务体系应加大服务内容的拓展力度，将市场经营相关信息也纳入体系内部，及时传递给需要的农民，无缝对接农民信息需求。通过海南农业科技 110 服务体系的逐步完善，建立起基层农村农业生产经营信息收集、信息处理、信息传播的体系，实现农村信息服务体系的有效可持续运转，有效促进农民生产技术和市场经营两方面能力的提高，最终实现农民生活水平的大幅度改善。

参考文献

［1］ Anderson, Jock R., Gershon Feder. Handbook of Agricultural Economics. Agricultural Extension, 2007 (3): 2343 – 2378.

［2］ Jenny C. Aker, Isaac M. Mbiti, Mobile Phones and Economic Development in Africa. Journal of Economic Perspective, 2010, 24 (3): 207 – 232.

［3］ Rivera W. M., M. K. Qamar, L. V. Crowder. Agricultural and Rural Extension Worldwide: Options for Institutional Reform in the Developing Countries. Rome: FAO, 2001.

［4］ 陈蓓蕾, 童举希. 地方政府促进职业农民培育的思路与对策 ［J］. 贵州农业科学, 2013 (6): 249 – 251.

［5］ 陈良玉、陈爱锋. 中国农村信息化建设现状及发展方向研究. 中国农业科技导报, 2005 (2): 67 – 71.

［6］ 陈池波, 韩占兵. 农村空心化、农民荒与职业农民培育 ［J］. 中国地质大学学报 (社会科学版), 2013 (1): 74 – 80.

［7］ 毕亮亮, 李强. 我国县域创新能力提升对策研究 ［J］. 科技进步与对策, 2012 (9): 37 – 40.

［8］ 韩娜. 我国职业农民培育问题研究 ［D］. 大连海事大学硕士论文, 2013.

［9］ 国务院. 国家中长期科学和技术发展规划纲要 (2006—2020 年) ［Z］. 2006.

［10］ 刘立. 改革开放以来中国科技政策的四个里程碑 ［J］. 中国科技论坛. 2007 (10): 3 – 5.

［11］ 刘东. 新型农村科技服务体系的探索与创新 ［M］. 化学工业出版社, 2009.

［12］ 刘冬梅, 郭强. 我国农村科技政策: 回顾、评价与展望 ［J］. 农业经济问题, 2013 (1): 43 – 48.

［13］ 刘杰, 郑凤田. 社会网络, 个人职业选择与地区创业集聚——基于东风村的案例研究 ［J］. 管理世界, 2011 (6): 132 – 141.

[14]　李小云，等．中国面向小农的农业科技政策［J］．中国软科学，2008（10）：
　　　　1-6.

[15]　李玉成．农业专家大院为啥这样红火［N］．科技日报，2002-12-6.

[16]　马清贵．科技特派员创业行动在宁夏［M］．宁夏人民出版社，2009.

[17]　沈红梅，霍有光，张国献．职业农民培育机制研究［J］．现代经济探讨，
　　　　2014（1）：65-69.

[18]　涂俊，吴贵生．农业科技推广体系的"三重螺旋"制度创新［J］．研究与发
　　　　展管理，2006（4）.

[19]　王飞飞．科技特派员制度运行机制分析［D］．北京：中国农业科学研究
　　　　院，2007.

[20]　王汉林．建国以来我国农业科技政策分析［J］．科技进步与对策，2011（1）：
　　　　93-97.

[21]　王绍芳，王环．农业科技成果向职业农民转化的制约因素分析［J］．科技管
　　　　理研究，2013（14）：117-124.

[22]　王文生．搭建3G信息化平台创新基层农技推广体系［J］．世界电信，2011
　　　　（6）：41-44.

[23]　汪向东，等．沙集模式调研报告．中国社会科学院信息化研究中心和阿里巴巴
　　　　研究中心联合出版，2011.

[24]　魏学文，刘文烈．职业农民：内涵、特征与培育机制［J］．农业经济，2013
　　　　（7）：73-75.

[25]　许浩．培育职业农民：路径与举措［J］．中国远程教育，2012（11）：
　　　　70-73.

[26]　许竹青，刘冬梅．发达国家怎样培养职业农民［J］．农村经营管理，2013
　　　　（10）：19-20.

[27]　姚引良．创办农业科技专家大院，探索科技兴农新模式［OL］．［2003-04］.
　　　　http：//www.most.gov.cn/ztzl/qgxhkjgzh/hyjlcl/200304/t20030422_8130.htm.

[28]　曾维忠，李镜．农业科技专家大院建设的理论与实践探讨［J］．农业科技管
　　　　理，2006（6）.

[29]　赵强社．论职业农民的培育［D］．西北农林科技大学硕士论文，2009.

[30]　张雨．县级科技能力建设的问题与对策［J］．中国农学通报，2006（8）：

594 – 599.

[31] 中共农业部党组. 面向 21 世纪大力推进新的农业科技革命 ［N］. 人民日报，1997 – 12 – 15（10）.

[32] 江苏沙集：破烂村变淘宝村 ［N］. 中国经济时报，2013 – 8 – 27（007）.

[33] "网商村"兴旺的背后 ［N］. 农村金融时报，2013 – 10 – 21（010）.

[34] 创建农业科技专家大院，提升市县科技服务能力. 科技部办公厅科技工作情况，2004 – 10 – 22.

[35] 国家信息中心，《中国农村信息化需求调查分析报告 2012》.

[36] 中国互联网络信息中心（CNNIC）.《2012 年中国农村互联网发展状况调查报告》.

[37] 中国互联网络信息中心（CNNIC）.《第 32 次中国互联网络专题调研报告》.

[38] 中国互联网络信息中心（CNNIC）.《第 31 次中国互联网络发展状况统计报告》［OL］. http：//www. cnnic. cn/gywm/shzr/shzrdt/201301/t20130115_ 38518. htm.

[39] 科技部部长万钢 在第 19 届中国杨凌农业高新科技成果博览会上的讲话［OL］. http：//www. chinadaily. com. cn/hqgj/jryw/2012 – 11 – 20/content_ 7554315. html.

[40] 大荔模式：探索农村信息化应用延伸新途径. 陕西省人民政府网站 ［OL］. http：//www. shaanxi. gov. cn/0/1/9/42/121519. htm.

[41] 信息化催生大荔模式——大荔农村信息化服务调查. 陕西渭南市人民政府网站［OL］. http：//top. weinan. gov. cn/dlms/mtgz/6813_ 3. htm.